MANUAL DE EDUCAÇÃO JURÍDICA ANTIRRACISTA

Direito, justiça e transformação social

CONTRACORRENTE

CB027610

Adilson José Moreira
Philippe Oliveira de Almeida
Wallace Corbo

MANUAL DE EDUCAÇÃO JURÍDICA ANTIRRACISTA

Direito, justiça e transformação social

SÃO PAULO
2022

CONTRACORRENTE

Copyright © EDITORA CONTRACORRENTE
Alameda Itu, 852 | 1º andar |
CEP 01421 002
www.loja–editoracontracorrente.com.br
contato@editoracontracorrente.com.br

EDITORES
Camila Almeida Janela Valim
Gustavo Marinho de Carvalho
Rafael Valim
Walfrido Warde
Silvio Almeida

EQUIPE EDITORIAL
COORDENAÇÃO DE PROJETO: Juliana Daglio
REVISÃO: Douglas Magalhães
REVISÃO TÉCNICA: Amanda Dorth
DIAGRAMAÇÃO: Pablo Madeira
CAPA: Maikon Nery

EQUIPE DE APOIO
Fabiana Celli
Carla Vasconcelos
Fernando Pereira
Valéria Pucci
Regina Gomes
Nathalia Oliveira

Dados Internacionais de Catalogação na Publicação (CIP)
(Câmara Brasileira do Livro, SP, Brasil)

Manual de educação jurídica antirracista : direito, justiça e transformação
social / Adilson José Moreira, Philippe Oliveira de Almeida,
Wallace Corbo, (coautores). --
São Paulo, SP : Editora Contracorrente, 2022.
Bibliografia.
ISBN 978-65-5396-004-6

1. Antirracismo 2. Direito e sociedade 3. Discriminação racial -
Legislação – Brasil 4. Educação jurídica 5. Negros – Direitos fundamentais
– Brasil I. Moreira, Adilson José. II. Almeida, Philippe Oliveira de.
III. Corbo, Wallace.

22-105161   CDU-34:301

Índices para catálogo sistemático:
1. Educação jurídica : Antirracismo : Direito e sociedade 34:301
Eliete Marques da Silva – Bibliotecária – CRB-8/9380

@ @editoracontracorrente
f Editora Contracorrente
🐦 @ContraEditora

Enquanto a violência dos opressores faz dos oprimidos homens proibidos de ser, a resposta destes à violência daqueles se encontra infundida no anseio de busca do direito de ser.

Educação não transforma o mundo. Educação muda as pessoas. Pessoas transformam o mundo. Ninguém liberta ninguém. As pessoas se libertam em comunhão.

PAULO FREIRE

A sala de aula, com todas as suas limitações, permanece um lugar de possibilidades. Nesse campo de possibilidades nós temos a oportunidade de lutar pela liberdade, de demandar para nós e para nossos alunos uma abertura da mente e do coração que nos permite enfrentar a realidade enquanto imaginamos coletivamente meios de nos movermos além de obstáculos, de transgredir. Isso é a educação como prática de liberdade.

BELL HOOKS

SUMÁRIO

AGRADECIMENTOS

INTRODUÇÃO

CAPÍTULO I – OS PROBLEMAS DA EDUCAÇÃO JURÍDICA

CAPÍTULO II – OS PRESSUPOSTOS DE UMA PEDAGOGIA JURÍDICA ENGAJADA

CAPÍTULO III – REFERENCIAIS TEÓRICOS CRÍTICOS

3.1 Teoria Crítica Racial

3.1.1 Pressupostos gerais

3.1.2 Realismo racial

3.1.3 Racialização diferencial

3.1.4 Branquitude como propriedade

3.1.5 Legal storytelling

3.2 Teoria Queer

3.3 Teoria Decolonial

3.4 Feminismo interseccional

3.4.1 Considerações iniciais

3.4.2 O que é interseccionalidade?

SUMÁRIO

AGRADECIMENTOS 11

INTRODUÇÃO 13

CAPÍTULO I – OS PROBLEMAS DA EDUCAÇÃO JURÍDICA 27

CAPÍTULO II – OS PRESSUPOSTOS DE UMA PEDAGOGIA JURÍDICA ENGAJADA 43

CAPÍTULO III – REFERENCIAIS TEÓRICOS CRÍTICOS 61

   3.1 Teoria Crítica Racial 62

      3.1.1 Pressupostos gerais 62

      3.1.2 Realismo racial 64

      3.1.3 Racialização diferencial 68

      3.1.4 Branquitude como propriedade 71

      3.1.5 *Legal storytelling* 74

   3.2 Teoria *Queer* 77

   3.3 Teoria Decolonial 86

   3.4 Feminismo interseccional 91

      3.4.1 Considerações iniciais 91

      3.4.2 O que é interseccionalidade? 94

3.4.3 As origens do conceito: feminismo negro 96

3.4.4 Exemplos de abordagem interseccional 101

3.4.4.1 Mulheres negras 101

3.4.4.2 Homossexuais e transexuais negres 103

3.4.4.3 Pessoas negras com deficiência 104

CAPÍTULO IV – RACISMOS 107

4.1 Raça 109

4.2 Racismo como retórica e como prática 114

4.3 Racismo institucional 119

4.4 Racismo estrutural 124

4.5 Racismo interpessoal 127

4.6 Racismo recreativo 130

4.7 Racismo cultural 134

4.7.1 Epistemicídio 137

4.7.2 Imagens de controle 139

4.8 A retórica racista da transcendência racial 142

CAPÍTULO V – JUSTIÇA RACIAL 147

5.1 Cidadania racial 148

5.2 Justiça racial e paradigma constitucional 151

5.3 A gramática da igualdade 154

5.4 Aspectos específicos da justiça racial 159

CAPÍTULO VI – A EDUCAÇÃO JURÍDICA MULTICULTURAL 167

6.1 Sobre as bases políticas da educação antirracista 170

6.2 As bases epistemológicas da educação jurídica antirracista 175

6.2.1 A prioridade de epistemologias críticas 175

6.2.2 De volta à questão básica: o que é a justiça? 181

6.2.3 Um tema importante: poder e reprodução do conhecimento 183

6.2.4 A sala de aula como uma situação comunicacional 185

6.2.5 Comprometimento institucional 186

6.3 O papel do professor/a branco/a na educação multicultural 191

6.4 O papel do/a professor/a negro/a na educação multicultural 196

6.5 Preparando a discussão sobre justiça racial 202

6.5.1 A questão da transversalidade 203

6.5.2 Promovendo o engajamento 205

6.5.3 Letramento racial 210

6.5.4 Como tratar resistências ao debate sobre justiça racial 212

6.5.5 Aprendendo novos códigos culturais 218

6.6 Parâmetros para a condução do debate sobre racismo 220

6.6.1 Raça ou classe? 220

6.6.2 Racismo ou discriminação? 223

6.6.3 O que é privilégio branco? 224

6.6.4 Minhas ideias sobre o mundo são racistas? 227

6.6.5 O problema das microagressões 229

6.6.6 Como podemos combater o racismo? 230

6.7 Recapitulando! 234

CAPÍTULO VII – O DEBATE SOBRE JUSTIÇA RACIAL NAS DISCIPLINAS JURÍDICAS 237

7.1 Direito Constitucional e justiça racial 243

7.1.1 Teoria da Constituição: poder constituinte e justiça racial 246

7.1.2 História constitucional: revelando os capítulos escondidos da injustiça racial constitucional 252

7.1.3 Interpretação constitucional: fazendo a pergunta do excluído 260

7.1.4 Direitos fundamentais: repensando o conteúdo e a eficácia dos direitos 267

7.2 Direito Penal e justiça racial 279

7.3 Direito Societário e justiça racial 291

7.4 Direito Processual e justiça racial 304

7.5 Direito do Trabalho e justiça racial 312

7.6 Direito Administrativo e justiça racial 321

CONCLUSÃO 339

REFERÊNCIAS BIBLIOGRÁFICAS 343

AGRADECIMENTOS

Agradeço a meus professores e minhas professoras que tiveram um papel central na construção da minha postura crítica em relação ao ensino jurídico: Menelick de Carvalho Netto, Miracy Barbosa de Souza Gustin, José Luis Quadros de Magalhães, Owen Fiss, Randall Kennedy e Kenneth Mack. Agradeço também às minhas alunas e aos meus alunos negros, asiáticos e indígenas que compartilharam comigo suas ansiedades sobre a experiência em sala de aula. Esta obra é dedicada a vocês. Agradeço à minha mãe, Efigênia Clara de Souza Moreira, e a meu pai, Alcides Cipriano Moreira, por terem criado os meios para que a educação pudesse transformar a minha vida e a dos meus irmãos e irmãs.

ADILSON JOSÉ MOREIRA

Agradeço à minha mãe, Marilene, mulher, negra, trabalhadora, exemplo de resistência e reexistência, prova viva de que a alegria é a prova dos nove. Agradeço à minha avó, Clélia, e a minhas tias, Shirley (*in memoriam*), Gilda, Gina, Silvana, Gisela e Sheila, minhas educadoras. Com Gina, minha madrinha, aprendi a amar a leitura, e com Sheila – primeira da família a se graduar e a se doutorar –, aprendi a amar o ensino. Agradeço a meu marido, Mateus (companheiro de todas as horas), e à minha irmã, Ester (por me permitir vê-la crescer). Agradeço aos professores André Coelho e Júlia Franzoni, parceiros na luta em prol de uma pedagogia crítica, radical e situada. E aos meus alunos do grupo de pesquisa CERCO – Controle Estatal, Racismo e Colonialidade, meus mestres que me fazem ter esperança na universidade.

PHILIPPE OLIVEIRA DE ALMEIDA

Agradeço a Vania, William (pai) e William (filho), por serem meus alicerces em tudo. Aos meus alunos e alunas, que me ensinam diariamente. E, claro, aos amigos – meus queridos coautores, inclusive – que me ajudam a navegar por águas tormentosas como as que aqui enfrentamos.

WALLACE CORBO

INTRODUÇÃO

Vivemos em um momento histórico no qual o debate sobre relações raciais ocupa um papel central na agenda política de muitas sociedades liberais. Acontecimentos que tiveram repercussão mundial demonstraram a necessidade da discussão sobre um tema cuja relevância tem sido sistematicamente negada, uma das principais causas de sua reprodução. Raça ainda importa: a cor da pele continua sendo, em muitos espaços, um critério (implícito ou explícito) para excluir e segregar pessoas, de maneira que a luta antidiscriminatória se revela urgente. Muitas instituições públicas e privadas procuram combater o racismo, mas a criação de estratégias de enfrentamento dessa questão esbarra em compreensões restritas do funcionamento desse sistema de dominação social. Alguns apostam na necessidade de políticas culturais dirigidas à modificação de representações de grupos estigmatizados, outros acreditam que a atual realidade só poderá ser transformada com amplas políticas de redistribuição, enquanto certos segmentos acreditam que a expansão da representatividade dos membros desses segmentos nas diversas esferas da vida social é a melhor forma de se promover uma verdadeira transformação. Observamos também que muitos desses debates são conduzidos por indivíduos que nunca desenvolveram reflexões sistemáticas sobre relações raciais, fator responsável pela reprodução do senso comum presente em nossa sociedade sobre esse tópico. Muitos membros de grupos raciais subalternizados também não possuem todos os elementos para formularem propostas concretas para a transformação da situação na qual vivem, embora possam apontar de forma bastante contundente como o racismo afeta suas vidas.

Estamos, assim, diante de uma situação problemática: observamos uma mobilização individual e institucional em torno da discussão sobre justiça racial, mas muitos atores sociais que querem tratar desse assunto não possuem conhecimento adequado para conduzir um debate sobre a questão. Esse quadro, no entanto, não deveria nos causar surpresa. A mera menção a esse tópico provoca desconforto imediato em muitas pessoas, uma vez que conversas sobre discriminação racial são objeto de censura cultural na maioria das sociedades liberais; medidas destinadas ao seu combate são imediatamente contestadas e classificadas como iniciativas que podem promover divisões sociais. Há, portanto, um problema estrutural que não podemos ignorar: a ausência de compreensão dos modos de operação do racismo cria dificuldades consideráveis para as pessoas e instituições interessadas no engajamento na luta contra esse sistema de opressão. Pessoas brancas não sofrem discriminação racial, razão pela qual nunca foram motivadas a desenvolver estudos sobre esse assunto – por isso, a vasta maioria delas não o reconhece como objeto legítimo de debate. Esse problema também está associado a outro fato relevante: discussões sobre as formas como o racismo afeta as diferentes esferas da vida social não fazem parte da formação acadêmica da vasta maioria dos indivíduos que ocupam posições relevantes em instituições de ensino superior. Essas pessoas passam vários anos em nossas universidades e raramente têm a possibilidade de compreender como ele opera e quais são suas consequências na vida de muitos. Assim, geração após geração, saberes e práticas que ignoram o fato do racismo – ou são, eles mesmos, racistas – são replicados em diversas universidades como legítimos, universais e corretos, sem que haja um esforço coletivo para alterar essas dinâmicas em sala de aula.

INTRODUÇÃO

Acreditamos que essa seja uma falha significativa na formação acadêmica de todos, mas pensamos que ela adquire proporções ainda maiores quando consideramos os propósitos de certas ocupações. Esse é o caso daqueles que atuam nas profissões jurídicas. Faculdades de Direito formam indivíduos que ocupam posições de fundamental importância na organização institucional de uma sociedade. Profissionais desse campo atuarão no Poder Legislativo, no Poder Executivo e no Poder Judiciário, instâncias para as quais o conhecimento sobre a operação de sistemas sociais de opressão possui tremenda relevância. Esses indivíduos podem vir a representar pessoas na condição de advogados e defensores, assumindo um papel central na proteção de grupos subalternizados contra práticas discriminatórias. Podem, também, ocupar posições de autoridades, com a capacidade de guiar órgãos públicos e privados, e mesmo tomar decisões determinantes sobre a vida e a liberdade de indivíduos que pertencem a grupos subalternizados.

Apesar disso, a grande maioria desses indivíduos têm pouco conhecimento sobre a operação de mecanismos discriminatórios, o que obviamente compromete a possibilidade de uma prestação judicial adequada. Ora, poucas instituições de ensino jurídico debatem o racismo, e quando isso ocorre, o assunto é tratado de maneira acessória, associado a outros temas e com finalidade apenas exemplificativa, não sendo tratado como assunto autônomo que merece atenção particular.

Nossa educação jurídica apresenta algumas características que criam um obstáculo significativo para uma discussão transversal sobre o tema da justiça racial. Primeiro, ela está baseada na pressuposição de que o processo de aprendizado ocorre quando o aluno assimila as informações transmitidas pelo professor, pessoa que supostamente possui conhecimento soberano sobre os tópicos presentes nos programas das disciplinas em função de sua titulação. Esse formato de educação impede que os alunos possam se engajar criativamente com os tópicos apresentados, o que torna os assuntos discutidos um mero conteúdo cognitivo e não um conhecimento que pode permitir ao sujeito compreender o mundo e a si mesmo a partir de novas perspectivas. Segundo, nossa educação jurídica ainda reproduz a noção de que o conhecimento de como funciona a lógica do sistema jurídico fornece todos os elementos para as pessoas poderem atuar de forma adequada como operadores do Direito. Uma educação jurídica desconectada da realidade social faz com que as pessoas apliquem normas jurídicas a uma realidade social extremamente complexa sobre a qual elas têm conhecimento meramente esquemático. Esse fato traz muitas vezes consequências negativas para a vida de grupos subalternizados; embora essas normas tenham natureza genérica, elas podem causar consequências que permanecem invisíveis para seus intérpretes e aplicadores. Terceiro, a educação ofertada para nossos alunos e alunas prepara-os para reproduzirem hierarquias sociais, porque o aprendizado está circunscrito ao conhecimento da elaboração de raciocínios jurídicos. Assim, argumentações jurídicas podem parecer justas para muitos deles, mesmo que tenham impactos negativos sobre a vida de minorias, o que eles não estão preparados para analisar. A qualidade profissional está, então, associada ao domínio do entendimento da lógica interna do Direito enquanto sistema de normas, sendo que considerações sobre justiça social são vistas como preocupações estranhas à atuação profissional. Quarto, a ausência das disciplinas de Direito Antidiscriminatório e Direito das Relações Raciais na quase totalidade das nossas instituições de ensino jurídico não permite que operadores do Direito possam ter conhecimento adequado para contribuírem para a maior efetividade do projeto de transformação social presente no nosso texto constitucional. Nosso ensino jurídico está inteiramente desconectado do propósito fundamental do Direito: a promoção da justiça.

Vemos, portanto, que os problemas presentes na educação jurídica têm um impacto significativo na reflexão sobre questões relacionadas à justiça social. Muitas instituições se orgulham de ter um alto número de alunos e alunas trabalhando nos melhores escritórios, ou de ter altos níveis de aprovação em concursos públicos. Seus dirigentes afirmam que seus alunos e alunas são bem-sucedidos porque possuem amplo conhecimento de aspectos técnicos do funcionamento do nosso sistema jurídico, o que os torna excelentes profissionais. Eles partem do princípio de que estudantes são bons profissionais porque conseguem memorizar e articular um grande número de normas de acordo com pressupostos que regulam certa disciplina jurídica. Parece, então, que o sucesso profissional depende da capacidade de formulação de um conjunto de raciocínios jurídicos que representam princípios gerais, de caráter técnico, que serão aplicados a casos concretos. Discentes são levados a acreditar que se tornarão bons profissionais porque desenvolverão certas habilidades que lhes permitirão identificar problemas e oferecer respostas objetivas para eles. Essas habilidades são, então, regras de articulação lógica a partir das quais o sistema jurídico pode fazer sentido; o aluno ou aluna se tornará um bom profissional ou uma boa profissional se conseguir identificar, nas especificidades dos casos, as regras que deverão ser seguidas. A capacidade profissional será medida a partir da destreza que o "operador do Direito" demonstra ao apontar com precisão os procedimentos jurídicos que deverão ser aplicados aos casos analisados. Para cada caso, haveria um único procedimento jurídico "correto", tecnicamente "adequado".

Uma postura pedagógica focada na compreensão da prática da advocacia como um conjunto de procedimentos e do raciocínio jurídico como uma correlação de proposições lógicas que legitimam a ordem social parece estar no centro do problema mencionado acima. Muitas faculdades de Direito ensinam habilidades desvinculadas da prática profissional a seus alunos, convencidos por elas de que normas jurídicas possuem parâmetros de inteligibilidade que podem ser justificados apenas a partir da normatividade jurídica. Essa posição acrítica leva muitos alunos e alunas a pensarem e aplicarem normas jurídicas de forma desconectada da realidade. O formalismo característico da educação jurídica brasileira prepara profissionais para atuarem como reprodutores das hierarquias sociais que são racionalizadas e institucionalizadas pelo sistema jurídico. Essas hierarquias são reproduzidas também na própria formação dos quadros docentes das nossas faculdades, quase todos eles racialmente e ideologicamente homogêneos. A ausência de diversidade também significa uma ausência de perspectivas críticas sobre o ensino de disciplinas jurídicas e dos conteúdos que devem ser abordados em sala de aula. Estamos, assim, diante de um dilema que amplia o problema da inexistência da discussão do racismo em nossas instituições de ensino jurídico. A tremenda distância entre o mundo das normas jurídicas e a realidade cotidiana não permite um engajamento com questões sociais relevantes, a exemplo da discussão sobre justiça racial.

Quais seriam, então, as características de uma educação jurídica capaz de contribuir para a construção de uma sociedade racialmente mais justa? Primeiro, instituições de ensino precisam reconhecer que a educação jurídica não se reduz à transmissão de conhecimento de uma pessoa para outra. Ela está intrinsicamente vinculada à promoção de justiça, o que requer a adoção de uma perspectiva crítica em relação ao ensino jurídico. Essa postura implica demonstrar as formas a partir das quais o sistema jurídico opera como um meio de reprodução de relações de poder, mas também como ele pode ser um instrumento de transformação social. Segundo, a educação jurídica precisa ser ministrada de tal forma a identificar e criticar os mecanismos de institucionalização de sentidos sociais pelas normas jurídicas, o que concorre para a reprodução de relações hierárquicas de poder. É necessário entender que normas jurídicas são um meio de reificação social porque transformam valores culturais em formas de regulação das relações humanas. Terceiro, uma pedagogia engajada com a questão da justiça racial precisa demonstrar que categorias como raça e sexo são construções sociais que se tornam categorias do raciocínio jurídico, o que contribui para a diferenciação de *status* entre grupos sociais. Quarto, as disciplinas jurídicas precisam ser estruturadas de tal forma a poderem expressar o caráter estrutural e sistêmico do racismo e seus impactos na regulação jurídica da

INTRODUÇÃO

sociedade. Por ser um sistema de dominação, ele afeta diferentes instâncias da vida dos indivíduos, o que restringe ou impede o gozo de diferentes categorias de direitos. Quinto, mais do que apresentar uma explicação conceitual do racismo, devemos demonstrar como as normas que regulam uma disciplina jurídica podem concorrer para a sua preservação ou desmantelamento. Sexto, a discussão sobre a justiça racial deve ter como parâmetro os pressupostos que regulam o Direito Antidiscriminatório, disciplina que procura diminuir disparidades entre grupos sociais por meio da busca de maior efetividade do sistema protetivo de direitos de nosso ordenamento jurídico.

Este livro pretende ser uma contribuição para a construção de um programa de educação jurídica antirracista. Essa proposta não está baseada na noção de que os profissionais responsáveis pela educação jurídica em nossa sociedade sejam racistas. Ela parte do pressuposto de que a formação dos operadores jurídicos deve ter um compromisso com a promoção da justiça racial. Esse objetivo só pode ser alcançado na medida em que as pessoas sejam intelectualmente treinadas para identificar e formular modelos de pensamento que contribuam para o combate dos efeitos sistemáticos da discriminação racial. Muitos operadores do Direito não possuem elementos teóricos para fazer isso, porque nunca foram estimulados a refletirem sobre essa questão – nunca tiveram aulas destinadas a permitir a compreensão de como práticas discriminatórias impedem o pleno gozo de direitos. Este trabalho apresenta à comunidade jurídica brasileira parâmetros para que a educação jurídica possa ter um impacto antirracista, o que requer formação de profissionais com compromisso pessoal e também com formação intelectual necessária para lutar por uma sociedade mais justa.

Traçaremos, nesta obra, um programa conceitual que pode ajudar na produção de um maior nível de justiça racial, por meio de uma educação jurídica politicamente engajada. Apresentaremos, assim, parâmetros para que professores, professoras, alunos e alunas possam construir coletivamente diferentes sentidos para o conceito de justiça racial. Entendemos que isso só será possível na medida em que todos possam contribuir para essa reflexão a partir de uma compreensão adequada dos modos de operação do racismo. Estamos cientes dos obstáculos presentes nessa empreitada. O debate sobre o racismo encontra grande resistência em nossa sociedade, inclusive em instituições de ensino superior. O corpo docente da maior parte delas é composto majoritariamente por pessoas brancas de classe média alta, indivíduos que nunca pesquisaram sobre o assunto, nem se sentem confortáveis em discutir o tema, embora muitos deles reconheçam a necessidade premente desse debate. Acreditamos que até mesmo os poucos professores negros enfrentam dificuldade em criar um ambiente adequado para a discussão desse tópico e para articular os temas relacionados à justiça racial com os princípios que regulam suas disciplinas. Por esse motivo, esta obra se propõe, em primeiro lugar, a estabelecer parâmetros a partir dos quais esse tema pode ser discutido, principalmente tendo em vista a realidade de um corpo discente cada vez mais plural, enquanto o corpo docente permanece amplamente homogêneo. Este manual apresenta, então, elementos relevantes para pensarmos a sala de aula como uma arena pública na qual questões sociais precisam ser compreendidas em toda a sua complexidade. Queremos acreditar que uma das principais contribuições deste trabalho será estabelecer os preceitos e as práticas que devem guiar discussões sobre justiça racial dentro desse espaço.

A construção de uma estratégia pedagógica antirracista também está relacionada com a modificação da forma e das categorias a partir das quais pensamos o Direito. Uma educação jurídica antirracista requer que superemos certas premissas ainda muito presentes em nossa cultura jurídica, entre elas a noção de que o sistema jurídico pode ser explicado apenas a partir de sua lógica interna. Também precisamos apresentar entendimentos alternativos para a interpretação de postulados centrais do pensamento jurídico, tais como cidadania, justiça, dignidade, igualdade e liberdade. Outra questão relevante: não conseguiremos produzir pensamento transformador a partir das premissas do liberalismo individualista que ainda estrutura a maneira como elaboramos raciocínios jurídicos. Por essa razão, apresentaremos, neste trabalho, perspectivas críticas a partir das quais princípios e institutos jurídicos serão discutidos. Utilizaremos conceitos de quatro teorias que apresentam parâmetros e postulações relevantes para pensarmos a inserção social dos indivíduos na sociedade, a forma como diferenciações de *status* são criadas, como elas são racionalizadas pelo sistema jurídico e como este mesmo se torna um meio de reprodução da opressão social, embora seu propósito seja o de promover a justiça. Assim, a proposta de uma educação antirracista partirá de uma discussão de conceitos da Teoria Crítica Racial, da Teoria Feminista Negra, da Teoria *Queer* e da Teoria Decolonial.

Uma questão comum atravessa todas elas: o problema do poder. O aparato teórico produzido pelos estudiosos dessas vertentes nos fornecerá instrumentos de análise relevantes para identificar as maneiras a partir das quais o Direito aparece como um dispositivo social responsável pela legitimação social, e se ele pode promover a transformação das estruturas de dominação. Esses referenciais analíticos serão importantes para demonstrarmos como professores e professoras poderão apresentar o conteúdo de suas disciplinas a partir de uma perspectiva que forneça maior compreensão de como processos sociais reproduzem disparidades raciais. Pensamos que isso só poderá ser conseguido se nos afastarmos de uma perspectiva de compreensão de normas jurídicas segundo a qual elas refletem a racionalidade social por terem sido promulgadas de acordo com procedimentos adequados. As referências analíticas acima mencionadas nos permitirão, portanto, entender alguns processos centrais para o propósito deste livro: o entendimento de que muitas categorias jurídicas refletem consensos sociais de grupos majoritários, de que elas institucionalizam a identidade dos membros desses segmentos. Essas referências analíticas também nos permitirão observar que os princípios da neutralidade e da objetividade devem ser abandonados porque os sujeitos sociais são efeitos dos sistemas de significação social nos quais estão inseridos. Além disso, essas perspectivas teóricas no permitirão observar que o racismo é um tipo de relação hierárquica de poder que se reproduz no plano ideológico por meio da representação estratégica da sociedade liberal como uma organização fundada em um contrato entre sujeitos racionais.

Como afirmado anteriormente, esta obra apresenta parâmetros para discussões transversais sobre o racismo enquanto sistema de dominação racial. Para que seu objetivo de servir como ferramenta para a elaboração coletiva dos meios de implementação da justiça racial seja alcançado, as pessoas que se engajarem nesse projeto precisam também estar comprometidas com o ensino do pensamento crítico. Isso requer o abandono da ideia de que o ensino deve ter uma natureza neutra, uma vez que não podemos separar conteúdo a ser ensinado de propósitos sociais substantivos. Esta obra convida seus leitores e suas leitoras a utilizarem uma pedagogia engajada, porque ela deve estar comprometida com a transformação social. Ela implica a construção coletiva do conhecimento sobre esse assunto que estrutura diversos aspectos das relações sociais em nossa sociedade. Essa pedagogia engajada está voltada para a criação de uma experiência de aprendizagem na qual os diferentes atores reconheçam seu papel no processo de desvelamento da realidade e a forma como isso pode ser um modo de conhecimento de si mesmos e de seu lugar no mundo.

Seguiremos de perto as formulações de Paulo Freire, bell hooks e Miguel Arroyo sobre a educação como uma prática da liberdade, proposta fundamentada em uma forma de pedagogia comprometida com a transformação da consciência daqueles que participam do processo educativo. A reflexão sobre o tema da justiça racial operará, portanto, como um meio a partir do qual pessoas de todas as raças possam encontrar formas para atuar como agentes de transformação social, um dos objetivos de uma pedagogia engajada e de uma proposta de saber jurídico comprometido com a busca de justiça. Embora seja um tema que desperta reações emocionais profundas em muitos, apresentaremos esse projeto de

INTRODUÇÃO

tal forma que ele possa levar ao engrandecimento coletivo. Isso será alcançado por meio de apresentação de técnicas a serem observadas para que o debate proposto seja fundamentado em dados objetivos e formulações teóricas, de sorte que falsas compreensões da realidade não comprometam a possibilidade da reflexão sobre esse tema de grande relevância.

Este manual sobre educação jurídica antirracista procura, então, ser uma referência para uma realidade nova nas universidades brasileiras: a experiência do ensino em um cenário cada vez mais multicultural. O aumento significativo da presença de minorias raciais nas salas de aula de nossas universidades tem operado deslocamentos e questionamentos constantes de referências culturais e pressupostos epistemológicos que, embora se apresentem como universais, estão associados a uma realidade marcada pela presença hegemônica de pessoas brancas nas instituições de produção de conhecimento. Os novos participantes reconhecem que os problemas de disparidade de poder também estão associados ao processo de produção do saber, motivo pelo qual professores e professoras precisam estar preparados para o engajamento em um debate sobre as maneiras como discussões acadêmicas são formuladas.

O primeiro capítulo deste livro aponta os problemas presentes na educação jurídica brasileira e como eles impossibilitam uma prática pedagógica politicamente engajada. Indicaremos os obstáculos postos pelo seu tradicional formalismo para a construção de uma sociedade racialmente mais justa.

O capítulo seguinte do manual apresenta os princípios do que tem sido chamado de "pedagogia politicamente engajada", discussão de imensa relevância para que entendamos como a sala de aula pode ser uma arena de debate sobre o tema da justiça racial.

Abordaremos, em seguida, no capítulo três, as ferramentas analíticas que serão utilizadas para apresentar a temática da justiça racial nas diferentes disciplinas jurídicas. Embora nem todas essas ferramentas possam ser aplicadas em todas as áreas, elas nos mostram meios relevantes para discutirmos o problema das hierarquias de poder e suas manifestações e dimensões. A Teoria Crítica Racial nos fornecerá elementos para entendermos a dimensão discursiva do Direito, os meios a partir dos quais a raça tem sido construída como uma categoria social, além das razões pelas quais precisamos examinar o racismo nas suas conexões com outros sistemas de dominação. A Teoria Feminista Negra e a Teoria *Queer* serão importantes para entendermos as formas a partir das quais identidades sociais são transformadas em categorias centrais do pensamento e das práticas jurídicas, os meios pelos quais o pertencimento a certos grupos se torna um requisito para o exercício de direitos. A Teoria Decolonial, por sua vez, nos fornecerá elementos para discutirmos alguns pontos relevantes da cultura jurídica a partir de uma perspectiva crítica: o conceito de sujeito de direito, a ideia de universalidade de direitos, as formas responsáveis pela construção e reprodução de grupos subordinados.

O capítulo quatro do trabalho discorrerá sobre diferentes manifestações de racismo. Iniciaremos esse debate com a apresentação do conceito de projeto racial, o que nos permitirá identificar os meios a partir dos quais o sistema jurídico contribui para sua reprodução. Os leitores e leitoras poderão encontrar, nessa parte, definições objetivas das várias formas de racismo e dos seus meios de operação, um entendimento essencial para que possamos entender como eles se manifestam nas diferentes práticas jurídicas. Observaremos, ao longo dessa exposição, como o racismo não pode ser examinado isoladamente de outros sistemas de opressão, fato extremamente relevante para entendermos como uma sociedade se constitui a partir da prática da exclusão racial.

A discussão sobre o racismo enquanto sistema de dominação social será seguida de uma análise da justiça racial, tema central deste trabalho. Assim, apontaremos, no capítulo cinco, a forma como esse tópico deve ser abordado em sala de aula, o que terá início com um debate sobre o papel da justiça no tipo de racionalidade que regula o atual paradigma constitucional. Essa perspectiva nos

INTRODUÇÃO

ajudará a compreender os diversos tópicos associados à justiça racial como manifestações de uma questão mais ampla relacionada com a própria possibilidade da operação adequada do nosso sistema jurídico no atual estágio de desenvolvimento do constitucionalismo.

O capítulo seis, por sua vez, apresenta as orientações a serem seguidas por professores e professoras na condução do debate sobre justiça racial. Essa parte do manual começa com reflexões sobre as características de uma educação multicultural e problematiza o lugar do professor e da professora dentro do sistema de hierarquias sociais, um exercício necessário para que eles e elas possam refletir sobre suas funções no processo de transformação da realidade social. Ela também contém elementos para que professores e professoras possam propor essa discussão em sala de aula, em quais momentos isso deve ser feito, o lugar desse debate na formulação do programa de disciplinas, além do tipo de dinâmica a ser adotado para tratar os diversos problemas que surgem em uma discussão dessa natureza, tais como resistências ao debate, negação da sua relevância, questionamentos sobre a legitimidade do professor ou da professora para falar sobre essa temática.

O capítulo final deste pequeno manual de educação jurídica antirracista elabora uma longa reflexão sobre como a pedagogia politicamente engajada e a discussão sobre justiça racial estabelecem diretrizes para a discussão das diferentes disciplinas jurídicas no processo de construção da justiça social a partir de nosso texto constitucional. Primeiramente, examinaremos como o racismo ocorre na realidade social, com base em problemas trazidos à apreciação do Judiciário, ou então face ao problema de como normas ou práticas sociais podem concorrer para a discriminação racial. Em seguida, avaliaremos os limites que compreensões tradicionais presentes dentro de diferentes disciplinas podem contribuir para a reprodução desses conflitos por não permitirem uma resposta jurídica adequada. Por fim, desenvolvermos o que seria uma sensibilidade analítica adequada para a realização da justiça racial nos casos examinados.

CAPÍTULO I

OS PROBLEMAS DA EDUCAÇÃO JURÍDICA

O tortuoso processo de construção da democracia em nosso país nos últimos trinta anos tem permitido uma série de modificações sociais e políticas significativas. A mobilização de grupos raciais subalternizados em torno de uma agenda política baseada em demandas de proteção de direitos é certamente uma das mais importantes.[1] Esse movimento encontra legitimidade nas diversas normas constitucionais destinadas à consolidação de uma democracia substantiva em nossa sociedade. Entre elas, estão as que expressam os princípios estruturantes do nosso sistema

---

[1] Não ignoramos, contudo, que o processo de luta por direitos de grupos raciais subalternizados, no Brasil, em muito antecede o processo de redemocratização. Sempre encontrando a resposta violenta do Estado, pessoas negras em diferentes momentos da história organizaram revoltas, manifestações e outras formas de organização popular buscando o reconhecimento de uma plêiade de direitos – desde a liberdade, no período pré-abolição, até o direito a igualdade em suas várias manifestações. Para alguns exemplos, confira-se: REIS, João José. *Ganhadores*: a greve negra de 1857 na Bahia. São Paulo: Companhia das Letras, 2019; REIS, João José. *Rebelião escrava no Brasil*: a história do levante dos malês em 1835. São Paulo: Companhia das Letras, 2003.

jurídico,[2] as que designam os propósitos programáticos da nossa ordem política,[3] as que elencam variadas categorias de direitos fundamentais, as que permitem maior participação nos diversos processos decisórios,[4] além das normas que determinam o papel de instituições públicas e privadas na construção da justiça social nas diferentes dimensões da vida.[5] Algumas dessas normas proscrevem o racismo, enquanto outras estabelecem deveres específicos de proteção institucional de grupos raciais subalternizados. Esse arcabouço jurídico oferece fundamentos para a construção de novas formas de cidadania, conceito agora entendido como um princípio que pressupõe igualdade de *status* material e de *status* cultural entre indivíduos e grupos, fatores essenciais para a promoção de

---

2   O artigo primeiro da Constituição federal estabelece: "A República Federativa do Brasil, formada pela união indissolúvel dos Estados e Municípios e do Distrito Federal, constitui-se em Estado Democrático de Direito e tem como fundamentos: I – a soberania; II – a cidadania; III– a dignidade da pessoa humana; IV – os valores sociais do trabalho e da livre iniciativa; V – Pluralismo político". BRASIL. *Constituição da República Federativa do Brasil de 1988*. Brasília: Senado Federal, 2020, p. 10.

3   O artigo terceiro da Constituição federal dispõe: "Constituem objetivos fundamentais da República Federativa do Brasil: I – construir uma sociedade livre, justa e solidária; II – garantir o desenvolvimento nacional; III – erradicar a pobreza e a marginalização e reduzir as desigualdades sociais e regionais; IV – promover o bem de todos, sem preconceitos de origem, raça, sexo, cor, idade e quaisquer outras formas de discriminação". BRASIL. *Constituição da República Federativa do Brasil de 1988*. Brasília: Senado Federal, 2020, p. 10.

4   O artigo quatorze da Constituição federal prevê: "A soberania popular será exercida pelo sufrágio universal e pelo voto direto e secreto, com valor igual para todos, e, nos termos da lei, mediante: I – plebiscito; II – referendo; III – iniciativa popular (...)". BRASIL. *Constituição da República Federativa do Brasil de 1988*. Brasília: Senado Federal, 2020, p. 18.

5   Ver, nesse sentido: GRAU, Eros Roberto. *A ordem econômica na Constituição de 1988*. São Paulo: Malheiros, 2018; BENEDITO, Alessandra; MENEZES, Daniel F. Nagao. "Políticas públicas de inclusão social: o papel das empresas". Ética e Filosofia Política, vol. 1, 2013, pp. 57-76.

CAPÍTULO I – OS PROBLEMAS DA EDUCAÇÃO JURÍDICA

pertencimento social, bem como para a construção da igualdade moral entre todos os grupos sociais.[6]

Embora essas normas constitucionais permitam um avanço cada vez maior da inclusão de grupos raciais subalternizados, elas também têm sido objeto de grande disputa entre certos setores sociais que procuram reproduzir hierarquias de poder que garantem privilégios a uns e mantêm outros em uma situação de subordinação. Os tribunais se tornaram um espaço de disputa política e ideológica, nos quais segmentos do grupo racial dominante e dos grupos raciais subalternizados se debatem para determinar que sentidos devem ser atribuídos às normas constitucionais acima mencionadas. Membros do sistema Judiciário são, então, chamados para decidir casos cujas implicações não se reduzem às circunstâncias de disputas específicas, mas dizem respeito à compreensão que questões amplas como igualdade racial devem ter em nossa sociedade. Se muitos representantes do grupo racial dominante defendem uma interpretação restrita dessas noções, a maior parte das lideranças de grupos subalternizados compreende essas normas como princípios que procuram promover a emancipação humana. A primeira posição parece problemática porque ignora a lógica do princípio da igualdade no atual paradigma constitucional e porque está baseada no argumento segundo o qual direitos constitucionais têm uma lógica própria que opera independentemente da realidade social. Essa posição permite uma interpretação de normas jurídicas desvinculada da análise das disparidades causadas pelo racismo na vida da população negra e da população indígena.[7]

---

[6] Para uma análise de como os tribunais brasileiros têm estabelecido o conceito de cidadania racial como um parâmetro de controle de constitucionalidade, ver, entre outros: MOREIRA, Adilson José. "Cidadania racial". *Quaestio Iuris*, vol. 10, n° 2, 2016, pp. 1052-1099.

[7] Muitos autores apontam os problemas relacionados com uma defesa de interpretação jurídica desconectada da realidade. Ver, nesse sentido: MOREIRA, Adilson José. *Pensando como um negro*: ensaio de hermenêutica jurídica. São Paulo: Contracorrente, 2019; FREEMAN, Alan David.

ADILSON MOREIRA, PHILIPPE DE ALMEIDA & WALLACE CORBO

Não temos dúvida de que a Constituição Federal abriga um sistema protetivo de direitos destinado à promoção da inclusão de grupos tradicionalmente marginalizados. Porém, sua efetividade encontra um grande obstáculo: a persistência de uma cultura jurídica incompatível com o projeto de transformação social presente no texto constitucional. Ela está amplamente baseada no tipo de educação jurídica oferecida em nossas instituições de ensino superior. Ela ainda reflete um tipo de tradição de pensamento e de práticas institucionais segundo as quais o sistema jurídico não tem a função de promover transformações sociais, mas, sim, de reproduzir os preceitos que regulam a realidade social existente. Temos, então, de um lado, inúmeras parcelas da sociedade que anseiam a modificação da condição de exclusão na qual vivem por meio do alcance de maiores níveis de justiça racial, termo que deve ser preliminarmente entendido como um critério de alocação de oportunidades materiais e de respeitabilidade social necessária para a integração de grupos raciais subalternizados. Do outro, encontramos uma realidade em que os parâmetros por meio dos quais as pessoas aprendem a pensar o Direito operam como um dos principais obstáculos para o alcance de maior integração de grupos raciais subalternizados. Isso significa que há uma relação direta entre a possibilidade de avanço da pauta democrática e a necessidade de mudança no tipo de educação jurídica oferecida em nossas instituições de ensino superior.[8]

Partimos do pressuposto de que o tipo de educação jurídica ofertada na maioria das nossas instituições de ensino jurídico não apenas impede a realização do projeto de transformação social presente em nosso texto constitucional, mas também que é ele próprio

"Legitimizing racial discrimination through antidiscrimination law: a critical review of the Supreme Court doctrine". *Minnesota Law Review*, vol. 62, n° 4, 1977, pp. 1049-1119.

[8] Para uma crítica a essa posição dentro do pensamento jurídico em sociedades liberais, ver WEST, Robin. "Progressive and conservative constitutionalism". *Michigan Law Review*, vol. 88, n° 4, 1990, pp. 641-712.

CAPÍTULO I – OS PROBLEMAS DA EDUCAÇÃO JURÍDICA

um dos principais obstáculos para a realização de qualquer tipo de justiça racial. Esse problema, presente em várias democracias liberais, pode ser diagnosticado a partir de dez características básicas, da maneira que segue abaixo.

Primeiro, nossas faculdades de Direito ensinam aos estudantes um conjunto de técnicas vistas como necessárias para a aplicação de normas jurídicas aos fatos de um caso. Essas regras devem ser aplicadas mecânica e acriticamente à situação concreta para que as relações jurídicas possam ser reguladas de forma adequada, uma proposta problemática, pois a realidade social tem um caráter dinâmico. Além disso, normas jurídicas regulam uma sociedade profundamente hierarquizada, razão pela qual a operação delas pode ter um impacto muito diferente nos diversos grupos de pessoas e nas várias dimensões da vida delas. Essas técnicas são apresentadas ao corpo discente como um tipo de habilidade necessária para a prática da advocacia: *o raciocínio jurídico*. A possibilidade de compreensão e aplicação de normas legais decorreria, então, da capacidade de o indivíduo compreender a lógica dos princípios que regulam um campo – princípios ensinados como aspectos da realidade que sempre se apresentariam da mesma forma – e de aplicá-los a situações concretas. Temos, assim, dentro dessa situação idealizada, uma confluência entre uma série de raciocínios que estruturam um campo do conhecimento a uma realidade objetiva que sempre se mantém imutável. Por isso, uma educação jurídica que se resume à aplicação de técnicas de interpretação e aplicação de normas legais se mostra incapaz de promover transformação social, uma vez que alunos e alunas, ao aplicarem esse tipo de lógica, acabam por replicar hierarquias sociais e não se tornam capazes de pensar o Direito como um possível instrumento de emancipação social.[9]

---

[9] Diversos autores têm elaborado uma ampla crítica do papel da educação jurídica. Ver, sobretudo: FARIA, José Eduardo. "A realidade política e o ensino jurídico". *Revista da Faculdade de Direito da USP*, vol. 82, 1987, pp.

ADILSON MOREIRA, PHILIPPE DE ALMEIDA & WALLACE CORBO

Segundo, a diferenciação entre disciplinas propedêuticas (Filosofia do Direito, Teoria do Direito, Sociologia do Direito etc.) e disciplinas dogmáticas (Direito Constitucional, Direito Civil, Direito Penal etc.) faz com que estudantes acreditem que os temas discutidos no primeiro grupo sejam irrelevantes para o entendimento dos assuntos debatidos no segundo, percepção reforçada pela noção de que o sistema jurídico contém todos os elementos necessários para a regulação da realidade social. No lugar de servirem como referências que deveriam ser discutidas transversalmente nas diversas disciplinas dogmáticas, conteúdos sociológicos, filosóficos e políticos são tidos como meras digressões por um corpo discente preocupado com os conteúdos que serão cobrados em casos a serem resolvidos nos estágios em escritórios, no exame da Ordem dos Advogados ou em concursos públicos. Uma vez que cursos de Direito são vistos, por grande parte dos estudantes, como uma forma de ascensão social – por exemplo, por meio da aprovação em concursos públicos –, disciplinas que não tratam da parte dogmática são classificadas por muitos como desnecessárias, porque, supostamente, não têm aplicação prática. Da mesma forma, aquelas disciplinas cuja função é de relevância central para as pessoas refletirem sobre a realidade são vistas como algo irrelevante na advocacia. Por esse motivo, a discussão sobre a questão da justiça racial se mostra algo inteiramente estranho aos temas que deveriam ser tratados em sala de aula.[10]

Terceiro, o problema da educação jurídica também está asso-ciado ao fato de que ela está amplamente divorciada da realidade social, o que se aplica às sociedades liberais em geral. Os conteú-dos aprendidos na sala de aula são significativamente distintos da

---

198-212. Nossas reflexões são amplamente influenciadas pelas perspectivas apresentadas por KENNEDY, Duncan. *Legal education and the reproduction of hierarchy*: a polemic against the system. Nova York: New York University Press, 2004.

10 FARIA, José Eduardo. "A realidade política e o ensino jurídico". *Revista da Faculdade de Direito da USP*, vol. 82, 1987, pp. 198-205.

CAPÍTULO I – OS PROBLEMAS DA EDUCAÇÃO JURÍDICA

maneira como o Direito é aplicado na realidade. Se, nas faculdades, o sistema jurídico é apresentado como um conjunto de normas e de práticas institucionais que expressam plena racionalidade (uma estrutura lógica, hierarquizada, livre de contradições ou lacunas), a prática jurídica, por sua vez, está permeada por elementos distantes de qualquer tipo de consideração sobre coerência jurídica. Interesses corporativos, cooptação ideológica, ausência de compromisso com princípios jurídicos, além de uma estrutura recursal que favorece principalmente os economicamente privilegiados, marcam a realidade da prática da advocacia. Isso leva muitos estudantes a uma situação de frustração, porque não conseguem realizar suas esperanças de emancipação, uma vez que a prática jurídica está amplamente marcada por fatores que promovem a discriminação direta e indireta de grupos subordinados. Jovens comprometidos com ideais de justiça e bem comum rapidamente decepcionam-se com o mundo do Direito, ao se darem conta de que a atividade jurisdicional se constitui, hoje, em dimensão incapaz de operar grandes mudanças na vida social. O formalismo que marca a educação jurídica e a realidade de uma estrutura social injusta impedem que os profissionais possam ser agentes de transformação, porque eles têm pouca compreensão da maneira como normas jurídicas operam dentro da realidade.[11]

Quarto, essa educação formalista está diretamente associada a uma celebração direta do liberalismo individualista como parâmetro de compreensão e interpretação das normas jurídicas, perspectiva apresentada como única forma possível de organização social. Os indivíduos são vistos a partir da categoria abstrata de cidadãos; dentro dessa perspectiva, as diversas formas de pertencimento social são irrelevantes para o exercício de direitos. Estes são representados apenas como prerrogativas formais de todos os

---

[11] KENNEDY, Duncan. *Legal education and the reproduction of hierarchy*: a polemic against the system. Nova York: New York University Press, 2004, pp. 33-35.

membros da comunidade política – não há uma reflexão sobre os mecanismos que impedem o gozo deles. Eles são mencionados como categorias cujo exercício está garantido a todas as pessoas. A reprodução da ideia de que a sociedade é uma coleção de indivíduos cuja vontade pode ser exercida de forma livre impede que estudantes tenham conhecimento do funcionamento dos diversos fatores responsáveis pela reprodução de desigualdades entre os vários segmentos sociais. A educação jurídica oferecida em nossas instituições de ensino superior incapacita nossos estudantes a se engajarem em práticas alternativas, porque são levados a acreditar que a sociedade só pode operar de acordo com certos pressupostos filosóficos e políticos associados ao individualismo, fator que reproduz uma cultura jurídica baseada na ideia de que as pessoas não são (ou são apenas circunstancialmente) afetadas por estruturas de exclusão presentes dentro de uma sociedade.[12]

Quinto, ao lado do formalismo, está também o problema do legalismo. Nossos estudantes são ensinados a reverenciar as normas jurídicas, o que impede uma análise do entorno social ao qual a norma se aplica. A noção de que um país só pode ser governando a partir da observação estrita das leis faz com que considerações sobre temas de justiça social sejam vistos como fabulações morais e não problemas jurídicos. O legalismo legitima uma prática jurídica alheia a discussões substantivas sobre questões da igualdade porque ela só pode decorrer do que está objetivamente estabelecido nas normas jurídicas. De maneira geral, os currículos das faculdades de Direito apresentam as normas legais que regulam diversas áreas da vida social como plenamente legítimas porque a produção delas obedeceu a uma série de procedimentos legislativos formais. A ausência de uma análise das forças de poder responsáveis pela existência da legislação faz com que nosso sistema normativo seja interpretado como algo correto, fruto de um suposto consenso

---

12 Ver, nesse sentido: MOREIRA, Adilson José. *Pensando como um negro*: ensaio de hermenêutica jurídica. São Paulo: Contracorrente, 2019, pp. 119-152.

CAPÍTULO I – OS PROBLEMAS DA EDUCAÇÃO JURÍDICA

entre grupos que podem se manifestar livremente no processo político. Essa ausência de perspectiva crítica leva alunos e alunas a adotar um discurso que reproduz disparidades raciais presentes na sociedade, ignorando as hierarquias de forças nela existentes e deixando de lado a exclusão histórica, nos processos decisórios, de grupos sociais subordinados.[13] Liberdade e igualdade só poderiam existir, assim, nos limites definidos pelas normas jurídicas, o que legitima hierarquias existentes em que essas mesmas normas são resultado de forças sociais que limitam a liberdade e negam a igualdade no plano da realidade social.

Sexto, o formalismo jurídico característico dos currículos e das técnicas de ensino promove um processo de reificação da realidade social que cria dificuldades para que instituições de ensino possam contribuir para a efetivação do sistema protetivo presente em nosso texto constitucional. Ao tornar as normas jurídicas a expressão plena de racionalidade, nossos professores dificultam a formação de uma consciência crítica necessária para a construção coletiva de ações transformadoras. O formalismo jurídico corrobora arranjos sociais que produziram a estrutura normativa presente em uma sociedade, o que depois é apresentado como uma forma de funcionamento *necessário* das relações humanas. Escolhas políticas contingentes, tomadas por legisladores e governantes ao longo das décadas, são, dessa forma, apresentadas como estruturas *naturais* e *inevitáveis* de organização da vida coletiva. O professor deixa de ser um instrumento de formação crítica para ser um agente de alienação ao ensinar o conformismo moral aos seus estudantes.

---

13 MASCARO, Alysson Leandro. *Crítica da legalidade e do Direito brasileiro*. São Paulo: Quartier Latin, 2001, pp. 41-100. Ver também a obra de Paolo Grossi, historiador do Direito italiano, que tem uma leitura bastante crítica: GROSSI, Paolo. "A formação do jurista e a exigência de uma reflexão epistemológica inovadora". *In*: _____. *História da propriedade e outros ensaios*. Trad. Luiz Ernani Fritoli e Ricardo Marcelo Fonseca. Rio de Janeiro: Renovar, 2006. E ainda: PIHLAJAMAKI, Heikki. "Under pressure: Law Schools and Legal Education". *Rechtskultur*: European Journal of Legal History, Regensburg, vol. 3, 2014, pp. 101-107.

A busca de neutralidade axiológica muitas vezes representa, na verdade, uma intenção de reproduzir uma forma de compreensão da realidade social que deve operar de acordo com os valores e interesses dos grupos dominantes. O ensinamento de uma razão jurídica de caráter universal capaz de ser aplicada à realidade de todas as sociedades e em todos os momentos históricos representa um projeto de imperialismo cultural incapaz de estabelecer um diálogo com a realidade que o sistema jurídico pretende regular. Na verdade, tanto as normas jurídicas quanto a realidade cotidiana são instâncias que possuem uma mesma natureza, o que permite um suposto processo de racionalização do mundo social. Essa crença faz com que as diversas hierarquias sejam invisibilizadas, com que as demandas de justiça formuladas por grupos vulneráveis sejam vistas como pedidos incompatíveis com a ordem jurídica, o que concorre para a reprodução da injustiça.[14]

Sétimo, o tipo de pedagogia utilizado pela maioria das instituições de ensino superior não promove a capacidade crítica. Pelo contrário, nossos estudantes são levados a acreditar que eles e elas só obterão sucesso profissional se reproduzirem os mesmos argumentos e comportamentos institucionalizados. Muitos professores e professoras acreditam que precisam transmitir conteúdo para os alunos e alunas, muitos estudantes permanecem em uma atitude passiva, possíveis resultados do fato de que pesquisas sobre os mais diversos aspectos da realidade não são mencionados em sala de aula com a devida frequência, consequência da baixa porcentagem de professores pesquisadores. Teses que questionam as teorias estabelecidas ou a jurisprudência consolidada são tidas como inadequadas e perigosas para o sucesso profissional. A preocupação com a situação dos desprovidos de poder é tida como expressão de idealismo ou tolice, motivo pelo qual muitos

---

[14] Para uma análise desse problema, ver ALMEIDA, Philippe Oliveira de. "A Faculdade de Direito como oficina de utopias: um relato de experiência". *Revista da Faculdade de Direito da UFMG*, nº 72, 2018, pp. 481-511.

CAPÍTULO I – OS PROBLEMAS DA EDUCAÇÃO JURÍDICA

estudantes se preparam para operar como prestadores de serviço para os que detêm poder econômico, quase todos eles membros do grupo racial dominante. Esse conformismo teórico gera uma dependência intelectual, uma vez que as pessoas são ensinadas a pensar que o sucesso profissional depende da operação de acordo com os parâmetros estabelecidos. Ao lado disso está o fato de que parte expressiva do corpo docente é formada por juízes e promotores que acreditam encarnar a verdade porque ocupam lugar de autoridade no sistema de administração da justiça. Muitas de suas afirmações não são baseadas em pesquisas científicas, mas apenas na autoridade que eles ocupam como membros de instituições jurídicas.[15] A aversão a metodologias participativas parte do pressuposto de que o professor é quem detém todo o conhecimento e terá o papel de iluminar o estudante, o qual, por sua vez, carece de qualquer tipo de compreensão da realidade. As pessoas não podem ser chamadas para construir o conhecimento coletivamente porque isso seria uma subversão da lógica da autoridade do professor em sala de aula.

Oitavo, a educação jurídica reinante em muitas de nossas instituições de ensino superior também está preocupada com as maneiras como estudantes se apresentarão no mercado de trabalho. Mais do que apenas ensinar estudantes como aplicar normas jurídicas a casos concretos, a experiência acadêmica também molda a forma como futuros profissionais devem pensar e agir na prática cotidiana. Assim, eles são encorajados a se apresentarem de maneira uniforme, a tornarem invisíveis (como se fosse possível) traços identitários como raça e gênero, a procurarem formação suplementar em instituições famosas fundamentalmente por *status* dentro da comunidade jurídica e a sempre se comportarem a partir de determinados parâmetros dentro e fora das instituições nas quais trabalham. A adequação a um parâmetro social identificado com

---

[15] DANTAS, Santiago. "A educação jurídica e a crise brasileira". *Revista Forense*, nº 159, 1955, pp. 455-470.

o homem branco heterossexual de classe alta representa um ideal de respeitabilidade social do qual depende o sucesso profissional. Assim, as instituições de ensino superior, e depois os escritórios de advocacia e as entidades profissionais, tornam-se locais em que rituais de normalização social são reproduzidos, sendo que eles tendem a institucionalizar uma cultura mais preocupada com a reprodução do *status* profissional do que com o comprometimento com a luta por justiça social. Dessa forma, conteúdos de suma relevância para a reflexão sobre ações necessárias para a realização do projeto de transformação social presente no nosso texto constitucional são vistos como meros ideais morais e não como compromissos políticos que devem pautar as ações de todos os operadores jurídicos.[16]

Nono, a educação jurídica oferecida pela vasta maioria das nossas instituições de ensino superior sofre de um problema especialmente grave: a homogeneidade racial do corpo docente. Ela implica uma uniformidade de experiências sociais e uma uniformidade de perspectivas sobre a relevância da questão racial. Esse fato tem consequência direta: a ausência de reflexões teóricas sobre as formas como práticas discriminatórias afetam o *status* de grupos raciais subalternizados. Como esse tema não ocupa as preocupações teóricas, nem a agenda de pesquisas da quase totalidade desses professores, elas não são tematizadas em sala de aula. Assim, estratégias de ação baseadas na necessidade de busca pela justiça racial não são apresentadas aos alunos. Com as devidas exceções, eles são treinados para reproduzir uma lógica fechada à ideia de que operadores do Direito podem e devem atuar como agentes de transformação social. O formalismo jurídico, aliado à homogeneidade racial e ideológica, faz com que o tema da justiça racial seja visto como um tópico incoerente,

---

[16] Para uma análise desse problema, ver MOREIRA, Adilson José. *Pensando como um negro*: ensaio de hermenêutica jurídica. São Paulo: Contracorrente, 2019, pp. 119-137.

CAPÍTULO I – OS PROBLEMAS DA EDUCAÇÃO JURÍDICA

porque ele só pode ser pensado como um princípio que procura proteger indivíduos e não um grupo social inexistente devido à suposta irrelevância da raça na nossa sociedade. Esses estudantes serão contratados por escritórios que também são racialmente homogêneos e ingressarão em entidades de classe que possuem a mesma característica. Eles possivelmente reproduzirão a mesma ideia de que raça e racismo não são fatores relevantes de análise jurídica. Contratações nas nossas universidades privilegiam sempre indivíduos que têm a maior titulação de instituições de maior prestígio, oportunidades fechadas a membros de minorias raciais, outro fator responsável pela reprodução do tipo de organização social presente entre nós.[17]

Décimo, a homogeneidade racial das nossas faculdades de Direito abre espaço para um dos fatores responsáveis pela reprodução da dominação racial em nossa sociedade: a noção de que o ensino jurídico pode prescindir de qualquer reflexão sobre possíveis relações entre regulação jurídica e governança racial. A presença quase exclusiva de professores brancos nessas instituições permite a marginalização não apenas do debate sobre a questão racial, mas também de todos os autores que pesquisam o tema. A reprodução da noção de que o processo de aplicação das normas jurídicas pode ocorrer a partir das noções de neutralidade e objetividade torna, assim, a produção dos membros do grupo racial dominante o protótipo do que deve ser a produção intelectual nas nossas faculdades: estudos que encaram a sociedade como um conjunto de indivíduos que possuem experiências sociais comuns, o mesmo problema presente em inúmeras sociedades liberais. O controle sobre as publicações acadêmicas por membros do grupo racial dominante permite o estabelecimento de certas epistemologias como as únicas capazes de serem utilizadas dentro do campo jurídico, fator que dificulta

---

17 Ver, nesse sentido: BERTOLIN, Patrícia Tuma Martins. *Mulheres na advocacia*. São Paulo: Lumen Iuris, 2017.

a aplicação de outras perspectivas aptas a desvelar as relações de poder que o discurso jurídico procura encobrir muitas vezes. Assim, a homogeneidade do corpo docente das nossas instituições de ensino superior aprofunda o problema da injustiça epistêmica, pois temas e estratégias de luta estão ausentes dos lugares nos quais deveriam ter presença preponderante.[18]

Todos esses fatores revelam um aspecto central da nossa educação jurídica: ela voluntária e involuntariamente contribui para a reprodução de hierarquias sociais. Esse problema decorre do tipo de lógica que permeia toda a maneira como currículos são elaborados, das pessoas selecionadas para lecionar nessas instituições, do tipo de pedagogia utilizada para transmitir conteúdos, da homogeneidade racial dos corpos docentes, elementos responsáveis pela difusão da percepção de que o tema da justiça racial não é um tópico propriamente jurídico, mas uma discussão sociológica alheia ao ensino jurídico. Dentro de uma realidade na qual a mera discussão sobre justiça implica, para muitos, um debate estranho à forma de aplicação de normas jurídicas, a necessidade de discussão transversal da questão racial em todos os campos do Direito encontra grande dificuldade para se tornar uma prática generalizada em nossas instituições de ensino superior. Essa educação para a reprodução da hierarquia faz com que operadores jurídicos desenvolvam e reproduzam o que tem sido chamado de uma perspectiva do opressor: discussões sobre direitos só podem ocorrer a partir de uma orientação individualista e formalista, na qual circunstâncias históricas e sociológicas não podem ser tidas como parâmetros adequados para a interpretação e aplicação de normas jurídicas. Essa realidade permite que o ensino jurídico

---

[18] Para uma análise desse tema, presente em diferentes sociedades com um passado de dominação racial, ver DELGADO, Richard. "The imperial scholar: reflection on a review of civil rights literature". *University of Pensylvannia Law Review*, vol. 132, n° 2, 1984, pp. 561-588; MOREIRA, Adilson José. *Pensando como um negro*: ensaio de hermenêutica jurídica. São Paulo: Contracorrente, 2019, pp. 43-87.

CAPÍTULO I – OS PROBLEMAS DA EDUCAÇÃO JURÍDICA

continue operando como suporte para a reprodução de diferentes formas de controle social cujo objetivo é manter as relações de poder presentes em nossa sociedade.[19]

---

[19] Ver, nesse sentido, a crítica clássica de DANTAS, Santiago. "A educação jurídica e a crise brasileira". *Revista Forense*, nº 159, 1955, pp. 470-485.

CAPÍTULO II

OS PRESSUPOSTOS DE UMA PEDAGOGIA JURÍDICA ENGAJADA

A possibilidade de uma educação jurídica antirracista pressupõe a necessidade de reflexão coletiva sobre a justiça racial, tema que precisa ter um caráter transversal no currículo de nossas instituições de ensino jurídico. Esse objetivo não pode ser alcançado dentro da realidade anteriormente descrita, porque ela nega a relevância social e jurídica desse tópico. Estamos, portanto, diante da seguinte questão: uma educação jurídica antirracista implica uma experiência acadêmica comprometida com uma reflexão e uma prática para a liberdade. Nossa educação jurídica não apresenta todos os elementos necessários para a reflexão sobre a justiça racial porque ela espelha uma realidade social marcada pela dominação de um grupo racial sobre outro. Embora esse certamente não seja o caso de todas as nossas faculdades, o tipo de dinâmica atualmente presente nas salas de aula contribui para a legitimação de mecanismos de opressão, e não para uma discussão coletiva sobre os sentidos da luta pela igualdade racial. Uma pedagogia que indiretamente legitima a dominação racial precisa ser abandonada para que maiores níveis de igualdade possam ser alcançados. Esse propósito requer, assim, a criação de novos parâmetros para a reflexão sobre a função do Direito enquanto sistema de regulação social dentro de uma sociedade marcada por divisões raciais extremas.[20]

Por isso, a expressão "justiça racial" deve ser pensada como um parâmetro gerador de sentidos para aqueles que estão nas instituições de ensino jurídico refletindo sobre os significados deste amplo termo que é a igualdade. Ela não deve ser apenas uma categoria inteligível para pessoas que dominam o vocabulário jurídico, mas algo que faça parte da prática cotidiana do operador do Direito e da lógica da cultura jurídica. Seguindo as orientações de Paulo Freire, ela deve ser um horizonte normativo e uma prática social que começa com a construção coletiva dos seus sentidos e de seus alcances. A justiça racial deve ser vista como um elemento que pode permitir um processo de descodificação do mundo a partir do qual seu contexto existencial possa ser construído por meio de um esforço coletivo para a construção de sentidos da própria existência. Uma pedagogia politicamente engajada e preocupada com a reflexão sobre a justiça racial deve ter em vista a construção de sentido coletivo sobre esse tópico; a educação para liberdade não pode ser reduzida à transmissão de conteúdo de alguém que está em uma posição de autoridade para alguém que não conhece o mundo. O formalismo e o legalismo característicos da educação jurídica brasileira operam como uma forma de prescrição: uma imposição do professor ao estudante, visto como pessoa que só pode conhecer o mundo jurídico a partir dos preceitos estabelecidos pela doutrina e pela jurisprudência. No lugar de pessoas que deveriam ser convidadas para o desenvolvimento de uma consciência crítica necessária à análise das injustiças raciais, temos indivíduos levados a pensar que devem raciocinar apenas a partir do que está estabelecido.[21]

___

20 FREIRE, Paulo. *A Pedagogia do oprimido*. 6ª ed. Rio de Janeiro: Paz e Terra, 2018, pp. 12/13.

21 FREIRE, Paulo. *A Pedagogia do oprimido*. 6ª ed. Rio de Janeiro: Paz e Terra, 2018, pp. 45-47.

CAPÍTULO II – OS PRESSUPOSTOS DE UMA PEDAGOGIA...

Assim, o que deveria ser uma constante busca de construção de sentido a partir dos dados de uma realidade social sempre cambiante, torna-se uma postura subserviente ao que está estabelecido, algo corroborado por muitos que estão comprometidos com os privilégios dos membros do grupo racial dominante. É importante, então, examinar o fato de que a educação jurídica atual impede a elaboração de uma pedagogia que permita a construção de uma humanidade comum entre os que ensinam e os que aprendem, bem como da própria realidade daqueles que pretendem examinar. Uma pedagogia preocupada com a construção coletiva do sentido da justiça racial não pode ocorrer a partir da determinação do que professores unilateralmente pensam sobre a justiça, de professores brancos que reproduzem teorias que nunca se debruçam sobre a reflexão acerca da justiça racial. A construção de um sentido coletivo de justiça racial deve considerar, em um primeiro momento, uma análise dos mecanismos responsáveis pela opressão racial, requisito para que, em outro momento, estudantes possam alterar a realidade por meio de uma práxis transformadora. A construção de um sentido coletivo de justiça racial precisa, portanto, compreender os elementos que legitimam uma cultura da dominação. Uma prática transformadora requer que as pessoas possam diagnosticar os meios através dos quais processos de discriminação são criados.[22]

A educação jurídica precisa ser uma forma de construção do sentido coletivo de justiça racial, porque devemos chegar à formulação desse conceito a partir do debate público. Este, por sua vez, exige o diálogo com os autores que refletem sobre o tema; não se pode construir um sentido coletivo de justiça racial a partir das perspectivas tradicionais de autores que nunca se debruçaram sobre o assunto e que, portanto, acreditam que teorias tradicionais sobre ele oferecem todos os elementos para toda e qualquer discussão. A homogeneidade racial dos nossos corpos docentes, na maior parte das

---

22 FREIRE, Paulo. *A Pedagogia do oprimido*. 6ª ed. Rio de Janeiro: Paz e Terra, 2018, pp. 56/57.

vezes, implica a homogeneidade ideológica das perspectivas a partir das quais questões jurídico-sociais são debatidas. A transformação da realidade social requer mudanças em uma prática pedagógica construída para reproduzir hierarquias sociais, consequência do formalismo e do legalismo que estruturam o ensino jurídico brasileiro. A educação jurídica presente em nossas escolas se resume a uma narrativa de conteúdos; a noção de que normas jurídicas contêm todos os elementos para a transformação social não pode produzir a emancipação. Essa educação baseada no princípio de que o professor transmite conteúdos e o aluno os recebe, cabendo ao último repeti-los para que possa ter a compreensão adequada do mundo, não possibilita a formação de uma consciência crítica. Essa educação procedimental não permite a criatividade, tampouco possibilita de ação transformadora, que depende da reconstrução da cultura institucional. Esse tipo de educação produz a alienação dos indivíduos, no lugar da possibilidade de construção de uma realidade marcada pela justiça social. Temos aqui uma série de oposições que se aplicam aos professores e aos estudantes de Direito: os professores são os que educam, e os alunos, criaturas sem conhecimento que precisam ser iluminadas; os primeiros detêm o saber, enquanto os segundos pouco sabem; a capacidade de pensamento está identificada com a figura do professor, enquanto os alunos são incapazes de raciocinar criativamente; os professores são os que podem construir conhecimento, os alunos só devem reproduzir o que os primeiros dizem; o educador é o sujeito do processo de conhecimento, enquanto os alunos são meros objetos dentro do processo educativo.[23]

Uma educação comprometida com a construção da justiça racial precisa ter um caráter dialógico; ela só pode alcançar o objetivo de criar indivíduos capazes de erigir uma postura crítica na medida em que estiver pavimentada em torno do diálogo entre

---

[23] FREIRE, Paulo. *A Pedagogia do oprimido*. 6ª ed. Rio de Janeiro: Paz e Terra, 2018, pp. 78-82.

CAPÍTULO II – OS PRESSUPOSTOS DE UMA PEDAGOGIA...

professores e alunos, e na medida em que esse diálogo possa permitir a formação de uma consciência crítica nos alunos. A superação de um tipo de educação na qual estudantes não têm um papel no processo de ensino é um ponto central de uma pedagogia jurídica politicamente engajada. Na esteira do pensamento de Paulo Freire, o diálogo é o espaço no qual as pessoas interagem para serem mais, para formularem um projeto de conhecimento que permita o reconhecimento e a humanização dos atores envolvidos nesse processo. A criação de uma consciência social crítica por meio do diálogo entre pessoas que estão igualmente engajadas em um processo coletivo começa com a formulação do programa da disciplina. Ele não pode ser organizado de forma a reproduzir apenas os pontos de vistas de autores hegemônicos, perspectiva que torna invisíveis a experiência e a compreensão de grupos raciais subalternizados. Mais uma vez, uma educação jurídica antirracista é um tipo de pedagogia politicamente engajada, motivo pelo qual ela não pode estar baseada no silêncio em relação às formas como questões de justiça racial permeiam os diversos campos do Direito. Ela quer transformar uma realidade na qual a discussão sobre justiça racial permanece como um elemento periférico ou invisível na mente da maioria de professores e estudantes brancos, como um elemento ainda a ser adequadamente tematizado para grande parte de estudantes negros.[24]

A discussão sobre o tema da justiça racial nos convida a investigar processos sociais responsáveis pela opressão de grupos raciais subordinados, além das ações necessárias para a promoção da inclusão desses segmentos sociais. Essa não é uma análise teórica sobre um aspecto da realidade sem implicações para a minha ação pessoal. Ele é um tipo de investigação que requer o diagnóstico da realidade na qual vivemos, o que implica a reflexão sobre o caráter coletivo das práticas responsáveis pela marginalização racial. Esse

---

[24] FREIRE, Paulo. *A Pedagogia do oprimido.* 6ª ed. Rio de Janeiro: Paz e Terra, 2018, pp. 128-137.

debate requer a eleição de alguns tópicos que terão o papel de estabelecer os parâmetros a partir dos quais o processo de reflexão e significação pode ser delineado dentro de um debate sobre o tema proposto. Esses temas geradores devem proporcionar elementos para o engajamento dos participantes da discussão sobre a justiça racial, uma vez que profissionais do Direito são sujeitos sociais em posição privilegiada para promoverem transformação social. O debate sobre a justiça racial tem papel de imensa relevância para a formação dos nossos profissionais, porque ela representa um clássico exemplo de uma realidade social encoberta por ideologias e por silêncios que impedem o conhecimento adequado dela. Uma educação jurídica antirracista está comprometida com o processo de desvelamento dessa realidade, na medida em que traz esse tema para a discussão e propõe formas de entendermos a sua dinâmica social. A injustiça racial é um aspecto codificado da nossa realidade, é algo sobre o qual poucos têm conhecimento adequado, motivo pelo qual a educação jurídica deve estar engajada com um processo de descodificação dessa realidade para que ela possa ser transformada, para que as pessoas possam operar mudanças sociais.[25]

Uma pedagogia jurídica politicamente engajada requer atitudes específicas dos nossos educadores. Uma delas é a seguinte: discussões que têm como objetivo formular ações transformadoras precisam estar baseadas no *entusiasmo* daqueles que estão facilitando o debate sobre a justiça racial. Entusiasmo, de acordo com bell hooks, significa o interesse do professor em despertar uma reflexão crítica sobre os temas geradores de entendimento do tema da justiça racial. Ele requer alguns elementos essenciais como a flexibilidade do programa de ensino, a participação ativa dos alunos e alunas nas discussões, o conhecimento individualizado dos alunos e alunas, a criação de uma atmosfera de cooperação na sala de aula e o fomento no interesse das experiências daqueles que sofrem as

---

[25] FREIRE, Paulo. *A Pedagogia do oprimido*. 6ª ed. Rio de Janeiro: Paz e Terra, 2018, pp. 138-148.

CAPÍTULO II – OS PRESSUPOSTOS DE UMA PEDAGOGIA...

consequências da discriminação racial. A participação de todos os alunos e alunas deve ser algo amplamente estimulado para que se crie uma motivação para o engajamento do maior número possível de pessoas. A sala de aula deve ser um ambiente no qual os envolvidos possam se ver como uma comunidade aberta de aprendizado. A responsabilidade pela dinâmica da sala de aula precisa ser conjunta para que todas as pessoas possam estar abertas à possibilidade de criar um entendimento dos diferentes significados da justiça racial. Dessa forma, não podemos apresentar posições tradicionais sobre raça e racismo como compreensões definitivas desses temas, não podemos reduzir a bibliografia que baseará a discussão a autores brancos que defendem concepções tradicionais sobre o tema, nem àqueles que se calam diante dessa questão. Uma discussão coletiva sobre a justiça racial precisa estar baseada em uma pluralidade de perspectivas epistemológicas para que todos possam aprender a decodificar os diversos discursos e práticas destinadas a reprodução de uma ordem social baseada na subordinação de minorias raciais. Essas escolhas epistemológicas precisam operar de tal forma a servir como iluminadoras das outras; precisam complementar diversos aspectos relevantes para a discussão sobre a justiça racial, motivo pelo qual questões sobre perspectivas tradicionais de justiça devem ser complementadas e iluminadas com debates sobre epistemologias decoloniais, sobre epistemologias interseccionais, sobre epistemologias raciais críticas. Todas elas permitem a construção de elementos centrais para o debate a partir da experiência daqueles que são afetados por práticas discriminatórias.[26]

Uma pedagogia politicamente engajada é um tipo de prática direcionada à transformação de concepções do mundo, mas também preocupada com a autoatualização das pessoas que participam desse processo. Ela deve ser um meio para que o indivíduo possa se sentir como um ator competente no processo educacional, o que

---

[26] HOOKS, Bell. *Ensinando a transgredir*: a educação como prática da liberdade. São Paulo: Martins Fontes, 2020, pp. 17-20.

passa pelo reconhecimento dele como alguém capaz de contribuir para debates acadêmicos, mas também que esse debate tenha como objetivo a construção de uma vida social mais integrada a partir de uma prática pedagógica engajada. O silêncio tradicional sobre o tema da justiça racial em nossas instituições de ensino superior faz com que membros de grupos raciais subordinados pensem que a experiência social deles como membros de minorias não seja um objeto relevante de reflexão jurídica, o que pode promover um processo de alienação desses alunos e alunas. Estes e estas podem ter uma experiência educacional mais integrada na medida em que debatam temas jurídicos com as práticas da vida que afetam aqueles que circulam dentro do espaço universitário. Isso é especialmente importante quando levamos em consideração o fato de que muitos membros de minorias raciais são afetados por diversos sistemas de dominação, o que torna a necessidade de construção de um ambiente de respeitabilidade e de engajamento ainda mais relevante para essas pessoas.[27]

Uma pedagogia politicamente engajada estimula a interação entre professores e alunos para que os primeiros possam ter conhecimento das perspectivas de pensamento que alunas e alunos têm sobre temas a serem discutidos. Isso significa que os professores não podem ser avessos à participação dos alunos, principalmente em um contexto no qual se pretende formar pessoas que deverão estar trabalhando para a criação de uma sociedade racialmente mais justa. A discussão do tema da justiça racial requer a avaliação do conhecimento e engajamento emocional presente dentro de sala de aula sobre um determinado tema. A construção coletiva do conhecimento será melhor quando as pessoas puderem se conhecer, quando puderem participar da construção dos objetivos coletivos a serem alcançados em sala de aula. Estudantes precisam estar inteiros dentro desse espaço, e isso significa que não devem estar nesse

---

27 HOOKS, Bell. *Ensinando a transgredir*: a educação como prática da liberdade. São Paulo: Martins Fontes, 2020, pp. 25-30.

CAPÍTULO II – OS PRESSUPOSTOS DE UMA PEDAGOGIA...

lugar como indivíduos que têm o dever de atender compromissos formais; eles precisam estar inteiros, e as suas experiências precisam estar integradas dentro da experiência de aprendizagem. Por isso, debates sobre a justiça racial precisam compreender o lugar social a partir do qual as pessoas falam, a posição que ocupam dentro das hierarquias raciais, as experiências que elas têm ou a ausência e reflexão que têm sobre o tema da justiça racial.[28]

A educação jurídica antirracista precisa ter como objetivo uma revolução de valores, a qual começa com a reflexão sobre o papel do Direito em uma sociedade. Vivemos em uma realidade na qual a educação jurídica tem a função de reproduzir expectativas estabilizadoras, preparar as pessoas para a reprodução das relações de poder existentes. Mais do que isso, muitos indivíduos que atuam nas instituições de ensino superior acreditam que o Direito deve operar para reproduzir a tradição presente na sociedade. Uma educação jurídica antirracista não pode partir do pressuposto de que o sistema jurídico tem um papel preservacionista, mas, sim, que ele deve estar comprometido com a transformação daqueles mecanismos sociais que contribuem para a subordinação de grupos sociais. A ideia de que a sociedade só pode sobreviver se as normas jurídicas forem aplicadas a partir de perspectivas alternativas representa uma posição conservadora e legitimadora de um discurso que atenua uma dimensão importante da educação jurídica: a criação de ações coletivas para a transformação da realidade social. As injustiças raciais presentes em nossa sociedade são também resultado de uma concepção restrita do papel de normas constitucionais, do encobrimento de que as instituições estatais devem operar para promover a integração de todos os grupos marginalizados.[29]

---

[28] HOOKS, Bell. *Ensinando pensamento crítico*. São Paulo: Elefante, 2020, pp. 47-51; HOOKS, Bell. *Ensinando a transgredir*: a educação como prática da liberdade. São Paulo: Martins Fontes, 2020, pp. 25-28.

[29] HOOKS, Bell. *Ensinando a transgredir*: a educação como prática da liberdade. São Paulo: Martins Fontes, 2020, pp. 42-50.

A necessidade de uma educação jurídica antirracista está associada à urgência da de reflexão sobre as formas como operadores do Direito devem atuar para promover mudanças sociais, mas também em função de uma realidade das faculdades das instituições de ensino superior: a existência de salas de aula cada vez mais multiculturais. Programas de ações afirmativas promoveram um aumento significativo de pessoas negras e indígenas nas universidades, bem como de indivíduos de áreas periféricas dos nossos centros urbanos. Se a homogeneidade social e racial possibilitava a reprodução da ideia de que a realidade pode ser compreendida a partir de uma única forma, o multiculturalismo crescente das salas da aula exige que novas epistemologias sejam utilizadas para que as pessoas possam ver a própria realidade no processo de aprendizagem. O possível medo de abordar um tema a partir de outras perspectivas não deve ser visto como um problema, mas, sim, como um fator de enriquecimento do professor e da experiência de aprendizagem. Não podemos esquecer que todas as escolhas de perspectivas epistemológicas utilizadas em sala de aula são uma escolha política; devemos discutir a possibilidade de usar aquelas que melhor atendam ao interesse na promoção de uma educação inclusiva, perspectiva que permitirá também construir uma educação jurídica antirracista. Ela não pode ocorrer a partir do formalismo característico da educação jurídica presente em nossas universidades, ponto de partida que impede a formação da consciência crítica.[30] Uma pedagogia jurídica politicamente engajada está relacionada com a criação de um ambiente acadêmico democrático no qual as pessoas estão envolvidas com a construção do conhecimento, uma realidade na qual todas elas são igualmente responsáveis pela sua construção coletiva. À medida que a sala de aula fica cada vez mais diversa, maior é a necessidade de criarmos

---

30 HOOKS, Bell. *Ensinando a transgredir*: a educação como prática da liberdade. São Paulo: Martins Fontes, 2020, pp. 53-55.

CAPÍTULO II – OS PRESSUPOSTOS DE UMA PEDAGOGIA...

uma realidade na qual todos se sintam livres para poderem se engajar nas discussões que nela ocorrem.[31]

O processo de diversificação racial e social do espaço acadêmico indica que uma educação jurídica politicamente engajada também precisa ser multicultural. Se Freire nos convida a construir sentidos sociais de forma coletiva, a nova realidade das salas de aula impõe a necessidade de atenção ao tipo de experiência trazida para esse contexto pelos grupos sociais que lutam para a transformação social. Não podemos ignorar um dado central da realidade histórica recente: a transformação dos sentidos da igualdade está diretamente relacionada com a atuação de grupos subalternizados que buscam a promoção da inclusão social por meio da ação política. A interrogação constante dos sistemas de dominação presentes em nossa sociedade demonstra a imensa importância de criarmos uma dinâmica social que possa integrar as experiências e as perspectivas dos membros desse grupo no processo de reflexão sobre a construção de uma sociedade marcada pela justiça social. A presença cada vez maior de diferentes grupos subalternizados em espaços acadêmicos requer a transformação da forma como temas são tratados em sala de aula, exige a análise de diferentes perspectivas sobre a realidade social e impõe a necessidade de estabelecermos parâmetros para uma reflexão sobre justiça que considere as diferentes demandas desses segmentos sociais, os quais sempre se deparam com perspectivas que refletem o lugar social dos grupos dominantes. O fenômeno do multiculturalismo desperta, portanto, a necessidade de análise de proposições pedagógicas que partem do pressuposto de que grupos subalternizados precisam ser educados a partir dos parâmetros estabelecidos pelos membros dos grupos dominantes, pois essa postura desconsidera o que a experiência social dos primeiros pode trazer para as discussões jurídicas sobre justiça. Essa realidade é bastante problemática

---

[31] HOOKS, Bell. *Ensinando a transgredir*: a educação como prática da liberdade. São Paulo: Martins Fontes, 2020, pp. 53-58.

quando consideramos o fato de que a experiência deles deveria ser vista como uma referência normativa para debates sobre esse assunto nas instituições de ensino jurídico.[32]

O multiculturalismo apresenta desafios significativos para pessoas interessadas em adotar uma prática pedagógica politicamente engajada. No contexto dos debates sobre práticas pedagógicas, esse termo designa uma realidade social e um movimento cultural que giram em torno do questionamento da prevalência e das consequências do domínio das formas de epistemologias desenvolvidas por membros dos grupos políticos dominantes nos estudos de diferentes campos das ciências sociais. A presença cada vez maior de membros de grupos subalternizados em espaços decisórios anteriormente fechados a eles implicou também o questionamento de meios de compreensão do mundo cujas formas de racionalidade produzem a invisibilidade de processos sociais de exclusão. Isso concorre para que os mesmos mecanismos que produziram a exclusão social continuem operando para promover desvantagens para vários segmentos sociais. Por esse motivo, a exigência de se analisar outras formas de epistemologias e a relevância de outras práticas sociais se tornou um aspecto importante de debate no meio acadêmico. O multiculturalismo não seria apenas uma exigência de acomodação de novas posições às que dominam espaços sociais, mas a necessidade de práticas sociais que permitam acesso aos meios institucionais de produção de conhecimento. A maior presença de diferentes grupos sociais em vários espaços sociais implica, então, numa reconfiguração das práticas e das ideologias institucionais que marcam as formas como a sociedade opera.

Como afirma Vera Maria Candau, o multiculturalismo chama nossa atenção para o fato de que instituições de ensino superior são lugares que devem estar abertos ao cruzamento de culturas,

---

[32] ARROYO, Miguel. *Outros sujeitos, outras pedagogias*. Petrópolis: Vozes, 2014, pp. 10/11.

CAPÍTULO II – OS PRESSUPOSTOS DE UMA PEDAGOGIA...

de experiências sociais distintas e de compreensões do mundo, elementos que precisam estar em diálogo para que significados culturais comuns possam surgir de forma a permitir uma nova sustentação para práticas democráticas. O pluralismo cultural produz um efeito importante dentro dos espaços de poder: ele implica a necessidade de reformulação dos princípios a partir dos quais sistemas de regulação social operam, de forma que eles se tornem capazes de contribuir para a emancipação de grupos subalternizados. A maior presença de membros de povos indígenas em sala de aula exige que consideremos as lutas deles ao longo dos séculos nos diversos debates jurídicos. Assim, enquanto um fenômeno descritivo, o multiculturalismo marca a realidade das sociedades atuais que passam por um processo de reformulação da lógica cultural e institucional que impede reflexões consistentes e transformações necessárias referentes à história de dominação presente em uma sociedade. A partir de um ponto de vista propositivo, o multiculturalismo designa um movimento cultural e político que procura estabelecer um diálogo intercultural no qual diferentes grupos sociais possam formular parâmetros comuns para a construção coletiva de uma realidade social mais próxima de ideais democráticos. O multiculturalismo não se limita apenas à afirmação radical das diferentes identidades presentes em uma realidade cultural, mas promove meios para que as correlações entre diferenças e desigualdades possam ser compreendidas dentro de um espaço capaz de permitir a integração dos que têm sido subalternizados ao longo do tempo.[33]

Uma pedagogia politicamente engajada deve integrar essas dimensões do multiculturalismo às práticas de ensino, o que deve ser feito por meio do deslocamento da prioridade do

---

[33] CANDAU, Vera Maria. "Multiculturalismo e educação: desafios para a prática pedagógica". *In*: MOREIRA, Antônio Flávio; CANDAU, Vera Maria. *Multiculturalismo*: diferenças culturais e práticas pedagógicas. Petrópolis: Vozes, 2008, pp. 13-38.

método para sujeito no processo de aprendizagem. Ele não deve ser um mero instrumento de assimilação de conteúdo, mas um recurso criativo no qual o diálogo intercultural possibilite uma construção coletiva sobre sentidos dos significados da justiça. A experiência dos grupos subalternizados que chegam aos espaços acadêmicos agora não pode ser ignorada a partir da noção de que debates sobre esse tema requerem conhecimento teórico sobre igualdade e que, portanto, só podem ser conduzidos por professores. Não podemos esquecer que os sentidos adquiridos por esses princípios no mundo contemporâneo são o produto da movimentação política de grupos subalternizados. Isso significa que a educação antirracista deve partir dos parâmetros das lutas históricas de grupos raciais por maiores níveis de integração social. Ora, práticas pedagógicas precisam estar em diálogo com o seu tempo para que possam produzir as transformações sociais necessárias à transformação da realidade. Elas não podem ser estáticas, porque isso impõe obstáculos para que a academia possa criar os meios para que agentes operadores jurídicos sejam capazes de promover transformações desejadas. Não se pretende desconsiderar o fato de que o multiculturalismo traz para o espaço acadêmico disputas políticas entre grupos que defendem formas opostas de organização da sociedade. O que se busca é a criação de uma realidade na qual esse embate possa ser travado de forma que seus pressupostos sejam submetidos ao escrutínio político e acadêmico, o que não ocorre em uma realidade na qual uma mesma orientação pedagógica determina a forma como conteúdos são apresentados e estabelece os parâmetros a partir dos quais fenômenos culturais serão compreendidos. Essa realidade se mostra especialmente problemática no campo do ensino jurídico, área que pretende formar profissionais que terão papel central na administração da justiça.[34]

---

[34] ARROYO, Miguel. *Outros sujeitos, outras pedagogias*. Petrópolis: Vozes, 2014, pp. 28-30.

CAPÍTULO II – OS PRESSUPOSTOS DE UMA PEDAGOGIA...

Nesse contexto, é importante mencionar a tremenda resistência ao debate sobre a questão racial em uma sociedade que se representa como uma democracia racial. Por que esse discurso não é acompanhado pelo reconhecimento da centralidade desse tema em qualquer discussão sobre justiça no Brasil? Vivemos em uma realidade institucional que nega qualquer relevância a esse assunto; as escolas não apresentam qualquer tipo de programa consistente para as considerações sobre os impactos do racismo nos diversos aspectos da vida; as práticas pedagógicas em si estão centradas em um discurso de assimilação social que opera segundo uma lógica de adequação de todos os outros grupos aos parâmetros estabelecidos pelo grupo racial dominante. A presença de um imaginário pedagógico segundo o qual falar sobre raça significa promover separações entre pessoas que não a utilizam como critério identificatório opera para reproduzir mecanismos de marginalização de certos grupos raciais por outros. Essa realidade cria obstáculos significativos para a construção de parâmetros para uma luta antirracista, demanda que tem sido caracterizada como uma forma de identitarismo incompatível com os processos de criação de uma cultura humanista que supere a questão do particularismo.[35]

A educação jurídica brasileira traz poucas possibilidades de afirmação de alunos e alunas como sujeitos ativos dentro do processo de construção de sentidos de justiça, porque está amplamente centrada no protagonismo do professor. Isso nega a realidade de uma sala de aula que se mostra cada vez mais multicultural, cada vez mais composta por pessoas que querem ocupar um papel de protagonismo na produção dos sentidos do conceito de justiça. Estamos diante de uma situação problemática porque ela se choca com a realidade de um tipo de multiculturalismo comprometido com a produção de conhecimento destinado à promoção da

---

[35] GOMES, Nilma Lino. "Diversidade étnico-racial e educação no contexto brasileiro: algumas reflexões". *In:* _____. *Um olhar além das fronteiras*: educação e relações raciais. Belo Horizonte: Autêntica, 2007, pp. 97-111.

emancipação. Uma pedagogia politicamente engajada precisa criar os meios para que as pessoas possam se afirmar como sujeitos de produção de conhecimento, uma vez que o problema da injustiça racial atravessa a experiência cotidiana de muitas delas. O multiculturalismo implica, então, a possibilidade de diálogo intercultural entre indivíduos cujas experiências sociais são distintas, o que o discurso da neutralidade racial procura negar. Um aspecto central desse movimento cultural não pode ser ignorado: ele questiona a perspectiva que estabelece direções para as formas de conhecer, requisito para que possamos entender as lógicas sociais que permitem a representação dos recém-chegados aos espaços acadêmicos como representantes de uma alteridade absoluta, pessoas que não têm nada a contribuir para a construção do conhecimento da realidade social. O multiculturalismo não deve ser visto como um tipo de mecanismo de criação permanente de conflito, mas, sim, como um fator que precisa ser considerado para que a realidade seja transformada.[36]

Dessa forma, pensamos que uma prática de ensino politicamente engajada precisa criar as bases para uma pedagogia multicultural que possibilite o encontro de matrizes de conhecimento aptas a superar uma forma de ensino ainda fundada na ideia da existência de um pensamento universal capaz de abarcar todas as formas de ser no mundo. Os que agora chegam ao mundo acadêmico procuram criar novos meios para que a reflexão sobre a justiça volte a ser um tema central do debate jurídico e a questão da justiça racial ocupe um espaço preponderante nessa discussão. Para isso, precisamos intervir na lógica de um tipo de ensino jurídico cujas premissas permitem a negação da relevância do racismo como impedimento à construção de uma sociedade justa. Precisamos entender como esse sistema de dominação social opera no meio jurídico de forma a reproduzir uma cultura social e política na qual debates sobre

---

36 ARROYO, Miguel. *Outros sujeitos, outras pedagogias*. Petrópolis: Vozes, 2014, pp. 38-48.

CAPÍTULO II – OS PRESSUPOSTOS DE UMA PEDAGOGIA...

direitos de grupos raciais subalternizados não possuem relevância, uma realidade que contraria toda a lógica democrática baseada em um sistema jurídico de direitos.[37]

---

[37] Ver, nesse sentido: GOMES, Nilma Lino. "Diversidade étnico-racial e educação no contexto brasileiro: algumas reflexões". *In*: _____. *Um olhar além das fronteiras*: educação e relações raciais. Belo Horizonte: Autêntica, 2007, pp. 111-130.

CAPÍTULO III
REFERENCIAIS TEÓRICOS CRÍTICOS

O projeto de reconstrução do ensino jurídico que estamos defendendo não pode ser realizado sem uma reformulação das bases a partir das quais questões de justiça são discutidas em nossa sociedade. Muitos dos problemas enfrentados por grupos raciais subalternizados decorrem da forma como operadores jurídicos compreendem nossa realidade. Os parâmetros a partir dos quais eles decidem casos estão diretamente relacionados com os pressupostos epistemológicos aprendidos durante a formação acadêmica, experiência que ocorre em instituições racialmente homogêneas e nas quais a questão da justiça racial aparece apenas como uma questão marginal. Por esse motivo, a proposta de uma educação multicultural precisa ser construída a partir de uma pluralidade de teorias que também expressam uma diversidade de epistemologias. A seguir, exploraremos referenciais teóricos que apresentam novas formas de pensar a ciência jurídica e o papel do Direito como um sistema de regulação social. Obviamente, aqueles e aquelas que estiverem engajados em um projeto dessa natureza precisam enfrentar essa rica literatura para que possam tomar conhecimento mais profundo de seus parâmetros. Apresentaremos aqui apenas alguns elementos mais importantes para a argumentação que estamos desenvolvendo neste trabalho.

3.1 Teoria Crítica Racial

3.1.1 Pressupostos gerais

O projeto de construção de uma educação jurídica antirracista requer uma mudança na forma como pensamos o Direito, principalmente no que se refere às complexas relações entre este e raça. Por esse motivo, esta subseção do trabalho apresenta, ao público brasileiro, algumas ideias centrais da Teoria Racial Crítica (*Critical Race Theory*, ou CRT), corrente justeórica norte-americana ainda pouco conhecida entre nós.[38] Procuraremos, evidentemente, dar destaque a conceitos que possam ser incorporados por professores de ensino jurídico brasileiros, em um esforço para *racializar* o ensino jurídico, fomentando abordagens antidiscriminatórias. Se queremos reformar as práticas didático-pedagógicas adotadas pelas escolas de Direito nacionais – combatendo o racismo que ainda impregna nossas grades curriculares pretensamente "neutras" e "cegas à cor" –, precisamos *rememorar* experiências que, no Brasil e no mundo, foram importantes na luta em prol de uma educação

---

[38] Uma introdução à Teoria Racial Crítica pode ser encontrada em DELGADO, Richard; STEFANIC, Jean. *Teoria crítica da raça*. São Paulo: Contracorrente, 2021. Uma reflexão jusfilosófica a respeito das premissas do movimento é desenvolvida em HARRIS, Angela P. "The Jurisprudence of Reconstruction". *California Law Review*, Berkeley, vol. 84, n° 4, 1984, pp. 741-785. Sobre a aplicabilidade de categorias da Teoria Racial Crítica na análise da conjuntura sociopolítica brasileira, ver SILVA, Caroline Lyrio; PIRES, Thula R. de Oliveira. "Teoria Crítica da Raça como referencial teórico necessário para pensar a relação entre Direito e racismo no Brasil". *Anais do XXVI CONPEDI*, Florianópolis, 2015, pp. 61-85. Sobre a história da CRT, ver CRENSHAW, Kimberlé Williams. "Twenty years of Critical Race Theory: looking back to move forward". *Connecticut Law Review*, vol. 43, n° 5, 2011, pp. 1253-1349.

CAPÍTULO III – REFERENCIAIS TEÓRICOS CRÍTICOS

jurídica genuinamente democrática.[39] Dentre essas experiências, ganha relevo a CRT, movimento que começou a desenvolver-se em meados da década de 1970, nos Estados Unidos, e que se notabilizou por sua tentativa de desmascarar as estruturas racistas que sustentam os sistemas jurídicos contemporâneos.

Desde a sua gênese, a Teoria Crítica Racial trabalhou para demonstrar que o Direito, da maneira como era *ensinado* (pelas universidades) e *vivido* (por advogados, promotores e juízes), escondia, sob um verniz de tecnicidade, compromissos ideológicos em favor da dominação de classe, do privilégio branco e do patriarcado. Ocupando espaços estratégicos em renomadas universidades norte--americanas, juristas comprometidos com a Teoria Crítica Racial propuseram profundas modificações no conteúdo e na forma da educação jurídica, pugnando por um magistério *engajado, consciente* e *crítico*, capaz de superar as aporias do discurso formalista hegemônico. Pretendiam, dessa maneira, preparar uma nova geração de operadores (ou melhor, artesãos) do Direito, sensíveis à justiça racial. O modelo de educação jurídica que, hoje, impera nos Estados Unidos – e também no Brasil – é fortemente influenciado pela doutrina positivista e funciona como um instrumento de (nas palavras de Duncan Kennedy) "reprodução de hierarquias", o qual incita os futuros juristas a reconhecerem como racionais e naturais as inúmeras desigualdades que alicerçam a nossa arquitetura normativa.[40] Na contramão dessa tendência, a Teoria Crítica Racial buscou denunciar o compromisso das escolas de Direito com a manutenção do *status quo* e envidou esforços para construir um modo alternativo de ensinar e aprender acerca do mundo jurídico.[41]

---

[39] Sobre o conceito de "cegueira da cor", ver GOTANDA, Neil. "A Critique of 'Our Constitution is Color-Blind'". *Stanford Law Review*, Stanford, vol. 44, n° 1, 1991, pp. 1-68.

[40] Ver KENNEDY, Duncan. *Legal education and the reproduction of hierarchy*: a polemic against the system. New York: New York Press, 2007.

[41] Cf. VALDES, Francisco. "Breaking glass: identity, community and epistemology in theory, law and education". *University of California, Davis Law*

O objetivo da *Critical Race Theory* nunca foi criar um novo ramo do saber jurídico, paralelo aos já existentes. O racismo atravessa todas as relações sociais da nossa cultura; por essa razão, a Teoria Crítica Racial estimulou investigações nas mais diversas áreas do Direito (Direito Constitucional, Direito Penal, Direito de Família, Direito Tributário...). O movimento não pretendia, apenas, enxertar novas disciplinas sobre "Direito e relações étnico-raciais" nas grades curriculares das universidades; tinha, pelo contrário, o intuito de fomentar a discussão sobre justiça racial em todas as etapas da educação jurídica.[42] Os ordenamentos jurídicos do Ocidente contemporâneo estão assentados sobre fundamentos racistas; daí que a Teoria Crítica Racial tenha se esforçado para constituir um instrumental analítico aplicável aos mais variados campos da Ciência do Direito. Abaixo, elencamos algumas categorias desenvolvidas por intelectuais associados à Teoria Crítica Racial, as quais poderiam, segundo cremos, ser de grande valia para que professores de Direito brasileiros repensem, com mais sensibilidade às pautas raciais, o *syllabus* das disciplinas que lecionam. Não é o caso, evidentemente, de transplantar, sem ajustes e adaptações, os conceitos que a Teoria Crítica Racial elaborou frente à conjuntura social e política estadunidense para o universo jurídico brasileiro; o real desafio está em, inspirando-nos na experiência dos professores que articularam o movimento, desbravar caminhos novos em direção a uma pedagogia democrática e antidiscriminatória.

3.1.2 Realismo racial

"Realismo racial" é, seguramente, o conceito mais importante proposto pela *Critical Race Theory*, servindo para diferenciá-la tanto de outras vertentes do pensamento jurídico crítico quanto de outras abordagens teóricas que levam o tema da raça em consideração.

Review, Davis, vol. 47, 2014, pp. 1065-1079.

42 Ver FORDE-MAZRUI, Kim. "Learning law through the lens of race". *Journal of Law & Politics*, vol. XXI, nº 1, 2005, pp. 1-30.

CAPÍTULO III – REFERENCIAIS TEÓRICOS CRÍTICOS

A noção de realismo racial é associada, sobretudo, a Derrick Bell, professor, escritor e ativista pelos direitos civis. Bell define o realismo racial como a percepção de que, nos Estados Unidos (e no Ocidente moderno, de forma geral), o racismo é central, necessário e normal na estruturação da vida coletiva.[43]

É uma tese frontalmente oposta à crença, esposada por boa parte dos pensadores liberais ("idealistas" e não "realistas"), segundo a qual o racismo (e outras formas de discriminação) seria, hoje, episódico e acidental, um resquício das antigas sociedades estamentais que tenderia a desaparecer à medida que o capitalismo moderno – no qual todos são reconhecidos como formalmente iguais – avançasse. Alguns autores – é o caso, por exemplo, da historiadora Lynn Hunt, no já clássico *A invenção dos direitos humanos* – defendem que, desde a Revolução Francesa, assistimos a um processo gradual e inexorável de ampliação dos grupos tutelados por liberdades e garantias fundamentais (processo que culminaria, no futuro, em uma civilização efetivamente igualitária).[44] Para Bell, em contrapartida, medidas pontuais e paliativas seriam incapazes de erradicar o racismo, que, ocupando papel estruturante na maneira como distribuímos poder e recursos, precisa ser combatido através de uma reforma radical nos fundamentos econômicos, jurídicos, políticos e culturais de nossa sociedade. Na leitura de Bell, a luta antirracista deve ser, necessariamente, antiliberal e anticapitalista.

Um dos fatores que levaram Bell a cunhar o conceito de realismo racial foi o caso *Brown v. Board of Education*, decisão emblemática tomada pela Suprema Corte norte-americana em 1954.[45] O julgado pôs fim às *Leis Jim Crow* – e, por conseguinte,

---

[43] Ver BELL, Derrick. *Race, Racism, and American Law*. New York: Little, Brown, 1972.

[44] Cf. HUNT, Lynn. *A invenção dos direitos humanos*: uma história. São Paulo: Companhia das Letras, 2009.

[45] A interpretação que Bell dá ao caso *Brown* é desenvolvida em BELL, Derrick. "The Unintended lessons in Brown v. Board of Education". *NYLS Law*

ADILSON MOREIRA, PHILIPPE DE ALMEIDA & WALLACE CORBO

à doutrina "separados, mas iguais", que vigia nos Estados Unidos e autorizava, por exemplo, a segregação racial em ambientes escolares. *Brown v. Board of Education* foi celebrado, por muitos liberais, como o marco de uma América livre de preconceitos. Todavia, nos anos imediatamente subsequentes à decisão, intelectuais negros atentaram para a persistência de práticas discriminatórias na rotina estadunidense.[46] As instituições de ensino norte-americanas, por exemplo, seguem sendo profundamente segregadas, impondo incontáveis barreiras aos estudantes não brancos (em especial negros e latinos).[47] Não basta que as leis reconheçam a todos, formalmente, como iguais, se as crenças, os hábitos e as instituições diuturnamente promovem a desigualdade. Longe de acabar com o racismo, a "cegueira da cor" (que se impôs ao Direito norte-americano após o caso *Brown*) permitiu que práticas discriminatórias continuassem a ser reproduzidas, por agentes públicos e privados. Segundo Bell, o grau de "indeterminação" da linguagem jurídica – assunto que já era amplamente debatido

---

Review, New York, vol. 49, n° 4, jan. 2005, p. 1066.

[46] A celebração retrospectiva de *Brown* como marco de um novo modelo de justiça racial norte-americana é, nesse sentido, uma narrativa inventada também por aqueles que propunham ver a Suprema Corte dos Estados Unidos como uma força civilizatória. Na prática, mesmo a ordem de integração das escolas dada pela Suprema Corte foi praticamente inoperante. Apenas com o *Civil Rights Act* de 1964 é que a superação de modelos formais de segregação racial passa a ser implementada, especialmente nos resistentes dos estados do Sul. Cf. KLARMAN, Michael J. *Brown v. Board of Education and the civil rights movement*. New York: Oxford University Press, 2007.

[47] A propósito, recomendamos a leitura de BELL, Derrick. *Silent Covenants*: Brown v. Board of Education and the unfulfilled hopes for Racial Reform. Oxford: Oxford University Press, 2004. Ver, ainda: PATTERSON, James T. *Brown v. Board of Education*: a Civil Rights milestone and its troubled legacy. Oxford: Oxford University Press, 2001. Remetemos, também, à leitura de PEDRIOLI, Carlo A. "Under a Critical Race Theory lens: Brown v. Board of Education, a Civil Rights milestone and its troubled legacy". *African-American Law & Policy Report*, Berkeley, vol. VII, 2005, pp. 93-106; e de BROOKS, R. "Brown v. Board of Education fifty years later: a Critical Race Theory perspective". *Howard Law Journal*, Washington, vol. 47, n° 3, 2004, pp. 581-626.

CAPÍTULO III – REFERENCIAIS TEÓRICOS CRÍTICOS

pelos *Critical Legal Studies*, com marcada influência da filosofia pós-estruturalista francesa – possibilita que, por um lado, o texto normativo reconheça os mesmos direitos a todos e, por outro, o Poder Judiciário continue a tratar brancos e negros diferentemente.[48]

Associado ao conceito de realismo racial, Bell postula o *princípio da convergência de interesses*, segundo o qual, no Direito norte-americano (e ocidental), garantias e liberdades só são reconhecidas aos negros quando maximizam (ou, ao menos, não minimizam) vantagens das elites brancas. Segundo Bell, no curso da história dos Estados Unidos, demandas da comunidade afrodescendente que não convergiam com os interesses da população branca (ou que implicavam o abandono de privilégios e a realocação de posições consolidadas) sempre foram sumariamente descartados. O princípio da convergência de interesses oferece uma chave de leitura nova para se interpretar a história do constitucionalismo moderno (e, em especial, dos direitos fundamentais). Onde as doutrinas liberais veem um processo lógico, natural e necessário de *evolução* do ordenamento jurídico (que progressivamente passa a incluir mulheres, judeus, negros etc.), o realismo racial encontra um emaranhado de conflitos e acomodações de expectativas, num jogo que se mantém sempre aberto, provisório e imprevisível. Um dos principais exemplos que Bell evoca para explicar o princípio da convergência de interesses é, precisamente, *Brown v. Board of Education*.[49] No entendimento de Bell (lastreado no realismo racial), o fim das *Leis Jim Crow* está menos conectado a um esforço de democratização da sociedade norte-americana do que a uma finalidade geoestratégica específica: em um cenário marcado pela

---

[48] Sobre a indeterminação da linguagem jurídica e a necessidade de *desconstruí-la* em classe, ver KELMAN, Mark G. "Trashing". *Stanford Law Review*, Palo Alto, vol. 36, nº 1-2, 1984, pp. 293-348.

[49] A aplicação do *princípio da convergência de interesses* na análise do caso *Brown* pode ser encontrada em BELL, Derrick. "Brown v. Board of Education and the interest convergence dilemma". *Harvard Law Review*, Cambridge, vol. 93, nº 1, 1980, pp. 518-533.

Guerra Fria, os Estados Unidos pretendiam, encerrando as políticas de segregação racial em seu território, melhorar a imagem de seu governo junto a países latino-americanos, africanos e asiáticos, de sorte a impedir o avanço do comunismo no Sul global.

Para professores de Direito brasileiros, o realismo racial e o princípio da convergência de interesses podem ser instrumentos heuristicamente ricos, em análises que procurem pensar o ordenamento jurídico pátrio sem se valerem das mitificações promovidas pelo juspositivismo. As abordagens formalistas tendem a superestimar o caráter racional e sistêmico (livre de antinomias ou lacunas) da norma.[50] Como os CLS e a CRT advogam, esse tipo de perspectiva está longe de ser neutra – é ideologicamente condicionada e procura legitimar a ordem jurídica vigente, apresentando-a como a opção mais lógica, coerente e coesa possível. Como o jusfilósofo argentino Luis Alberto Warat observou, o "senso comum teórico dos juristas" (isto é, os princípios tomados como autoevidentes pela Ciência do Direito hegemônica) está imbuído de juízos de valor implícitos.[51] A tentativa de camuflar escolhas políticas e morais por trás de uma linguagem pretensamente técnica é uma das principais estratégias de que se vale o individualismo liberal para se perpetuar, colonizando o Direito. O realismo racial permite *repolitizar* a interpretação da norma, desnudando os jogos de interesses que operam, a partir do Direito, com o fito de conservar a supremacia branca.

3.1.3 Racialização diferencial

Outro conceito da *Critical Race Theory* que poderia ajudar a "oxigenar" o ensino jurídico nacional é o de "racialização

---

[50] Sobre o tema, recomendamos a leitura de CATÃO, Adrualdo de Lima. *Decisão jurídica e racionalidade*. Maceió: Edufal, 2007.

[51] Ver WARAT, Luis Alberto. *A ciência jurídica e seus dois maridos*. Santa Cruz do Sul: EDUNISC, 2000.

CAPÍTULO III – REFERENCIAIS TEÓRICOS CRÍTICOS

diferencial".[52] À semelhança de outras propostas críticas, a Teoria Crítica Racial é visceralmente *antiessencialista*.[53] Isso significa que, na visão do movimento, nossos hábitos e costumes não são condicionados por fatores como raça, etnia, gênero, orientação sexual etc. – são construções sócio-históricas, produtos das interações humanas. Não existe uma "essência" (do negro, do latino, da mulher, do *gay*...) que predetermine nossas escolhas, orientando o papel que devemos, necessariamente, desempenhar na vida de uma comunidade. Como a filosofia existencialista (que teve grande influência sobre o antirracismo de Frantz Fanon e o antissexismo de Simone de Beauvoir, bem como sobre as teses dos CLS e da CRT) defendia, "a existência precede a essência": minhas características fisionômicas não definem os meus padrões de comportamento, os quais são livres, frutos do tensionamento entre as minhas aspirações e as daqueles que me circundam. Essas premissas nos permitem inferir que *o racismo é anterior às raças*.[54]

Evidentemente, seres humanos distintos apresentam características fenotípicas distintas; contudo, apenas num sistema racializado, essas diferenças *fazem diferença*, isto é, servem de critério para que diferentes grupos de pessoas sejam alocadas em níveis sociais diferentes. Antes do século XVI (aurora do colonialismo europeu), os variegados povos que habitavam o continente africano não se concebiam como "negros" – se reconheciam e se diferenciavam de outras civilizações a partir de parâmetros específicos. É o racismo que classifica a humanidade em *raças*, entendendo que tais e tais

---

52 Ver MOLINA, Natalia *et al.* (Coord.). *Relational formations of race:* theory, method, and practice. Berkeley: University of California Press, 2019.

53 Cf. WILLIAMS, Joan C. "Dissolving the sameness/difference debate: a post-modern path beyond essentialism in Feminist and Critical Race Theory". *Duke Law Journal*, vol. 1991, nº 2, abr. 1991, pp. 296-323.

54 Ou, como afirma Ta-Nehisi Coates, "a raça é filha do racismo" (COATES, Ta-Nehisi. *Between the world and me*. Nova York: One World, 2015). À propósito, remetemos à leitura do clássico FANON, Frantz. *Os condenados da terra*. Rio de Janeiro: Editora UFJF, 2005.

aspectos anatômicos são suficientes para determinar minha conduta, meu valor e, por conseguinte, minha função nas estruturas de poder do território em que me situo. É esse o ponto de partida que nos permite compreender a racialização diferencial.

A racialização diferencial é a percepção de que os grupos dominantes podem *racializar* ou *desracializar* diferentes grupos subordinados, em vista de interesses mutáveis, como os do mercado de trabalho. A raça não é um dado biológico, mas uma invenção cultural, que atende a aspirações socioeconômicas e político-ideológicas concretas.[55] Dois exemplos bastante explorados pela CRT podem nos ajudar a ilustrar essa tese. Durante o século XIX, assistiu-se a um grande afluxo de imigrantes irlandeses nos Estados Unidos. Temendo que essa malta famélica de subproletários católicos roubasse seus empregos e subvertesse seus costumes, a América protestante começou a *racializar* o irlandês. Diversos tratados médicos e jurídicos escritos à época representavam os irlandeses como uma raça à parte – que estaria tão distante dos caucasianos, física e psiquicamente, quanto estariam também, no imaginário racista da época, os negros, os asiáticos e os nativo-americanos. A raça irlandesa era, com frequência, descrita como propensa ao alcoolismo e à insubordinação – tendências que demarcariam a maneira como tais imigrantes ruivos deveriam ser recepcionados por seus novos vizinhos, por possíveis empregadores, pela polícia etc. À medida que os descendentes dos imigrantes irlandeses foram absorvidos pelo grupo dominante (ou seja: passaram a ser lidos como *brancos*), a mitologia racista que os cercava começou a se esvanecer.[56] Fenômeno similar pode ser observado em relação aos imigrantes

---

[55] Sobre o tema, ver GOTANDA, Neil. "The 'common sense' of race". *Southern California Law Review*, Los Angeles, vol. 83, 2010, pp. 441-452. Ver, também: LOPEZ, Ian F. Haney. "The Social Construction of Race". *In*: DELGADO, Richard (Coord.). *Critical Race Theory*: the cutting edge. Philadelphia: Temple University Press, 1995, pp. 191-204.

[56] Ver IGNATIEV, Noel. *How the Irish became white*. New York: Routledge, 1995.

CAPÍTULO III – REFERENCIAIS TEÓRICOS CRÍTICOS

asiáticos nos Estados Unidos. No século XIX e no início do século XX, inúmeros documentos caracterizavam os asiáticos como o "perigo amarelo" – seriam moralmente degradados, viciados em opiáceos e vetores de doenças infectocontagiosas (como a varíola). Somente com a Revolução Cultural Chinesa – que desencadeou a necessidade de se criar estrategicamente, no sudeste asiático, uma barreira de contenção ao avanço do comunismo –, a imigração de jovens estudantes e operários amarelos para a "Terra das Oportunidades" começou a ser incentivada. Foi nessa conjuntura que se criou o mito da "minoria ideal", plenamente incorporada aos quadros da produção capitalista, peça de propaganda antimaoista que redefinia as representações dos "orientais" no Ocidente.[57]

Raça é *performance*, é a consequência, e não a causa, de relações de dominação determinadas. Por meio da categoria de racismo diferencial, a CRT nos convida a desenvolver critérios mais sofisticados para compreender como diferentes grupos passam a ser discriminados e segregados. Mais que racismo, é preciso falar em racismo*s*: os mecanismos de discriminação e de segregação se aclimatam a diferentes conjunturas, conjurando ferramentas sempre novas para alcançar "públicos" específicos. É crucial que os professores de Direito perguntem a si mesmos: qual o lugar que o sistema jurídico (e as escolas de Direito, como uma parte desse sistema) tem desempenhado na *construção* de uma sociedade racista?

3.1.4 Branquitude como propriedade

Atribui-se à professora Cheryl I. Harris, da Faculdade de Direito da UCLA, a criação do conceito de "branquitude como

---

[57] Ver CHANG, Robert S. "The Invention of Asian Americans". *UC Irvine Law Review*, Irvine, vol. 3, 2013, pp. 947-964. Recomendamos, ainda, a leitura de GOTANDA, Neil. "Inventing Asian American". *UC Davis Law Review*, Los Angeles, vol. 45, 2012, pp. 1885-1888. Finalmente, sugerimos a leitura de TCHEN, John Kuo Wei; YEATS, Dylan. *Yellow Peril!*: an archive of anti-Asian fear. New York: Verso, 2014.

propriedade".[58] Sabemos que, em uma sociedade capitalista, o proletário é aquele que não possui nada além do *próprio corpo*, como ferramenta a oferecer ao processo de (re)produção social. Contudo, corpos diferentes são valorados de formas diferentes (daí que, contrariando certos setores do pensamento crítico, a CRT demonstre ser impossível analisar as relações de classe sem considerar a discriminação racial).[59] A branquitude – isto é, o fato de ser lido como branco pela comunidade – confere, a seu detentor, um conjunto de "bens jurídicos", de privilégios que o distinguem dos demais (como o direito de não ser seguido pelos seguranças, ao ingressar em uma loja, ou de não ser barrado na entrada de bancos e estabelecimentos comerciais).[60] Nesse sentido, a branquitude funciona como um capital, que dá a seu possuidor uma gama enumerável de prerrogativas. Algumas teóricas, como Peggy McIntosh, se esforçarão, mesmo, para listar quais as principais faculdades (*facultas agendi*) atribuídas, hoje, ao sujeito reconhecido como branco.[61]

Essa dinâmica ajuda a explicar o motivo pelo qual, mesmo em contextos de extrema exploração e violência, trabalhadores brancos, com frequência, se sentem mais próximos de seus algozes que de seus colegas não brancos. O proletariado branco que votou em Donald Trump atribuía o declínio de seu padrão de vida não às

---

[58] Cf. HARRIS, Cheryl I. "Whiteness as property". *Harvard Law Review*, vol. 106, nº 8, 1993, p. 1707.

[59] Ver ALMEIDA, Philippe Oliveira de; REIS, Gabriel da Silva. "A Constituição lá é pra você? Manicômios, loucura e racismo em Lima Barreto". *In*: BARBOSA-FOHRMANN, Ana Paula; MARTINS, Guilherme Magalhães (Coord.). *Pessoa com deficiência*: estudos interdisciplinares. Indaiatuba: Editora Foco, 2020.

[60] Sobre a branquitude no Brasil, recomendamos a leitura de CARDOSO, Lourenço; MÜLLER, Tânia M. P. (Coord.). *Branquitude*: estudos sobre a identidade branca no Brasil. Curitiba: Appris, 2017.

[61] McINTOSH, Peggy. "White privilege and male privilege". *In*: KIMMEL, Michael; FERBER, Abby (Coord.). *Privilege*. Philadelphia: Westview Press, 2010.

CAPÍTULO III – REFERENCIAIS TEÓRICOS CRÍTICOS

grandes corporações que o exploram, mas aos imigrantes latinos e árabes. A branquitude serviria como uma propriedade (por vezes, a única propriedade de grupos marcadamente precarizados) que instituiria um liame intransponível entre os que a detêm e os que não a detêm. Daí que alguns não brancos, no curso da história, tenham se sujeitado a procedimentos estéticos, bem como ao apagamento de suas raízes e de sua ancestralidade, com o intuito de cruzar a linha da cor. Em uma cultura racista, ser aceito como branco – como pretendia Annie Johnson, coprotagonista do filme *Imitação da vida*, clássico do grande cineasta Douglas Sirk – é um *investimento* que pode, tal qual a titularidade das ações de uma empresa, abrir uma série de portas (uma nova rede de contatos profissionais, por exemplo).

"Meça seus privilégios, parça!" – a noção de branquitude como propriedade permite ver de que forma, mesmo não adotando valores e crenças francamente racistas, muitas pessoas brancas contribuem para a manutenção do racismo em nossa sociedade, locupletando-se (por vezes, de maneira inconsciente) de uma série de privilégios que a branquitude lhes confere. Em um país como o Brasil – no qual o racismo, que insidiosamente se espraia por nossas relações sociais, não ousa dizer seu nome –, o exercício de medir os privilégios (mensurar quais os "bens jurídicos" a branquitude conferiu, permitindo distinções) é indispensável para que comecemos a construir espaços pautados pela justiça racial. No ambiente jurídico, a retórica meritocrática tem, não raro, servido como um recurso para validar abusos. É preciso que os juristas brancos (bem como os aspirantes a juristas, quer dizer, os estudantes) sejam convidados a refletir sobre como, em suas trajetórias pessoais – independentemente de seus próprios méritos e esforços –, a branquitude pôde ser mobilizada como um capital. O objetivo não é gerar dinâmicas de expiação coletiva, ou instaurar uma competição de opressões, mas sensibilizar os operadores do Direito (do presente e do futuro) para que meditem sobre os acentuados desníveis de acesso que a discriminação racial produz, e sobre como isso reverbera no cotidiano de brancos e não brancos (nas relações familiares, profissionais, políticas...).

3.1.5 Legal storytelling

O escritor russo Vladimir Maiakovski, poeta da Revolução Soviética, afirmou, certa feita: "não há arte revolucionária sem forma revolucionária". Poderíamos, similarmente, dizer que, para a *Critical Race Theory*, não existe educação jurídica revolucionária sem método revolucionário. Não faz sentido ministrar um conteúdo transgressor valendo-se de estratégias didático-pedagógicas reificadoras, unidirecionais e antidemocráticas. Na leitura da CRT, o professor deve, por seu *exemplo*, evidenciar a possibilidade de construção de espaços horizontalizados e calcados na justiça racial. A sala de aula não deve ser apenas o campo no qual debatemos um novo modelo de vida em comum, para além do individualismo liberal; deve ser, ela própria, um palco de experimentação, em escala reduzida, de formas alternativas de sociabilidade. É tendo essas questões em mente que intelectuais ligados à CRT ensaiaram modelos diversos para enfrentar, em classe (e, também, em seus escritos) problemas de ordem jurídica. O *legal storytelling* talvez seja o mais importante desses modelos.

Podemos, poeticamente – e em homenagem à grande escritora brasileira Conceição Evaristo –, traduzir *legal storytelling* por "escrevivência jurídica".[62] *Storytelling* é a contação de estórias, a fabulação, a narrativa. No âmbito da CRT, *legal storytelling* é um esforço para resgatar o uso de narrativas (contos, crônicas, memórias pessoais...) na pesquisa e no ensino jurídico.[63] Ao longo

---

[62] Sobre a categoria de "escrevivência", ver OLIVEIRA, Luiz H. S. "Escrevivências: rastros biográficos em *Becos da memória*, de Conceição Evaristo". *Terra roxa e outras terras*, vol. 17-b, 2009, pp. 85-94.

[63] Cf. DELGADO, Richard. "Storytelling for oppositionists and others: a plea for narrative". *Michigan Law Review*, vol. 87, nº 8, 1989, pp. 2411-244. Uma leitura crítica do uso do *storytelling* no ensino jurídico pode ser encontrada

CAPÍTULO III – REFERENCIAIS TEÓRICOS CRÍTICOS

da história, diversos povos (como as civilizações africanas e ameríndias) recorreram, fartamente, à contação de estórias como uma ferramenta indispensável para a transmissão de conhecimentos e o desenvolvimento de argumentações. O Ocidente moderno, contudo, gradualmente trabalhou para tentar *deslegitimar* os saberes (eruditos e populares) veiculados por meio de narrativas. As epistemologias do Norte (para valermo-nos da categoria consagrada por Boaventura de Sousa Santos) passaram a se caracterizar pela utilização de um discurso "neutro", "impessoal", produzido em terceira pessoa – que reforçava a ilusão de que, por trás dos argumentos apresentados, não haveria um sujeito concreto, atravessado por interesses e ambições particulares.[64] O mito do Progresso, um dos sustentáculos do imperialismo, apresentava o conhecimento técnico-científico – eivado de ideologias – como um projeto *imparcial*, comprometido apenas com a Verdade (com maiúscula capitulada). Boa parte dos professores de Direito, ainda hoje, acreditam – no encalço do formalismo jurídico – que, para dar credibilidade a suas posições (as quais, muitas vezes, não são mais que convicções pessoais), devem revesti-las de uma linguagem "objetiva", quase matematizada, que encubra o autor do enunciado. Não seria, portanto, o jurista que faria a Ciência do Direito; esta se faria a si mesma, utilizando-se do jurista apenas como um instrumento. Posições moralmente obscenas – por exemplo, a defesa do *apartheid* – poderiam, desse modo, se perpetuar, sob o manto da "cientificidade". É contra essa ilusão que a CRT, por meio das escrevivências jurídicas, se insurge.

O uso de narrativas, na educação jurídica, recorda-nos que o Direito é feito por e para pessoas reais. Nossas experiências concretas não podem ser postas de lado (estoicamente suspensas)

---

em AUSTIN, Arthur. "Evaluating storytelling as a type of nontraditional scholarship". *Nebraska Law Review*, vol. 74, 1995, pp. 479-528.

[64] Cf. ALCOFF, Linda Martín. "Uma epistemologia para a próxima revolução". Trad. Cristina Patriota de Moura. *Sociedade e Estado*, Brasília, vol. 31, nº 1, jan./abr. 2016, pp. 129-143.

quando mensuramos, por exemplo, o impacto de uma lei ou de uma decisão judicial. A mesma norma pode atingir, de maneiras diversas, indivíduos situados em contextos socioeconômicos e culturais distintos – pode oprimir alguns e emancipar outros. Contos e crônicas permitem que nossas vivências sejam relatadas, lançando uma luz nova sobre um texto normativo que se apresenta como geral e abstrato.[65] O relato particular, em primeira pessoa, ajuda a problematizar ideias que (embora traduzindo apenas as vivências de grupos muito específicos, como homens brancos heterossexuais de classe média alta) são frequentemente apresentadas, pelo discurso jurídico hegemônico, como verdades universais.

Derrick Bell e Patricia Williams foram pioneiros no uso das memórias e das ficcionalizações na análise de temas jurídicos cardeais. Ao lado de artigos científicos, ensaios, tratados e reconstituições da história do Direito, Bell e Williams valeram-se de narrativas para apresentar ideias essenciais da CRT. Para desenvolver o conceito de realismo racial, Bell redigiu, por exemplo, o célebre conto de ficção científica *The Space traders*, no qual alienígenas se propunham a *comprar* todos os afrodescendentes que viviam nos Estados Unidos.[66] No disruptivo *The Alchemy of race and rights*, Williams recorre a episódios de sua biografia para indicar como, embora vivam sob a égide de uma mesma ordem legal, brancos e negros são atingidos de maneiras diferentes pela *longa manus* da justiça.[67] Richard Delgado, similarmente, tem recorrido a fabula-

---

[65] MEYER, Philip N. "Will you please be quiet, please? Lawyers listening to the call of stories". *Vermont LawReview*, vol. 18, n° 3, 1994, pp. 567-579.

[66] Ver BELL, Derrick. *Faces at the bottom well*: the permanence of racism. New York: BasicBooks, 1992.

[67] Ver WILLIAMS, Patricia J. *The Alchemy of race and right*: diary a law professor. Cambridge: Harvard University Press, 1991. Uma reflexão sobre a atualidade da obra de Williams pode ser encontrada em NERIS, Natália. "Um efeito alquímico: sobre o uso do discurso dos direitos pelas/os negras/os". *Direito e Práxis*, Rio de Janeiro, vol. 9, n° 1, 2018, pp. 250-275.

CAPÍTULO III – REFERENCIAIS TEÓRICOS CRÍTICOS

ções para discorrer sobre as opressões e as violências sofridas pela comunidade latina nos Estados Unidos.[68]

O uso do *legal storytelling*, em classe, pode ampliar o imaginário social, político e jurídico dos alunos. Estimular que a turma ouça (e leia) narrativas e fale (e escreva) seus próprios relatos permite que os estudantes entrem em contato com vivências distintas das suas e se abram à alteridade. Ademais, produzindo escrevivências, o aluno pode reconhecer-se, não só como objeto, mas como sujeito de um conhecimento juridicamente relevante – entendo que suas experiências concretas, enquanto sujeito de direito, não devem ser esquecidas ou ignoradas, na interpretação do texto normativo abstrato. Somos todos, enquanto cidadãos, destinatários e autores das normas; nesse sentido, nosso papel não é o de zeladores, mas o de arquitetos do edifício político-jurídico. Logo, as situações particulares através das quais experienciamos o Direito em ação (como força que estrutura a vida social) não são irrelevantes na sedimentação de um saber jurídico que seja, de fato, desalienante e empoderador. Docentes e discentes precisam se reconhecer em meio ao discurso pretensamente neutro e universalizado da Ciência do Direito – as escrevivências jurídicas representam o método ideal para reabilitar o valor das subjetividades na produção de verdades compartilhadas.

3.2 Teoria *Queer*

O que tem sido chamado de Teoria *Queer* diz respeito a um movimento intelectual que procura analisar e problematizar as formas e os discursos a partir dos quais as sociedades liberais regulam o exercício da sexualidade. Seus autores partem do pressuposto de que esse exame não pode ser realizado sem uma reflexão sobre a sexualidade, algo que não expressa uma disposição natural do desejo humano, mas, sim, um dispositivo de poder com uma

---

[68] Ver DELGADO, Richard. *The Rodrigo chronicles*: conversations about America and race. New York: New York University Press, 1995.

série de propósitos, entre eles a reprodução de uma ordem social na qual a heterossexualidade surge como uma forma de existência compulsória. Tendo em vista a centralidade da sexualidade na organização das relações sociais, as questões da identidade e da subjetividade ocupam um papel de grande relevância nos estudos produzidos dentro dessa área. A teoria *queer* é uma perspectiva crítica que procura, assim, estabelecer parâmetros para o exame dos diferentes meios de organização social mobilizados para instituir referências a partir das quais as pessoas devem compreender a si mesmas. Elas englobam uma série de parâmetros destinados a estabelecer a masculinidade e a feminilidade como um tipo natural de existência. Esse processo cultural serve para organizar a vida política, a vida cultural, a vida privada e a vida econômica da sociedade, sendo que a heterossexualidade será uma forma de organização de cada uma dessas diferentes dimensões que regulam a existência, mesmo em sociedades fundadas em princípios liberais. A Teoria *Queer* aponta, então, a insuficiência de princípios liberais para a proteção de grupos sociais subalternizados.[69]

A Teoria *Queer* representa uma forma de epistemologia empregada para examinar as forças sociais e culturais responsáveis pela configuração da sexualidade humana em diferentes sociedades e em diferentes momentos da história. Ao contrário da pressuposição de que ela constitui uma constelação de impulsos naturais que direcionam o desejo humano para o sexo oposto, autores ligados a esse movimento intelectual observam que muitas sociedades regularam funções culturais a práticas sexuais de forma distinta ao longo do tempo. Relações homoeróticas foram valorizadas por muitas culturas no decorrer da história – algumas delas, inclusive, concebiam-nas como a forma mais elevada de amor; elas estavam ligadas à cultura militar de várias civilizações, sendo uma forma

---

[69] McINTOSH, Mary. "The homosexual role". *Social Problems*, vol. 16, nº 2, 1968, pp. 182-192; EPSTEIN, Steven. "A queer encounter: Sociology and the study of sexuality". *Sociological Theory*, vol. 12, nº 2, jul. 1994, pp. 188-202.

CAPÍTULO III – REFERENCIAIS TEÓRICOS CRÍTICOS

de passagem para a vida adulta. A análise histórica da configuração do desejo humano demonstra que não podemos abordar a sexualidade humana como uma predisposição natural, pois ela é o resultado de um processo de negociação intersubjetiva em um determinado momento histórico. Por esse motivo, estudos famosos desse campo demonstram que os conceitos de heterossexualidade e homossexualidade surgiram em um contexto social específico, no momento no qual os seres humanos se tornam objeto de estudo científico sistemático. A necessidade de explicação científica do desejo humano aparece em um período histórico no qual se procurava entender o comportamento humano a partir de critérios biológicos, tendência que terá uma função central na representação da sexualidade nas sociedades liberais modernas.[70]

Situar a sexualidade dentro de um contexto histórico significa tentar entendê-la a partir de uma constelação de valores sociais que representam diferentes discursos sobre ela: discursos médicos, discursos morais, discursos sociológicos e discursos jurídicos. Os autores da Teoria *Queer* utilizam metodologias específicas, principalmente aquelas que procuram compreender a subjetividade humana como produto de relações de poder. Por esse motivo, eles estão interessados em examinar os processos pelos quais discursos sobre a sexualidade estão associados com narrativas e práticas hegemônicas. Vemos, então, que esse movimento intelectual encontra fundamentação na crítica à noção de um sujeito universal que expressaria uma essência humana única, uma vez que ele está associado ao sujeito heterossexual como parâmetro universal de constituição da subjetividade humana. A desconstrução dessa narrativa requer uma crítica mais ampla direcionada à forma como

---

[70] Para um estudo da sexualidade enquanto objeto de estudo histórico, ver BOSWEEL, John. "Revolutions, universals, and sexual categories". *In*: DUBERMAN, Martin. *Hidden from history*: reclaiming the gay and lesbian past. New York: New American Library, 1989, pp. 17-37. Para um estudo sobre a história da homossexualidade, ver CROMPTON, Louis. *Homosexuality and civilization*. Cambridge: Harvard University Press, 2003.

democracias liberais estruturam o sistema de direitos, estabelecendo a universalidade deles de um lado, mas institucionalizando identidades de outro.[71] A Teoria *Queer* enfatiza a importância de entendermos os vários processos a partir dos quais identidades sociais são construídas por meio da configuração de formas específicas de poder dentro de uma dada sociedade.[72] Mais do que isso, seus formuladores estão interessados em expor os meios a partir dos quais essas identidades se tornam requisitos para que os indivíduos possam ter acesso a direitos. Esse movimento surge em um momento no qual diferentes setores sociais estavam se mobilizando contra o funcionamento de diversas estruturas que condicionavam o pleno acesso a direitos ao pertencimento a grupos sociais hegemônicos. Se o movimento negro combatia o racismo como uma prática que atrelava a identidade racial branca como um requisito para a plena cidadania, o movimento homossexual também buscava emancipação por meio da crítica da celebração da heterossexualidade como um tipo de identidade pessoal institucionalizada por discursos jurídicos e práticas políticas. Esses dois movimentos sociais demonstram então os limites do liberalismo como um tipo de organização social e prática jurídica na proteção de grupos minoritários.[73]

O tema da identidade aparece como um assunto de discussão central dentro dessa teoria porque chama a atenção para o fato de que, por trás do discurso do universalismo dos direitos, está a

---

[71] Ver, nesse sentido: KATZ, Jonathan Ned. *A invenção da heterossexualidade.* Rio de Janeiro: Ediouro, 1996.

[72] Para uma análise desse processo, ver MOREIRA, Adilson José. *Cidadania sexual*: estratégia para ações inclusivas. Belo Horizonte: Arraes, 2017, pp. 52-104; PUAR, Jasbir. "Queer times, queer assemblages". *Social Text*, vol. 23, nº 3-4, 2005, pp. 121-139.

[73] Para uma história do movimento de liberação homossexual, ver ALTMAN, Dennis. *Homosexual oppresion and liberation.* Nova York: New York University Press, 1971; FADEMAN, Lillian. *The gay rights revolution.* Nova York: Simon & Schuster, 2015.

CAPÍTULO III – REFERENCIAIS TEÓRICOS CRÍTICOS

pressuposição do pertencimento a certos grupos sociais. Isso significa que a heterossexualidade se torna uma identidade juridicamente institucionalizada, uma vez que as normas jurídicas reconhecem apenas pessoas heterossexuais como membros plenos da comunidade política. A identidade pessoal não pode ser concebida apenas como a percepção de singularidade que uma pessoa tem de si mesma, pois ela engloba a identidade individual e também a identidade social. Enquanto a primeira compreende as experiências e os traços de uma pessoa particular, a segunda congrega papeis sociais introjetados que operam como verdadeiras prescrições sociais de como se deve se comportar.[74] As formas de identidade juridicamente e politicamente institucionalizadas fazem parte dessas prescrições sociais que os indivíduos devem observar para serem considerados membros plenos da sociedade. Essas identidades se tornam, então, hegemônicas porque estão pressupostas nas representações culturais e nas normas jurídicas. Por esse motivo, podemos falar que a heterossexualidade se apresenta como uma identidade compulsória porque faz parte das regras culturais a partir das quais as pessoas devem constituir a si mesmas. Essa regulação ocorre não apenas por meio de normas institucionais, mas também por meio das interações sociais que partem do pressuposto de que todas as pessoas devem se comportar de acordo com os sentidos culturais de gênero que supostamente expressam disposições culturais dos indivíduos.[75]

Autores ligados a esse movimento observam que a construção da heterossexualidade como uma forma de identidade hegemônica não apenas requer a conformidade de todos a certas prescrições sociais sobre comportamentos individuais no espaço público e no espaço privado. Além disso, tal pressuposição permite a classificação da homossexualidade como um comportamento anormal

---

[74] MYERS, David. *Psicologia social*. Porto Alegre: Artmed, 2014, pp. 49-110.

[75] Ver, nesse sentido: MOREIRA, Adilson José. "A construção jurídica da heterossexualidade". *Revista de Informação Legislativa*, vol. 47, nº 188, 2010, pp. 4-68.

potencialmente perigoso para todo o funcionamento da sociedade, motivo pelo qual ela deve ser reprimida e não pode ter expressão no espaço público, restringindo-se ao espaço privado. Essa política cultural da aversão em relação a minorias sexuais legitima práticas discriminatórias em todas as esferas da vida cultural, além de um contexto cultural hostil a toda forma de proteção jurídica. Pelo fato de a heterossexualidade surgir dentro desse discurso como uma identidade natural, a homossexualidade só pode ser constituída como seu extremo oposto: uma perversão moral que se mostra perigosa para a sociedade. O sistema jurídico ocupa um papel central na construção dessa política cultural da aversão porque opera como um código social que naturaliza a heterossexualidade por meio da noção de que normas jurídicas representam a realidade natural.[76]

Os autores da Teoria *Queer* utilizam epistemologias críticas para a análise dos mecanismos culturais responsáveis pela construção da heterossexualidade como um tipo de identidade normativa. A concepção da sexualidade humana como uma construção social ocupa um papel central nesse processo. Seguindo estudos sociológicos que apontam o papel fundamental do contexto cultural e histórico na formação dos sentidos atribuídos a comportamentos humanos, eles ponderam que a sexualidade não pode ser vista como um tipo de disposição natural. O desejo humano assume várias possibilidades ao longo do tempo, e todas elas estão ligadas a fatores culturais e políticos presentes dentro de uma realidade histórica. Isso significa que nem mesmo o homoerotismo pode ser visto como um tipo de comportamento que assume as mesmas formas em todos os lugares. Ele pode ter um caráter ritualístico em uma sociedade em dado momento, pode se confundir com a identidade de gênero em outras; pessoas que mantêm relações sexuais com pessoas do

---

[76] NUSBAUM. Martha. *From disgust to humanity*: sexual orientation and constitutional law. Oxford: Oxford University Press, 2010; ESKRIDGE JR., William N. "No promo homo: the sedimentation of antigay discourse and the channeling effect judicial review". *New York University Law Review*, vol. 75, n° 5, 2000, pp. 1327-1409.

CAPÍTULO III – REFERENCIAIS TEÓRICOS CRÍTICOS

mesmo sexo podem reclamar para si uma identidade e um estilo de vida em dado momento da história, enquanto outras que vivem em certas culturas não percebem qualquer tipo de conexão entre identidade individual e práticas sexuais.[77]

Mas o debate sobre a construção da identidade sexual engloba a análise de outros temas. Como tem sido amplamente observado por estudiosos desse campo, nenhuma forma de identidade social se forma de maneira independente de outras. Por essa razão, eles observam que a masculinidade pode ser uma identidade hegemônica, mas nem todos os homens podem participar dela plenamente, porque ela designa um ideal social que também está associado à raça e à classe das pessoas. Se a homossexualidade implica uma exclusão imediata da masculinidade porque não está baseada na oposição entre os sexos, outras formas de identidade social também são vistas como incompatíveis com essa forma de identidade universal. O ideal do masculino também engloba outros tipos de pertencimento social tidos como expressões sociais ideais, motivo pelo qual homens que pertencem às classes mais baixas ou que pertencem a outros grupos raciais não são vistos como representantes adequados da masculinidade ideal, um tipo de identidade culturalmente associada a homens brancos de classe alta.[78] Os estudiosos desse campo observam que a glorificação da masculinidade branca também conforma a cultura da própria comunidade homossexual porque as identidades dos membros desse grupo também são atravessadas por questões relacionadas com raça e classe. Esse é o motivo pelo qual, por exemplo, homens negros efeminados estão em uma situação de grande marginalização porque não correspondem a nenhum dos ideais que formam a identidade heterossexual, a identidade homossexual, a identidade

---

[77] Para uma análise desse tema, ver WARNER, Michael (Coord.). *Fear of a queer planet*: queer politics and social theory. Minneapolis: University of Minnesota Press, 1993.

[78] Ver, nesse sentido: CONNELL, Robert W.; MESSERSCHMIDT, James W. "Hegemonic masculinity: rethinking the concept". *Gender and Society*, vol. 19, n° 6, 2005, pp. 829-859.

branca e a identidade negra. Vemos, assim, que muitos membros de minorias sexuais estão em uma situação altamente problemática porque suas vivências não são abarcadas pelos discursos hegemônicos em nenhum desses grupos.[79]

A Teoria *Queer* também está interessada em examinar as diferentes dimensões da indisposição cultural em relação a homossexuais nas sociedades atuais. O problema da homofobia precisa, então, ser analisado a partir de diferentes dimensões porque vários mecanismos e códigos culturais estão presentes nesse debate. Ela se manifesta como uma indisposição generalizada contra identidades vistas como incompatíveis com comportamentos naturalmente associados ao que se imagina como disposições naturais da orientação sexual. A homofobia pode se manifestar como violência física ou psicológica, como imposição de conformidade comportamental, como discriminação direta e institucional, ou ainda como circulação de discurso de ódio, os quais se manifestam pela política de aversão que prega a subordinação social e jurídica de homossexuais. A homofobia é um tipo de comportamento social que impõe uma separação entre a vida pública e a vida privada dos indivíduos, exigindo que pessoas homossexuais sempre se conformem às prescrições de comportamento heterossexuais no espaço público. Esses tipos de política cultural e de prática social se voltam especialmente contra homens efeminados e a mulheres masculinizadas, motivo pelo qual estão diretamente relacionados com a intolerância social à transfobia, àqueles que apresentam uma não conformidade de identidade com o sexo biológico. Normas sociais de gênero que estabelecem regras compulsórias de comportamento são o ponto de partida para a violência contra membros de minorias sexuais, motivo pelo qual muitos classificam a homofobia e a transfobia como expressões da discriminação sexual.[80]

---

[79] Para uma análise dessa temática, ver GOMES, Samuel. *Guardei no armário*. Porto Alegre: Pragmaha, 2016; BOYKIN, Keith. *One more river to cross*. black and gay in America. Nova York: Anchor Books, 1996.

[80] FONTE, Byrne. *Homophobia*: a history. Nova York: Picador, 2000.

CAPÍTULO III – REFERENCIAIS TEÓRICOS CRÍTICOS

Os estudos no campo da Teoria *Queer* insistentemente apontam o papel central do Direito no processo de construção da heterossexualidade e da homossexualidade como identidades sociais. Essas duas categorias surgem no discurso psiquiátrico, sendo que a última passa a ser utilizada para designar uma suposta forma de degeneração da natureza humana. Essa posição empresta nova fundamentação para regras jurídicas que já tinham institucionalizado concepções religiosas sobre a sexualidade humana. Surgem várias legislações em democracias liberais que vão tornar a homossexualidade ilegal, classificando-a como uma ameaça social, ao mesmo tempo que associam a heterossexualidade com a identidade nacional. Normas de diferentes campos do Direito institucionalizam a heterossexualidade ao pressuporem que todos pertencem a esse grupo social, ao pressuporem que ela é uma forma de identidade natural. Ao lado disso, há a pressuposição de que homossexuais são pessoas essencialmente distintas e, por isso, não podem ter o mesmo nível de proteção legal que heterossexuais. O debate sobre o reconhecimento do casamento entre pares do mesmo sexo mostra isso de forma clara: seus opositores afirmam que normas jurídicas reguladoras do casamento apenas expressam a ordem natural; eles argumentam que esse tipo de arranjo familiar poderá tornar pessoas homossexuais porque será uma aceitação manifesta da homossexualidade como expressão natural da sexualidade humana; também afirmam que o casamento deve permanecer heterossexual porque só casais heterossexuais podem alcançar um objetivo estatal que é a reprodução da própria nação. Assim, a manutenção da heterossexualidade como um tipo de identidade social decorre do interesse em preservar um aspecto importante da identidade nacional.[81]

A Teoria *Queer* nos fornece alguns elementos de imensa relevância para apresentarmos uma análise crítica do Direito enquanto

---

[81] Para uma análise sistemática desse tema, ver ESKRIDGE JR., William N. *Gaylaw*: challenging the apartheid of the closet. Cambridge: Harvard University Press, 2002.

sistema de organização social. Primeiro, ela nos mostra como normas jurídicas não são o produto de processos impessoais, mas manifestações das relações de poder, de disputas ideológicas presentes dentro de uma dada sociedade. Segundo, ela também aponta os limites do liberalismo como uma perspectiva emancipatória, uma vez que o sistema jurídico institucionaliza identidades que operam como requisitos para o acesso a direitos. Terceiro, da mesma forma que a Teoria Crítica Racial, a Teoria *Queer* revela o fato de que não podemos pensar identidades sociais como forma unificadas de pertencimento e de compreensão social. A experiência dos seres humanos é marcada por uma série de sistemas de opressão que podem colocar as pessoas em uma situação de maior vulnerabilidade do que outras.

3.3 Teoria Decolonial

A teoria decolonial decorre de uma vertente intelectual crítica que pressupõe uma continuidade de processos de dominação entre grupos humanos em nações que passaram por um processo de colonização. Embora elas tenham adquirido independência política de antigas metrópoles, a prevalência da cultura europeia, a persistência dos processos de exploração econômica, a concentração do poder nas mãos de pequenas elites e a preservação de práticas sociais e culturais que representam grupos anteriormente subordinados como incapazes de atuarem de forma competente no espaço público fazem com que relações de dependência e marginalização sejam reproduzidas ao longo do tempo. Essa situação de colonialidade impede a construção de uma sociedade na qual todos os grupos possam ter o mesmo nível de inserção social, pois ela procura reproduzir a mesma realidade presente durante o

CAPÍTULO III – REFERENCIAIS TEÓRICOS CRÍTICOS

período no qual essas sociedades estavam sob a dominação política de outros povos.[82]

O colonialismo representa uma forma de dominação de uma nação sobre a outra e é marcado pela imposição do capitalismo como forma de organização econômica, bem como da organização política previamente presente nessas culturas. Os valores culturais da metrópole passam a moldar as representações culturais e as relações sociais entre os diferentes grupos, além de também estabelecerem as formas as partir das quais aspectos da vida pública e da vida privada dos indivíduos são regulados. Apesar dos processos de emancipação política, a ausência de uma revolução cultural capaz de modificar esses meios de regulação faz com que esses fatores permaneçam sendo um aspecto permanente de organização das relações de poder presentes nessas nações. O poder político e econômico permanece entrincheirado nas mãos dos membros dos mesmos grupos dominantes; seus membros estabelecem as formas de saber que organizam a compreensão do mundo; e as subjetividades são criadas e vividas a partir das regulações culturais estabelecidas por eles. Mecanismos discriminatórios são responsáveis pela reprodução dos processos de estratificação social que mantêm grupos anteriormente subordinados em uma situação de marginalização permanente, mesmo que essas sociedades tenham se tornado democráticas. O termo pós-colonial não designa a temporalidade das relações de poder, mas, sim, o combate à continuidade da lógica de dominação de processos que se perpetuam ao longo do tempo.[83]

A teoria decolonial está especialmente interessada na crítica da dominação epistêmica que países centrais exercem sobre outros e também na forma como essa relação é reproduzida, dentro desses

---

82 LOOMBA, Ania. *Colonialism/postcolonialism*. Nova York: Routledge, 1998, pp. 7-22.

83 LOOMBA, Ania. *Colonialism/postcolonialism*. Nova York: Routledge, 1998, pp. 42-62.

últimos, por membros das elites em relação às parcelas subordinadas da população. Seus autores argumentam que o saber guarda uma relação direta com o tema do poder, sendo que o primeiro estabelece uma forma de narrativa única a partir do qual todos os aspectos das relações humanas devem ser compreendidos. Essa dimensão colonial do saber é um aspecto central da modernidade, pois a dominação colonial determinou as formas de organização a partir das quais todas as sociedades subjugadas devem ser reguladas. Esse saber não se resume às formas de organização econômica e política da sociedade, mas também se estende à regulação e subjetivação dos diferentes grupos sociais presentes dentro dessas sociedades. Por isso, o colonialismo implica uma relação de forças responsável pela racialização de grupos humanos, processo responsável pelas classificações deles como mercadoria, como força de trabalho, como meios de expropriação da riqueza que beneficiará as elites locais, cujos membros pertencem aos povos dos países colonizadores. A colonização promove a racialização das diferentes esferas do poder social, o que permanecerá como um aspecto central da organização social dessas sociedades ao longo da história.[84]

É por esse motivo que a teoria decolonial está atenta aos aspectos geopolíticos do processo de produção do saber e das formas como este institucionaliza formas específicas de compreensão do mundo e organização da sociedade. A modernidade estabelece uma relação entre saber, racionalidade e universalidade, fator responsável pela consolidação de que certas formas de análise do mundo que expressam tipos de epistemologias compreendem a verdade a partir da qual a realidade deve ser examinada e regulada. Esse processo, afirmam os estudiosos dessa área, tem permitido a representação das epistemologias produzidas na Europa como os meios primordiais de percepção da realidade em escala global, o que tem sido viabilizado em função do colonialismo do saber. A teoria decolonial procura expor esse mecanismo e formular

---

[84] CÉSAIRE, Aimé. *Discurso sobre o colonialismo*. São Paulo: Venneta, 2020.

CAPÍTULO III – REFERENCIAIS TEÓRICOS CRÍTICOS

outras formas de epistemologias mais compatíveis com os interesses de povos subordinados em alcançar a emancipação. Mais do que denunciar relações de dominação, é importante mudar as formas como os debates sobre como mecanismos de dominação política operam. Apenas uma transformação da lógica dos termos dessa conversa pode promover uma transformação da situação em questão.[85]

Anibal Quijano afirma que a raça é uma categoria mental central da modernidade em função do seu papel na regulação das relações sociais. Ela se tornou uma referência central na forma como identidades sociais são criadas, sendo utilizada para referendar arranjos políticos e sociais de toda ordem. Se, em tempos anteriores, grupos populacionais eram classificados a partir de pertencimento nacional, traços fenotípicos serão agora pontos de partida para a inserção das pessoas nas diversas hierarquias sociais presentes nas sociedades modernas. A raça se torna, então, um ponto de partida para a compreensão dos meios a partir dos quais relações de poder serão estruturadas entre diferentes nações e entre os grupos raciais que vivem nos novos territórios sob o controle de países europeus. A raça opera como fator de legitimação cultural da exploração econômica, da subjugação política e da degradação sexual de povos inteiros, situação que ainda persiste hoje.[86]

É por esse motivo que a teoria decolonial também está amplamente preocupada com o tema da subalternidade. O conceito de subalternidade representa a posição daqueles grupos sociais que ocupam ao longo da história uma situação de marginalização em função da diferenciação de *status* cultural e material entre os diferentes contingentes populacionais. Essa diferenciação decorre de uma série de mecanismos: aqueles que são afetados por assimetrias

---

[85] SAID, Edward. *Orientalism*. Nova York: Vintage Books, 1994, pp. 31-49.

[86] QUIJANO, Aníbal. "Coloniality of power, eurocentrism, and social classification". *In*: MORANA, Mabel (Coord.). *Coloniality at large*: Latin America and the postcolonial debate. Durban: Duke University Press, 2008, pp. 181-225.

geradas por desigualdades de classe, por processos de racialização, por diferenciação e atribuição de papeis de gênero e por diferenças de *status* religioso. Todos esses mecanismos estão relacionados com valores que se movem das antigas matrizes europeias e que se mesclam ou se sobrepõem aos meios de organização simbólica anteriormente presentes nessa sociedade. A diferenciação dos grupos populacionais se torna um meio a partir do qual as características e os valores dos membros das elites passa a ser os parâmetros de humanidade que organizam a vida social. Estes se tornam critérios universais de avaliação do valor do outro; a diferença designa a inferioridade daqueles que não possuem essas características. Tendo em vista a forma como o sistema colonial estruturou toda a modernidade, a raça se torna um elemento central de diferenciação, sendo que ela não designa apenas aqueles em situação de desvantagem econômica, mas aqueles grupos de indivíduos que são constitutivamente inferiores aos brancos, vistos como a referência única de plena humanidade.[87]

O tema da subalternidade se relaciona com o problema do saber na medida em que a possibilidade de construção de um discurso contrário a essa situação passa por categorias constituídas pelo discurso da universalidade. Desse modo, a noção de direitos humanos está vinculada a uma forma de organização democrática na qual agentes públicos e privados operam de forma racional, o que garante o gozo de direitos de todas as pessoas. Essa presunção pressupõe uma forma de epistemologia social que ignora as formas a partir das quais relações hierárquicas de poder permeiam as relações sociais. É, assim, uma formulação incompatível com a noção de que grupos possam estar em uma situação de subordinação permanente, de que não possam atuar de forma autônoma e não possam expressar suas demandas na linguagem universal dos direitos. É por esse

---

87 MIGNOLO, Walter. "On subalterns and other agencies". *Postcolonial Studies*, vol. 8, nº 4, 2005, pp. 381-407; BEVERLEY, John. "Theses on subalternity, representation and politics". *Postcolonial Studies*, vol. 1, nº 3, 1998, pp. 305-319.

CAPÍTULO III – REFERENCIAIS TEÓRICOS CRÍTICOS

motivo que a formulação de epistemologias capazes de expressar as relações de poder responsáveis pela manutenção da situação de subordinação se torna o objetivo central do pensamento decolonial.[88]

3.4 Feminismo interseccional

3.4.1 Considerações iniciais

Desenvolvida pelo movimento feminista, a categoria de "interseccionalidade" tem, hoje, enorme impacto sobre os mais diversos ramos do saber. Constitui-se em um método importante para que pensemos o Direito, razão pela qual, no âmbito de um projeto de ensino jurídico crítico e racializado, é fundamental que nos voltemos a ele. Por questões *didáticas*, o feminismo moderno é, tradicionalmente, dividido em três momentos (esquema que toma por referencial as experiências sociais e políticas da Europa Ocidental e dos Estados Unidos):[89] a Primeira Onda, que desponta ao longo do século XIX e é protagonizada pelas *sufragistas*, que reivindicam para a mulher direitos políticos (votar, ser votada etc.); a Segunda Onda, que eclode na década de 1960 – junto com a Revolução Sexual e a Nova Esquerda – e denuncia, ao encampar o lema "o pessoal é político", a opressão de gênero que se dá na vida doméstica, no mercado de trabalho, na produção cultural etc.; e, finalmente, a Terceira Onda, ainda em curso e que, associada a nomes como bell hooks,[90] configura-se em um esforço para incluir as vivências de mulheres pobres, não brancas, advindas do Sul global, às reflexões feministas. É o trabalho dessas mulheres, que atuam a partir de

---

88 SPIVAK, Gayatri Chakravorty. *Pode o subalterno falar?* Belo Horizonte: UFMG, 2018.

89 A propósito, recomendamos a leitura de GAMBLE, Sarah (Coord.). *The Routledge companion to Feminism and Postfeminism.* New York: Routledge, 2006.

90 HOOKS, Bell. *O feminismo é para todo mundo*: políticas arrebatadoras. Trad. Ana Luiza Libânio. Rio de Janeiro: Rosa dos Tempos, 2018.

contextos periféricos, que impulsionará a utilização de abordagens interseccionais para pensar a questão de gênero. É em virtude do esforço delas que perspectivas decoloniais e sensíveis às violências étnico-raciais ganharão centralidade no debate feminista.[91]

"Interseccionalidade" diz respeito ao *cruzamento* de diferentes tecnologias de discriminação que se articulam para subjugar indivíduos pertencentes a mais de um grupo vulnerável.[92] Assim, pessoas com deficiência *e* homossexuais, ou pessoas negras *e* transexuais (para nos limitarmos a dois exemplos), veem-se sujeitas a formas interseccionais de segregação. A sobreposição de "marcadores de diferença" (é mulher, e é negra, e é lésbica, e é pobre, e é estrangeira etc.) faz com que o indivíduo seja alvo de mais de uma estrutura de opressão (heterossexismo, racismo, homofobia, classismo, xenofobia...). Todavia, não se trata de um cálculo aritmético simples: não basta somar, às violências sofridas por homens negros, os preconceitos enfrentados por mulheres brancas, para que tenhamos um mapa da condição da mulher negra.[93] Ao se cruzarem, variados eixos de diferenciação e de categorização (raça, gênero, orientação sexual etc.) criam novas e complexas "matrizes de dominação" (para valermo-nos da expressão cunhada por Patricia Hill Collins).[94]

Todos nós possuímos múltiplas vinculações, múltiplas consciências e, por conseguinte, múltiplas identidades. Raça, gênero, orientação sexual, classe social, etnia, nacionalidade, idade:

---

[91] Sobre o tema, ver HOLLANDA, Heloisa Buarque de (Coord.). *Pensamento feminista hoje*: perspectivas decoloniais. Rio de Janeiro: Bazar do Tempo, 2020.

[92] Sobre o tema, recomendamos a leitura de CRENSHAW, Kimberlé. *On Intersectionality*: essential writings. New York: The New Press, 2019.

[93] Cf. EVANS, Elizabeth; LEPINARD, Eléonore (Coord.). *Intersectionality in Feminist and Queer Movements*: confronting privileges. Abingdon: Routledge, 2020.

[94] COLLINS, Patricia Hill. *Intersectionality as Critical Social Theory*. New York: Duke University Press, 2019.

CAPÍTULO III – REFERENCIAIS TEÓRICOS CRÍTICOS

todas essas categorias se mesclam – ou melhor: se constituem mutuamente! – para determinar a maneira como percebemos a nós mesmos e *como a sociedade nos percebe*. Gênero, sexualidade e classe são categorias *racializadas*. Da mesma forma, raça, gênero e classe são categorias *sexualizadas*.[95] Semelhantes eixos de diferenciação se interpenetram e se compõem uns aos outros. Por isso, as categorias de "interseccionalidade" e de "racismo interseccional"[96] oferecem um paradigma teorético útil para que compreendamos a relação entre identidade e poder, com um entendimento mais *nuançado* e *holístico* que aquele elaborado pela teoria social *mainstream*.

Nosso intuito, aqui, é apresentar as leituras interseccionais acerca da discriminação racial, tentando evidenciar a importância de tais abordagens no âmbito da educação jurídica. Para tanto, dividiremos nossa exposição em três pequenos tópicos. Em um primeiro momento, discutiremos o conceito de interseccionalidade, tal como desenvolvido por Kimberlé Crenshaw a partir de uma metáfora espacial. Em seguida, trataremos das origens históricas do conceito de interseccionalidade, fortemente atrelado ao feminismo negro. Por fim, daremos exemplos de aplicação da abordagem interseccional. Esse itinerário pode nos ajudar a reconhecer as interconexões entre racismo, sexismo, homofobia e capitalismo, sensibilizando-nos para a necessidade de, na luta contra a discriminação racial, desconstruirmos outras estruturas de dominação.

---

[95] Ver GONZALEZ, Lélia. "Racismo e sexismo na cultura brasileira". *Revista Ciências Sociais Hoje,* Anpocs, 1984, pp. 223-244.

[96] Ora, o "racismo interseccional" é, precisamente, o entrelaçamento entre a discriminação racial e outras modalidades de exclusão impostas sobre a vida de pessoas não brancas (em especial negras e indígenas) que pertencem a coletividades historicamente segregadas (mulheres negras, pessoas negras com deficiência, negros *gays*, negros transgêneros...).

3.4.2 O que é interseccionalidade?

O conceito de "interseccionalidade" foi cunhado por Kimberlé Crenshaw (a mesma intelectual a quem se atribui a criação da expressão *Critical Race Theory*), a partir de teorias e práticas surgidas, no correr das décadas, no âmbito do feminismo negro.[97] Além de Crenshaw, outra pesquisadora essencial para o desenvolvimento da noção de interseccionalidade foi a socióloga Patricia Hill Collins.[98] Vale frisar: embora o termo "interseccionalidade" tenha se tornado de uso corrente a partir da obra de Crenshaw (e, também, de Collins), a percepção de como as dominações interseccionais se dão foi construída antes, por mulheres negras combativas (muitas das quais excluídas dos espaços de debate acadêmico).[99]

Mulheres negras deram-se conta de que, muitas vezes, suas demandas específicas acabavam sendo invisibilizadas, comprimidas entre as agendas de um movimento negro hegemonizado por homens e de um movimento feminista hegemonizado por brancas. Perceberam que muitas reivindicações dos grupos antissexistas e antirracistas tradicionais tinham pouca conexão com suas próprias realidades. Um exemplo célebre: muitas intelectuais brancas, associadas à Segunda Onda do feminismo (é o caso de Betty Friedan) pleiteavam, na década de 1960, pelo direito de as mulheres ingressarem no mercado de trabalho e se libertarem do controle doméstico exercido por maridos e pais.[100] Ora, em

---

[97] Cf. CRENSHAW, Kimberlé. "Mapping the margins: intersectionality, identity politics, and violence against women of color". *Stanford Law Review*, vol. 43, nº 5, 1991, p. 1241.

[98] Ver COLLINS, Patricia Hill. *Black feminist thought*: knowledge, consciousness, and the politics of empowerment. New York, London: Routledge, 2000.

[99] Uma bela introdução ao tema da "interseccionalidade" foi desenvolvida em AKOTIRENE, Carla. *O que é interseccionalidade?* São Paulo: Letramento, 2018.

[100] Ver FRIEDAN, Betty. *A Mística feminina*. Trad. Áurea B. Weissenberg. Petrópolis: Vozes, 1971.

CAPÍTULO III – REFERENCIAIS TEÓRICOS CRÍTICOS

uma sociedade maculada pela herança escravocrata, as mulheres negras nunca deixaram de trabalhar – suas demandas, na década de 1960, já eram por melhores oportunidades de emprego e condições de trabalho.[101]

Todo ser humano possui múltiplas identidades, se vincula a várias comunidades, e, portanto, é lido a partir de marcadores sociais que se justapõem (raça, etnia, gênero, orientação sexual etc.). Ser negro, *gay*, brasileiro, cisgênero, sem deficiência... todos esses elementos se articulam, para determinar o modo como serei *visto* pelos indivíduos ao meu redor. Em uma sociedade como a nossa, com uma complexa malha de relações de poder, essa pluralidade de vinculações precisa ser identificada, para que tenhamos real dimensão das nossas necessidades e carências. Geralmente, tentamos, para compreender as estruturas de dominação, operar a partir de modelos simplificados: a opressão dos negros pelos brancos; a opressão das mulheres pelos homens etc. No entanto, o feminismo negro começou a defender que "cruzássemos as informações", atentando para a forma como a pertença a mais de um grupo vulnerável cria um verdadeiro ecossistema de violências que se retroalimentam.[102]

Foi com base nessas discussões – nascidas, saliente-se mais uma vez, não de uma especulação academicista, mas de enfrentamentos sociais cotidianos – que Crenshaw desenvolveu a noção de interseccionalidade. Trata-se de uma metáfora: como um indivíduo que se encontra em uma esquina entre duas ruas que se *interseccionam*, a mulher negra, no Ocidente, vê-se no cruzamento de (ao menos) duas modalidades de opressão: o sexismo e o racismo. Não basta somar, à lista de violências sexistas que as mulheres brancas sofrem, o rol de violências racistas que os homens negros

---

[101] Tal crítica já havia sido apresentada no clássico DAVIS, Angela. *Mulheres, raça e classe*. Trad. de Heci Regina Candiani. São Paulo: Boitempo, 2016.

[102] Cf. McCALL, Leslie. "The complexity of intersectionality". *Signs*: Journal of women in culture and society, vol. 30, n° 3, 2005, pp. 1771-1800.

sofrem, para compreender a situação das mulheres negras – isso porque as dominações interseccionais não se "sobrepõem", e sim se articulam em manifestações novas de opressão. Daí que atender, em separado, as reivindicações das mulheres brancas e dos homens negros jamais será suficiente para eliminar a arquitetura de exclusões e marginalizações que vitima a mulher negra. Não é possível, hierarquizando agendas, postergar as demandas das mulheres negras, vendo nelas apenas um *adendo* às pautas das mulheres brancas, ou ainda, dos homens negros.[103]

Crenshaw cita casos de empresas acusadas de discriminação por se recusarem a contratar mulheres negras. Muitos desses estabelecimentos argumentam que não seriam, de fato, racistas (por contratarem, para o seu "chão de fábrica", homens negros) e nem sexistas (por contratarem, para seu expediente administrativo, mulheres brancas). O conceito de interseccionalidade serve como ferramental analítico para que nos atentemos às violências peculiares que atingem grupos específicos (mulheres negras, pessoas com deficiência homossexuais etc.). Permite, pois, que sofistiquemos nossos critérios de avaliação, ao pensarmos em soluções para práticas discriminatórias (racismo, sexismo, homofobia, capacitismo...). Atualmente, perspectivas interseccionais são indispensáveis a qualquer debate, no campo do Direito e das políticas públicas, que procure construir estratégias para incluir grupos vulneráveis, reduzindo desigualdades e fortalecendo a democracia. Mais que uma concepção teórica, a interseccionalidade é um método para que interpretemos relações de poder, com mais sensibilidade às diferenças.

3.4.3 As origens do conceito: feminismo negro

O conceito de "interseccionalidade" remonta à segunda metade da década de 1980. De forma simultânea – mas não

---

103 Ver YUVAL-DAVIS, Nira. "Intersectionality and feminist politics". *European journal of women's studies*, vol. 13, n° 3, 2006, pp. 193-209.

CAPÍTULO III – REFERENCIAIS TEÓRICOS CRÍTICOS

colaborativa – Patricia Hill Collins e Kimberlé Crenshaw desenvolviam, à época, pesquisas sobre a maneira como sexismo e racismo se retroalimentam, no dia a dia das mulheres negras. Em dois artigos seminais – *Mapping the margins* e *Demarginalizing the intersection of race and sex* –, Crenshaw desenvolveu a metáfora das avenidas que se interseccionam para debater o modo como as discriminações de gênero e de raça podem se intrincar. Ademais, em escrito que alcançou enorme influência – *Pode o subalterno falar?*, de 1985 –, a filósofa indiana Gayatri Spivak procurou, a partir da antiga prática do sacrifício das viúvas (que eram incineradas após o falecimento de seus maridos, costume coibido pelos ingleses), analisar a situação da mulher hindu, premida entre o sexismo das tradições locais (que a inferioriza enquanto mulher) e o racismo do império britânico (que a inferioriza enquanto hindu).[104] No entanto, é preciso, para além dessas produções acadêmicas, inserir o debate interseccional em uma história mais ampla sobre raça e gênero. Com efeito, embora a noção de interseccionalidade tenha sido explicitamente formulada somente na década de 1980, a partir dos trabalhos de Collins e Crenshaw, as abordagens interseccionais foram gradualmente forjadas em períodos anteriores – não em especulações abstratas, mas no calor das lutas travadas pelo feminismo negro.[105]

"Interseccionalidade" é, ao mesmo tempo, arsenal metodológico *e* estratégia política. Como a ativista Barbara Cameron afirmou certa feita: "nós somos nomeadas pelos outros e nós somos nomeadas por nós mesmas". A interseccionalidade representou uma ferramenta a partir da qual a mulher negra pôde "nomear

---

[104] Ver SPIVAK, Gayatri. *Pode o subalterno falar?* Belo Horizonte: UFMG, 2010.

[105] Uma investigação sobre a "pré-história" e a "história" do conceito de interseccionalidade pode ser encontrada em HANCOCK, Ange-Marie. *Intersectionality*: an intellectual history. New York: Oxford University Press, 2016. Recomendamos, ainda, a leitura de XAVIER, Giovana. *Você pode substituir mulheres negras como objeto de estudo por mulheres negras contando sua própria história*. Rio de Janeiro: Malê, 2019.

a si mesma", definindo uma pauta própria de interesses, que não se confundia com as agendas do movimento feminista e do movimento negro hegemônicos.[106] Brancas com posições de destaque no movimento feminista podiam reproduzir atitudes racistas; homens com posições de destaque no movimento negro podiam reproduzir atitudes sexistas. Tais práticas eram, não raro, minimizadas, por leituras binárias e maniqueístas, que dividiam o mundo em "opressores" e "oprimidos", "algozes" e "vítimas". Ora, pode uma pessoa reconhecer-se, a um só tempo, como "oprimida" e "opressora"? É esse o caso de muitas mulheres brancas, que, por um lado, veem-se preteridas e marginalizadas, em seus ambientes de trabalho, mas que, por outro, encampam, elas próprias, práticas que excluem seus colegas não brancos. Nesse cenário, mulheres negras, com frequência, eram colocadas frente a um *falso dilema*: escolher entre *ser mulher* e *ser negra*, solidarizar-se com suas irmãs de gênero (que eventualmente valiam-se dos privilégios da branquitude), ou solidarizar-se com seus irmãos de raça (que eventualmente adotavam posturas machistas).[107] Com o fito de superar uma visão monolítica e distorcida das relações de poder, o feminismo negro começou a elaborar propostas que davam visibilidade às experiências particulares e únicas das mulheres pretas e pardas.[108]

---

[106] Outras abordagens teóricas – críticas do modelo proposto pelo feminismo interseccional – buscaram pensar a realidade da mulher negra. A mais conhecida talvez seja o "mulherismo" (*womanism*), calcado no trabalho de figuras como Alice Walker, Chikwenye Okonjo Ogunyemi e Clenora Hudson-Weens. Uma introdução ao mulherismo pode ser encontrada em PHILLIPS, Layli (Coord.). *The womanist reader*. New York: Routledge, 2006.

[107] Foi nesse cenário, vale lembrar, que o projeto do "mulherismo" (*womanism*) começou a ser desenhado. A propósito, recomendamos a leitura de WALKER, Alice. *Womanism*: coming apart. New York: Routledge, 2006.

[108] Sobre o tema, recomendamos a leitura de CARNEIRO, Sueli. "Enegrecer o feminismo: a situação da mulher negra na América Latina a partir de uma perspectiva de gênero". *Racismos contemporâneos*, Rio de Janeiro, vol. 49, 2003, pp. 49-58.

CAPÍTULO III – REFERENCIAIS TEÓRICOS CRÍTICOS

Mesmo partidários do movimento feminista e do movimento negro – bandeiras que se construíram no enfrentamento do "essencialismo", isto é, no enfrentamento da crença de que haveria uma "natureza feminina", uma "virtude atávica da raça" etc. – podiam, inconscientemente, *reificar* identidades. *Ou* você é mulher, *ou* você é negra, *ou* você é lésbica, *ou* você é estrangeira... Apontando para a pluralidade de marcadores sociais e de vinculações identitárias às quais estamos sujeitos, as abordagens interseccionais promovidas por feministas negras desmistificavam essas reificações – estimulando aquilo que a filósofa chicana Glória Anzaldúa viria a designar como "consciência *mestiza*", sedimentada nos interstícios, nas fronteiras, no limiar entre identidades.[109] Mostrando que mulheres podem ser racistas, negros podem ser sexistas etc., a leitura interseccional evidencia a necessidade de estratégias plurais e setorizadas de combate às diversas formas de discriminação. Dá, dessa maneira, um passo além das perspectivas homogeneizantes margem-centro dos aparelhos de dominação, indicando que o jogo entre privilégios e desvantagens que se estabelece em nossa sociedade é complexo e cheio de ramificações. Eis a razão pela qual muitas teóricas interseccionais pugnam pelo desenvolvimento, no feminismo negro, de políticas *contingentes* de coalizão.

Uma brilhante intelectual e militante que antecipou, em muitos anos, as doutrinas de Collins e Crenshaw foi Lélia Gonzalez.[110] O estudo das obras da autora, mineira radicada no Rio de Janeiro, revela como, desde tempos remotos, o tema do cruzamento de diferentes formas de opressão (e, em especial, do racismo e do sexismo) foi amplamente debatido no campo do feminismo negro. Figura indispensável para a fundação (em 1978) do Movimento Negro Unificado Contra a Discriminação Racial (MNU), Lélia

---

[109] ANZALDÚA, Gloria. *Borderlands/La Frontera*: The New Mestiza. San Francisco: Aunt Lute Books, 1987.

[110] Uma introdução à vida e à obra de Lélia Gonzalez é apresentada em RATTS, Alex; RIOS, Flavia. *Lélia Gonzalez*. São Paulo: Selo Negro Edições, 2010.

Gonzalez dedicou muitas páginas à análise da especificidade da condição da mulher negra – e de como essa condição gestava uma maneira própria de enxergar a conjuntura político-social.[111] Articulando Marx e Lacan, materialismo histórico e psicanálise (no encalço de outros pensadores, como Frantz Fanon), Gonzalez descreve como, no Brasil neocolonial, a divisão racial e a divisão sexual do trabalho se imbricam, contribuindo para manter a mulher negra em seu "lugar natural", de "empregada doméstica, merendeira na rede escolar, servente nos supermercados, na rede hospitalar etc".[112] Em reiteradas ocasiões, Gonzalez denunciou a "tríplice discriminação" sofrida pelas brasileiras pretas e pardas (enquanto gênero, raça e classe), criticando a pouca atenção que o feminismo hegemônico, capitaneado por mulheres brancas de classe média, dava ao sistema de exploração econômico-sexual da mulher negra.

Seguindo os passos de Lélia Gonzalez – e de outras ativistas e intelectuais associadas ao feminismo negro –, muitos têm recorrido hoje às noções de "interseccionalidade" e "racismo interseccional" como grelhas analíticas indispensáveis na reflexão acerca do estado de grupos raciais subordinados. Em avaliações, teóricas e práticas, sobre estratégias de combate à discriminação racial, a abordagem interseccional tornou-se, em certo sentido, inevitável: é preciso entender como o racismo impacta, diferentemente, homens e mulheres, adultos e crianças, homossexuais e heterossexuais etc. Medidas políticas e jurídicas que não levam essas dimensões em consideração – colocando toda a população negra em um mesmo "balaio de gato" – corre

---

[111] Ver GONZALEZ, Lélia. "O movimento negro na última década". *In*: GONZALES, Lélia; HASENBALG, Carlos. *Lugar de negro*. Rio de Janeiro: Editora Marco Zero, 1982, p. 36.

[112] GONZALEZ, Lélia. "Cultura, etnicidade e trabalho: efeitos linguísticos e políticos da exploração da mulher". *In*: _____. *Primavera para as rosas negras*: Lélia Gonzalez em primeira pessoa. São Paulo: Diáspora Africana, 2018, p. 75.

CAPÍTULO III – REFERENCIAIS TEÓRICOS CRÍTICOS

o risco de agravar os contextos de espoliação que pretendem combater. Eis o motivo de, na universidade contemporânea (e não apenas no campo das ciências sociais), o debate interseccional ter-se tornado tão difundido.

3.4.4 Exemplos de abordagem interseccional

O conceito de "interseccionalidade" encontra-se, hoje, no centro dos Estudos de Gênero e dos Estudos Raciais nas universidades estadunidenses. Ademais, é visto como uma das maiores contribuições do feminismo negro à discussão teórica e filosófica. A abordagem interseccional ajudou a lançar luz sobre aspectos frequentemente negligenciados pelo movimento negro hegemônico – o qual, por vezes, se concentrou nas experiências de homens negros heterossexuais de classe média sem deficiência.[113] As realidades de mulheres negras, homossexuais negros e pessoas negras com deficiência, em especial, ganharam maior visibilidade a partir do momento em que investigações de natureza interseccional começaram a ser desenvolvidas. Abaixo, citaremos pesquisas realizadas em cada um desses três campos, e que ilustram as aplicabilidades da noção de "interseccionalidade" na discussão sobre o racismo.

3.4.4.1 Mulheres negras

Um assunto que começou, nos últimos anos, a ser explorado por estudiosos brasileiros, nos marcos de um horizonte interseccional, diz respeito aos direitos reprodutivos da mulher negra. Nessa temática em específico, análises inspiradas pelos trabalhos de Lélia Gonzalez, Patricia Hill Collins e Kimberlé Crenshaw, as quais consideravam, de maneira conjugada, os impactos do racismo e do sexismo sobre o corpo da mulher negra, acabaram trazendo conclusões até então ignoradas pela academia.

---

[113] Ver ROMERO, Mary. *Introducing intersectionality*. Malden: Polity Press, 2017.

A liberdade sexual e reprodutiva sempre foi uma bandeira essencial do movimento feminista. A autonomia corporal da mulher encontra-se, desde priscas eras, ameaçada. Nesse sentido, a legislação brasileira relativa ao planejamento familiar e à esterilização voluntária – em especial o capítulo I da Lei n. 9.263/96 – tem sido alvo de inúmeras críticas, por impor uma série de exigências – como a aprovação do cônjuge – para que a mulher possa passar pela cirurgia de ligadura de trompas. Outro aspecto da problemática concernente aos direitos reprodutivos foi, no entanto, por muitos anos, negligenciado pelo feminismo *mainstream*: a *castração* de mulheres pobres por cirurgiões, em nome de um ideário *eugenista*. Há inúmeras denúncias de mulheres que foram, sem consentimento, submetidas à cirurgia de ligadura de trompas, por médicos que entendiam que (por motivos familiares, psíquicos ou financeiros) não seriam elas capazes de cuidar de filhos.[114] Tal tendência se coaduna com o projeto de genocídio do negro brasileiro, já denunciado por figuras como Abdias do Nascimento. Entendendo que a paciente não tem instrução suficiente para decidir sobre planejamento familiar de modo ponderado e esclarecido, o médico acaba por, unilateralmente, impor sua vontade, tolhendo a autonomia da mulher. Sendo um fenômeno que acomete, majoritariamente, mulheres pretas e pardas que vivem em regiões marginalizadas, a ligadura compulsória de trompas acabou sendo solenemente ignorada por parcela considerável do feminismo nacional, até que militantes e intelectuais negras começassem a se mobilizar. Trata-se, assim, de um caso emblemático de racismo interseccional.

---

[114] Ver DAMASCO, Mariana Santos *et al*. "Feminismo negro: raça, identidade e saúde reprodutiva no Brasil (1975-1993)". *Estudos feministas*, Florianópolis, vol. 20, nº 1, jan./abr. 2012, pp. 133-151. Recomendamos, ainda, a leitura de SILVA, Nilza Iraci (Coord.). *Esterilização*: impunidade ou regulamentação? São Paulo: Geledés, 1991.

CAPÍTULO III – REFERENCIAIS TEÓRICOS CRÍTICOS

3.4.4.2 Homossexuais e transexuais negres

Outro tema que recebeu novas chaves de interpretação em virtude do advento do conceito de "interseccionalidade" foi o da discriminação que acomete homossexuais, travestis e transgêneros não brancos. Há, hoje, uma crescente literatura acerca do cruzamento entre as identidades negra e homossexual. Questões relativas ao acesso à educação, à saúde, ao mercado de trabalho e à justiça, por parte desse público, têm estimulado inúmeras investigações, de natureza teórico-especulativa e empírica.

Nos Estados Unidos, uma ramificação proeminente da Teoria Racial Crítica é, precisamente, a da *QueerCrit* (Teoria Racial Crítica *Queer*), que investiga como negros, latinos, nativos e asiáticos com orientação sexual dissidente experienciam o racismo. Juristas como Daniel Hutchinson e Francisco Valdes têm muitos escritos dedicados ao assunto, analisando, notadamente, a extrema vulnerabilidade em que travestis e mulheres trans afrodescendentes se encontram.[115] A *QueerCrit* vai demonstrar, dentre outras coisas, que a maioria das iniciativas de combate à transfobia e à homofobia, ignorando a articulação entre raça e orientação sexual, falham em tutelar, precisamente, os grupos mais atingidos pela discriminação. Determinadas raças são, em nossa cultura, associadas a papeis sexuais específicos – tais "imagens de controle" impactam na maneira como o Direito se relaciona com "minorias". Um exemplo: no imaginário coletivo, latinos e negros são, por vezes, *hiperssexualizados*, o que termina por *normalizar* – inclusive aos olhos de policiais, promotores e juízes – situações de assédio e exploração sexual com as quais eventualmente se deparem. Para muitos, a esquina – onde será prostituída e abusada – é o "lugar natural" da negra travesti, o que a lança numa condição de permanente subcidadania. Uma vez mais, a categoria de "racismo

---

115 Uma introdução ao temário da *QueerCrit* pode ser encontrada em VALDES, Francisco. "Queer Margins, Queer Ethics: a call to account for race and ethnicity in the law, theory, and politics of 'sexual orientation'". *Hastings Law Journal*, San Francisco, vol. 48, ago. 1997, pp. 1293-1341.

interseccional" ajuda a desconstruir naturalizações, trazendo um novo olhar sobre a situação de comunidades subalternadas.

3.4.4.3 Pessoas negras com deficiência

Ainda são parcas as pesquisas a respeito das conexões entre racismo e capacitismo – no entanto, trata-se de um campo com grandes possibilidades de investigação. Recentemente, tem-se desenvolvido, como um desdobramento da Teoria Racial Crítica, a *DisCrit* (*Dis/ability Critical Race Theory*, ou Teoria Racial Crítica da D/eficiência), que busca, precisamente, estudar as tecnologias de discriminação que agrilhoam as pessoas negras com deficiência. Essa corrente elenca uma plêiade de argumentos que ilustram essa faceta do racismo interseccional.[116]

Desde o despontar do racismo científico no século XIX – a partir do trabalho de figuras como o Conde de Gobineau –, a cultura ocidental tem associado raça e deficiência. Muitos autores (dentre os quais, criminólogos brasileiros centrais para a construção de nosso modelo de Direito Penal) defendiam que deficiências físicas e intelectuais, bem como transtornos psicossociais, seriam decorrentes da "degenerescência da raça".[117] A miscigenação – que teria *contaminado* a raça branca com elementos exógenos, negros e indígenas – produziria "monstros" (a figura do "monstro" tornou-se cardeal no âmbito do racismo científico oitocentista), ameaças à ordem social. Daí a necessidade de que o saber jurídico, conjugado ao conhecimento médico, encarcerasse (em prisões ou hospícios)

---

[116] Cf. ALMEIDA, Philippe Oliveira de; ARAÚJO, Luana Adriano. "DisCrit: os limites da interseccionalidade para pensar sobre a pessoa negra com deficiência". *Revista Brasileira de Políticas Públicas*, Brasília, vol. 10, n° 2, 2020, pp. 611-641.

[117] A propósito, recomendamos, efusivamente, a leitura do elucidativo GÓES, Luciano. *A "tradução" de Lombroso na obra de Nina Rodrigues*. Rio de Janeiro: Revan, 2016. Ver, também: SCHWARCZ, Lilia. *O Espetáculo das raças*. São Paulo: Companhia das Letras,1993.

CAPÍTULO III – REFERENCIAIS TEÓRICOS CRÍTICOS

essas figuras, que seriam sintoma de uma civilização multirracial. Em prol do higienismo social, as "características atávicas" do negro e do indígena deveriam ser, gradualmente, minimizadas, para que o elemento branco preponderasse na configuração do grupo populacional. Ainda vemos reverberações dessa lógica nas políticas nacionais de segurança e de saúde mental. Pessoas negras com deficiências intelectuais e transtornos psicossociais (como o alcoolismo) correm riscos muito maiores que seus congêneres brancos de serem *institucionalizados*, isto é, internados (desnecessariamente) em instituições psiquiátricas, nas quais, em tese, não representariam "ameaças a si mesmos e aos demais".[118] O preto e o pardo com transtornos psicossociais são vistos como *perigosos* – no que tange a eles, medidas terapêuticas e policiais terminam por se confundir. Vale destacar, ainda, que condutas vistas como regulares, quando cometidas por jovens brancos, são *patologizadas*, ao serem adotadas por crianças e adolescentes não brancos, o que reforça a associação (a interseccionalidade) entre racismo e capacitismo, em nosso tempo.

---

[118] Sobre o tema, ver ANNAMMA, Subini Ancy. *The pedagogy of pathologization*: dis/abled girls of color in the school-prison Nexus. New York: Routledge, 2018.

CAPÍTULO IV

RACISMOS

Uma discussão adequada sobre justiça racial requer o conhecimento básico de um tema de suma relevância: a dinâmica cultural e institucional do racismo. Esse tópico precisa ser adequadamente conhecido porque ele cumpre um papel central no processo de diagnóstico dos mecanismos responsáveis pela produção de disparidades entre grupos raciais em nossa sociedade. Abordaremos esse tema a partir da noção de que não podemos identificar o racismo como uma prática individual, uma vez que ele é um sistema de dominação racial que tem por objetivo promover vantagens competitivas para as pessoas pertencentes ao grupo racial dominante, além de garantir que a respeitabilidade social seja um atributo exclusivo de seus membros. Por esse motivo, o racismo deve ser entendido como uma forma de dominação que assume diferentes manifestações em diferentes sociedades e em diferentes momentos históricos. É preciso fazer, portanto, uma diferenciação entre o racismo enquanto sistema de dominação, o preconceito racial enquanto reações emocionais motivadas pela circulação de representações negativas de minorias e a discriminação racial enquanto prática individual e institucional, temas que são sempre representados como equivalentes. O primeiro compreende uma estrutura, o segundo um componente psicológico, e o terceiro um conjunto de ações utilizadas na operação cotidiana do racismo.

Examinaremos, neste capítulo, uma série de manifestações de racismo, conceito que será entendido como algo que possui uma natureza múltipla, pois pode assumir diferentes formas para promover a dominação de um grupo racial sobre outros. Observaremos que ele pode se manifestar por meio de um conjunto de práticas institucionais, atitudes individuais e políticas culturais que procuram atingir o objetivo acima mencionado; por esse motivo, devemos falar sobre *projetos raciais* para que não identifiquemos o racismo com essa ou aquela prática discriminatória. O conceito de projeto racial designa as formas de dominação de um grupo racial sobre outro, as quais podem assumir configurações distintas ao longo da história e nas mais diversas sociedades. Por esse motivo, devemos entender que estratégias de poder são utilizadas em uma determinada situação para promover disparidades entre negros e brancos. Essa postura parte do pressuposto de que o racismo é um elemento permanente das sociedades liberais, uma vez que muitos membros do grupo racial dominante estão sempre criando novos meios para que possam se manter no poder. Essas estratégias assumem formas distintas, inclusive a negação do racismo como algo socialmente relevante. Na verdade, essa tem sido uma das manifestações de discursos racistas em muitas sociedades liberais contemporâneas: a afirmação de que mudanças culturais promoveram transformações na moralidade coletiva, fato que supostamente demonstra a inexistência de obstáculos à inserção social de minorias raciais e étnicas. O debate sobre justiça racial requer, então, que exploremos as dimensões políticas, institucionais e culturais do racismo na nossa sociedade. Mas a exploração desses vários aspectos requer que, antes, entendamos os significados que a raça pode ter nas sociedades humanas. Esse exercício será relevante para a discussão posterior.

CAPÍTULO IV – RACISMOS

4.1 Raça

Uma discussão sobre conceitos e manifestações de racismo requer que discutamos primeiramente a noção de raça. Como veremos adiante, compreensões desse construto variaram ao longo do tempo, sendo que elas permanecem ainda largamente sobrepostas. É importante, então, que exploremos essas diferentes formulações para que possamos entender como elas fundamentam práticas racistas em diferentes momentos históricos. Isso nos permitirá observar que suas definições são constantemente readequadas para novas práticas sociais e narrativas culturais que objetivam legitimar disparidades entre grupos raciais. Nós adotaremos uma concepção específica de raça na condução dos debates sobre educação antirracista, mas precisamos discutir diferentes teorias para que esse debate seja melhor fundamentado.

A raça é uma categoria de diferenciação entre grupos humanos que surgiu na modernidade em função de certas configurações específicas. Esse período histórico foi marcado pelo contato maior de europeus com novas culturas, pelo interesse em encontrar novos recursos econômicos e para conseguir meios de exploração da atividade laboral. A convergência de todos esses fatores criou as condições para que povos europeus utilizassem o poder militar e econômico para invadir territórios que eram fontes de bens primários e para subjugar os povos que neles habitavam. A classificação dessas populações a partir de traços fenotípicos permitiu a legitimação cultural e jurídica desses processos, o que foi baseado na representação delas como naturalmente inferiores e dos europeus como naturalmente superiores. Assim, a imposição da dominação racial foi fundamentada no que tem sido chamado de Doutrina do Destino Manifesto: o europeu teria o direito de invadir e subjugar porque ele opera como um agente civilizador.[119]

---

119 HORSMAN, Reginald. *Race and manifest destiny*: the origins of American racial Anglo-Saxonism. Cambridge: Harvard University Press, 1981.

O conceito de raça aparece, então, como uma categoria que designa um conjunto de traços fenotípicos os quais permitem reconhecer características comuns entre membros de uma população. Mais do que particularidades físicas transmitidas biologicamente, evidência de que todos os membros do grupo as possuem, esses traços também designam características culturais comuns a todos os membros dessas populações. Esses atributos seriam indicação da natureza degradada desses grupos: eles são intelectualmente, fisicamente, moralmente e sexualmente inferiores aos europeus, coletividade vista como a expressão do ideal de normalidade nos diferentes campos da vida social. Enquanto as características dos povos europeus se tornam uma norma universal de humanidade, os outros povos são representados como biológica e socialmente inferiores, o que justifica o *status* subordinado que devem ocupar. Embora o conceito biológico de raça tenha sido invalidado, ele continua operando como um fator real de desvantagem: minorias raciais deixam de ter acesso a diversas oportunidades em função do seu pertencimento racial. Agentes públicos e privados interpretam traços fenotípicos como sinal de inferioridade moral e de periculosidade social, vinculando padrões culturais, políticos, sociais e econômicos de pessoas negras à ideia de degeneração. Por esse motivo, surgem as desvantagens nos múltiplos espaços sociais.[120]

A ideia de raça também engloba a representação de seres humanos como algo que designa linhagem e também tipos sociais. Antes de sua fundamentação científica, a raça designava grupos sociais criados por forças divinas; os diferentes grupos raciais eram descendentes de pessoas distintas, sendo que uma linhagem descenderia daqueles moralmente íntegros, enquanto outras seriam filhas dos que se afastaram dos ensinamentos divinos. Embora essa compreensão tenha tido uma influência significativa durante o período colonial, o conceito moderno de raça está mais diretamente

---

[120] MALIK, Kenan. *The meaning of race*: race, history, and culture in Western society. Nova York: New York University Press, 1996, pp. 71-123.

CAPÍTULO IV – RACISMOS

associado ao discurso científico sobre as diferenças humanas: ele adquire grande parte da relevância que possui hoje em função da representação dos grupos raciais como tipos sociais. As raças seriam o produto de um processo de diferenciação biológica decorrente de fatores ambientais e culturais que formaram coletividades com disposições muito específicas, características que permitiam a classificação dessas populações a partir de parâmetros evidentes. Essas duas concepções sobre raça também estão presentes no imaginário social sobre minorias raciais: suas características são vistas como expressões de degradação moral que se reproduzem ao longo das gerações. Elas também designam traços que motivam comportamentos sociais generalizados dos membros desses grupos, razão pela qual eles estão sempre associados a atividades criminosas.[121]

Por ser um critério de diferenciação social entre grupos populacionais, a raça tem sido pensada também como classe e como *status*. A concepção de raça como classe decorre de análises que procuram explicar disparidades econômicas entre grupos raciais como resultantes, meramente, de problemas conjunturais na distribuição de recursos, e não como fruto de preconceito e segregação. Elas não seriam o produto de práticas racistas que perduram ao longo do tempo, mas, sim, consequência da ausência de mobilidade social gerada pelo funcionamento do capitalismo. Dentro desse contexto, a raça aparece como uma indicação da posição do indivíduo na estrutura de classes; ela não seria uma designação biológica. Essa categoria social também designa o *status* que as pessoas ocupam dentro da sociedade, o que engloba tanto o *status* cultural quanto o *status* material. Se a classificação de alguém como branco designa um lugar social de pessoas que gozam de respeitabilidade, a classificação como negro determina que essa pessoa não terá o mesmo nível de apreço. Os traços e as produções culturais associadas ao grupo racial dominante são vistas como algo superior, enquanto

---

121 BANTON, Michael. *Racial theories*. Cambridge: Cambridge University Press, 1998, pp. 17-40.

os mesmos elementos de minorias raciais serão percebidos como sinal de degradação.[122] Essas duas dimensões da raça sempre determinam o tipo de tratamento dispensado a minorias raciais. A ideia de raça como classe está sempre presente nos debates sobre ações afirmativas, cumprindo uma função retórica importante de negar sua relevância em nossa sociedade. A raça como *status* é um elemento central para entendermos a dinâmica entre branquitude e negritude: enquanto a primeira expressa a norma cultural de humanidade, a segunda é construída como o oposto disso.[123]

Uma concepção cada vez mais conhecida sobre a raça é a sua classificação como uma categoria socialmente construída, perspectiva que guiará nossas discussões sobre uma educação antirracista. Essa teoria está ligada ao conceito de racialização, noção que designa um processo cultural a partir do qual *status* sociais diferenciados entre grupos humanos são criados por meio da atribuição de sentidos a traços fenotípicos. O racismo permite que relações assimétricas de poder entre grupos raciais sejam reproduzidas por meio de um constante processo de representação do outro como diferente e inferior, representação que atribui a certos grupos características negativas. Esses atributos não têm quaisquer conexões com a personalidade dos membros dessas coletividades, mas as pessoas são levadas a acreditar que essas relações existem e são características naturais de todos os membros de uma raça.

---

[122] Disso decorre que seja possível falar, até mesmo, na hierarquização de indivíduos que integram um mesmo grupo racial, de acordo com o fato de reunirem mais ou menos dos elementos associados positivamente à raça dominante. Tratando desse tema sob a perspectiva da hierarquização entre pessoas brancas, confira-se SCHUCMAN, Lia Vainer. *Entre o encardido, o branco e o branquíssimo*: branquitude, hierarquia e poder na cidade de São Paulo. São Paulo: Veneta, 2016.

[123] HASENBALG, Carlos. *Discriminação e desigualdades raciais no Brasil*. Belo Horizonte: UFMG, 2005, pp. 207-231; BANTON, Michael. *Racial theories*. Cambridge: Cambridge University Press, 1998, pp. 168-193; GUIMARÃES, Antonio Sérgio Alfredo. *Classes, raças e democracia*. São Paulo: Editora 34, 2002, pp. 13-76.

CAPÍTULO IV – RACISMOS

Isso se torna possível em função do controle que pessoas brancas exercem sobre as instituições culturais e políticas, devido ao predomínio que possuem nos espaços acadêmicos, em suma, devido ao poder de que gozam em todos os lugares por meio dos quais sentidos sociais são criados e reproduzidos a partir da perspectiva que possibilita a legitimação de práticas discriminatórias.[124]

Tendo em vista a noção de racialização, nós designaremos o conceito de raça como um lugar que as pessoas ocupam dentro das hierarquias sociais criadas por meio de relações hierárquicas de poder entre grupos raciais. A raça é certamente um critério de classificação dos indivíduos que possui consequências significativas na vida deles, porque determinará o *status* que ocupam dentro da sociedade. Ela opera como um meio fundamental de organização das representações culturais sobre os diversos grupos humanos e as funções que eles podem desempenhar. Essa forma de classificação social determina quem pode ter acesso às diversas posições existentes dentro de instituições públicas e privadas, o que garantirá, àqueles vistos como superiores, os lugares de maior prestígio, permitindo, assim, a reprodução do *status* privilegiado dos membros desse mesmo grupo. Compreender a raça como um lugar social significa pensá-la como um tipo de *status* especialmente configurado a partir de imagens sociais sobre as pessoas. Ela não designa fundamentalmente traços biológicos, mas as diferenciações de *status* decorrentes da atribuição de sentidos dados a eles. A raça como posição social permite que compreendamos a dinâmica de estratégias discursivas e de práticas sociais utilizadas para que privilégios sejam sempre atribuídos a pessoas brancas e processos discriminatórios sempre tenham grupos raciais subalternizados como alvo de discriminações.[125]

---

[124] LOPEZ, Ian F. Haney. "The social construction of race: some observations on illusion, fabrication and choice". *Harvard Civil-Rights-Civil Liberties Law Review*, vol. 29, nº 1, 1994, pp. 1-62.

[125] BANTON, Michael. *Racial theories*. Cambridge: Cambridge University Press, 1998, pp. 117-150.

4.2 Racismo como retórica e como prática

Compreender a raça como um lugar social requer que pensemos o racismo como um tipo de retórica cultural e como uma prática coletiva. Podemos, inicialmente, definir o racismo como um sistema de dominação que tem dois objetivos centrais: a garantia de vantagens competitivas para pessoas brancas e a caracterização da respeitabilidade social como um traço distintivo delas. Privilégios raciais só podem ser reproduzidos na medida em que grande parte da sociedade acredita que apenas pessoas brancas podem atuar de forma competente no espaço público. Retóricas racistas ocupam um papel importante nessa dinâmica porque são meios a partir dos quais muitos indivíduos são convencidos de que a subordinação de minorias raciais designa um tipo de funcionamento natural da sociedade. O racismo é, então, um tipo de retórica cultural e uma prática social que objetiva legitimar relações hierárquicas de poder a partir da utilização da raça como critério de tratamento diferenciado entre coletividades humanas.[126]

Enquanto retórica cultural, o racismo compreende uma série de discursos que promovem a circulação de representações negativas sobre grupos humanos. Podemos dizer que ele é um tipo de crença individual e coletiva segundo a qual traços fenotípicos designam características naturais e imutáveis determinantes da inferioridade constitutiva de todos os indivíduos que as possuem. Ligada a essa tese está a ideia de que pessoas racializadas como brancas são naturalmente superiores a todos os outros grupos raciais. O racismo opera, então, como um mecanismo psicológico e cultural por meio do qual membros do grupo racial dominante sistematicamente negam o reconhecimento da humanidade comum

---

[126] Para uma análise dessa perspectiva, ver, sobretudo: GOLDBERG, David Theo. "The social formation of racist discourse". *In*: _____ (Coord.). *Anatomy of racism*. Minneapolis: University of Minnesota Press, 1990, pp. 295-318; OMI, Michael; WINANT, Howard. *Racial formation in the United States*: from the 1960s to 1990s. Nova York: Routledge, 1994, pp. 55-60.

CAPÍTULO IV – RACISMOS

a todas as pessoas, para que o *status* privilegiado ocupado por eles nas várias dimensões da vida não seja questionado. Como o racismo se manifesta por meio do consenso entre membros do grupo racial dominante, ele adquire seus fundamentos a partir de uma série de estereótipos racistas que designam supostas características de membros de minorias raciais e também os lugares que eles podem ocupar na sociedade. Além dessas dimensões, a descritiva e a prescritiva, estereótipos também possuem um caráter relacional: quando afirmamos que uma minoria racial tem uma característica negativa, dizemos que pessoas brancas possuem traços positivos. Também não podemos ignorar o caráter político dos estereótipos, uma vez que eles têm sido utilizados ao longo da história para justificar arranjos sociais que beneficiam pessoas brancas. Estereótipos são meios pelos quais crenças sociais sobre grupos raciais circulam e formam a percepção de minorias raciais, mesmo a percepção daqueles que não têm contato com elas.[127]

O racismo tem, portanto, uma característica muito importante, que é o essencialismo. Pessoas racistas partem do pressuposto de que todos os indivíduos com certas características físicas possuem as mesmas disposições e de que estas são imutáveis. A essa imutabilidade atribuída corresponde uma rigidez da percepção sobre minorias raciais: muitos indivíduos são emocionalmente investidos nessas crenças porque elas fundamentam não apenas a identidade do outro, mas também a deles. Admitir que minorias raciais possam ter o mesmo nível de humanidade significa reconhecer que elas não possuem traços distintivos que justifiquem seu senso de superioridade. Estereótipos e preconceitos formam verdadeiros esquemas mentais que guiam o comportamento consciente e inconsciente das pessoas nas interações com membros de grupos subalternizados. O racismo, enquanto processo cultural, permite que pessoas brancas possam obter gratificação psicológica por

---

127 MOREIRA, Adilson José. *Tratado de Direito Antidiscriminatório*. São Paulo: Contracorrente, 2020, pp. 367-380.

meio da constante afirmação de sua superioridade em relação a membros de outros grupos raciais.[128]

Ao lado dos esquemas mentais que motivam a vida cultural do racismo estão as práticas discriminatórias que mantêm as diferenças de *status* material entre os grupos raciais. Muitos afirmam que devemos entender o racismo fundamentalmente como um conjunto de mecanismos discriminatórios voltados para a preservação de disparidades entre negros e brancos. Dessa forma, o racismo pode assumir a forma de uma discriminação direta ou indireta, institucional ou estrutural. O racismo opera como discriminação direta quando algum agente ou instituição impõe um tratamento desvantajoso a uma pessoa porque ela pertence a outro grupo racial. Essa ação tradicionalmente pressupõe a intenção de discriminar, atitude motivada por estereótipos descritivos ou prescritivos. Mas o racismo também pode ocorrer quando normas que não fazem qualquer menção à raça dos indivíduos causam um impacto desproporcional na vida de pessoas negras. Esse efeito negativo no *status* de grupos raciais subalternizados já em uma situação de desvantagem nos mostra que sistemas de discriminação podem operar independentemente da vontade de pessoas específicas, uma vez que normas que representam o interesse dos membros dos grupos dominantes podem afetar minorias de forma significativa.[129]

A discriminação direta e a discriminação indireta também podem assumir a forma de discriminação institucional quando praticadas por representantes de instituições públicas ou privadas. Elas podem impedir que se tenha acesso a uma instituição, podem causar o tratamento diferenciado dentro dela, ou provocar

---

[128] DESMOND, Matthew; EMIRBAYER, Mustafa. *Racial domination, racial progress*: the sociology of race in America. Nova York: McGraw Hill, 2009, pp. 1-49.

[129] CORBO, Wallace. *Discriminação indireta*: conceito, fundamentos e uma proposta de enfrentamento à luz da Constituição de 1988. Rio de Janeiro: Lumen Iuris, 2017, pp. 111-176.

CAPÍTULO IV – RACISMOS

o oferecimento diferenciado ou mesmo a negação dos serviços da instituição. Ao considerarmos o fato de que a discriminação institucional é uma prática coletiva em nossa sociedade, chegamos ao caráter estrutural que a discriminação racial pode assumir: ela provoca desvantagens sistemáticas para membros de grupos raciais subalternizados nas mais diferentes esferas da vida. Em função disso, eles estão sempre sujeitos a situações de grande vulnerabilidade, sempre expostos ao risco de violência por parte de atores públicos e privados. Essa situação também provoca a estratificação racial, ao criar sérios obstáculos à ascensão social de pessoas negras.[130]

O racismo, enquanto prática social, pressupõe assimetrias de poder entre grupos raciais, as quais se manifestam na composição das instituições sociais. O controle sobre elas permite o estabelecimento de hierarquias raciais, uma vez que abre a possibilidade de pessoas brancas utilizarem o poder institucional em benefício próprio. Por esse motivo, alguns autores apontam o caráter procedimental do racismo, porque o domínio sobre as instituições possibilita que o grupo dominante crie regras informais que reproduzem desvantagens para minorias raciais. Além disso, o racismo também teria um caráter substantivo, porque se baseia em dois elementos: a inferiorização e a antipatia de membros de um grupo em relação a outro. O racismo pode assumir a forma de indiferença ou desprezo por seguimentos raciais subalternizados, o que ocorre no caso de pessoas que sempre procuram interagir com membros do seu próprio grupo. Indiferença e desprezo sempre têm consequências negativas na vida de pessoas negras porque o sofrimento delas não desperta empatia em pessoas brancas que ocupam posições de poder. Entretanto, certos autores afirmam que o racismo não está sempre relacionado com sentimentos de inferioridade, mas também com hostilidade em relação a minorias raciais quando estas demonstram superioridade em certos setores da

---

[130] MOREIRA, Adilson José. *Tratado de Direito Antidiscriminatório*. São Paulo: Contracorrente, 2020, pp. 456-465.

vida.[131] É importante notar ainda que o racismo não se manifesta apenas como hostilidade em relação a minorias raciais. Ele pode assumir a forma de atitudes paternalistas, comportamento que parte do pressuposto de que negros não seriam capazes de operar socialmente de forma adequada sem a supervisão de brancos. A ambivalência marca esse tipo de atitude racista porque, nesse cenário, temos alguém que procura interagir com pessoas negras pessoalmente ou institucionalmente, mas não reconhece que elas podem atuar de maneira competente no espaço público ou no espaço privado. A aparente preocupação com minorias raciais pode esconder apenas o interesse em fazer com que suas ações se abstenham de confrontar a lógica das hierarquias presentes em uma sociedade.[132]

A classificação da raça como uma forma de *status* social permite que apontemos um aspecto importante do racismo. Ele não está sempre baseado na ideia de inferioridade biológica de pessoas negras, mas também no fato de que estas são indesejáveis por terem *status* social inferior. A construção da raça como um lugar social possibilita a racialização dos espaços e das funções sociais, motivo pelo qual ela designa também o nível de apreço social que as pessoas possuem em nossa sociedade. Se imagens de poder e prestígio estão relacionadas a pessoas brancas e ricas, representações de inadequação de todas as formas são sempre associadas a grupos raciais subalternizados. Mesmo o ódio que muitas pessoas brancas sentem contra negros não decorre necessariamente da crença na inferioridade biológica, mas, sim, do fato de que os últimos são percebidos como um grupo sempre tentando desconstruir o sistema de opressão que garante privilégios para os primeiros. O ódio resulta, então, de um sentimento

---

131 SOLOMOS, John; BACK, Les. *Racism and society*. Nova York: Palgrave, 1996; FANON, Franz. *Peles negras, máscaras brancas*. São Paulo: Ubu, 2020.

132 HOETNIK, H. *Slavery and race relations in the Americas*. Nova York: Harper, 1973, pp. 3-40.

CAPÍTULO IV – RACISMOS

de ameaça ao *status* individual e coletivo que pessoas brancas ocupam na sociedade.[133]

4.3 Racismo institucional

Muitos autores definiam o racismo como um problema comportamental. Eles partiam do pressuposto de que o comportamento aversivo em relação a membros de outros grupos raciais seria o produto de problemas de natureza psicológica, notoriamente de atitudes preconceituosas em relação a segmentos de pessoas que apresentam características fenotípicas e padrões étnicos diversos. O racismo seria, nesse caso, o produto de uma percepção inadequada do outro; essas percepções equivocadas seriam geradas por um problema de ordem cognitiva, o qual provocaria respostas emocionais negativas. A circulação de estereótipos e a ausência de contato com membros do outro grupo racial reforçam a noção de que todos os seus membros possuem as mesmas características, motivo pelo qual o sentimento de animosidade se torna generalizado. Essa compreensão ainda é responsável pela percepção de que o racismo é um fenômeno que ocorre apenas nas interações interpessoais e expressa as ações de *alguns* membros do grupo racial dominante. Nessa perspectiva, o racismo não pode ser um comportamento generalizado entre pessoas brancas, não está presente na operação de instituições e também não faz parte da cultura pública democrática, porque apenas reproduz uma compreensão inadequada que algumas pessoas têm em relação a outras.[134]

Essa percepção começou a se modificar na medida em que um número cada vez maior de estudos demonstrou que o racismo deve ser visto como um sistema de dominação social que se reproduz

---

[133] BANTON, Michael. *Racial theories*. Cambridge: Cambridge University Press, 1998, pp. 117-136.

[134] ALPORT, Gordon. *The nature of prejudice*. Nova York: Basic Books, 1979, pp. 3-46.

por meio de uma série de mecanismos. Primeiro, ele opera por meio de uma política cultural, uma vez que está fundamentado em representações que estabelecem diferenciações de valor entre grupos raciais. Essas representações não precisam ser abertamente racistas; a simples ausência de membros de minorias raciais nos meios de comunicação reproduz a mensagem de que apenas pessoas brancas são capazes de atuar de forma competente no espaço público. Segundo, esse sistema de dominação social não pode perdurar no tempo sem a ação de instituições públicas e privadas. Os indivíduos não discriminam os demais apenas enquanto agentes privados, mas também enquanto representantes de instituições.

Uma instituição, nesse sentido, pode ser compreendida como um sistema de regras sociais, culturais ou jurídicas que estruturam as relações sociais.[135] Pessoas jurídicas são, portanto, instituições – na medida em que sua manifestação no mundo real se dá exclusivamente a partir de um emaranhado de regras que definem atribuições e competências a pessoas naturais. Podemos chamá-las de instituições organizacionais. Conceitos jurídicos são, também nesse sentido, instituições – pois constituem regras de atribuição de bens e direitos que, de outra forma, poderiam ser destinados de maneira diversa. Vamos chamá-las de instituições jurídico-normativas, para fins de clareza.

Muitas das instituições organizacionais são integralmente controladas por pessoas brancas, o que lhes dá a possibilidade de conformar as normas de funcionamento delas para que o *status* privilegiado dos membros desse grupo seja reproduzido ao longo do tempo. Mesmo quando não atuam dessa forma, instituições organizacionais podem sistematicamente aplicar conceitos jurídicos pretensamente neutros, mas cujo desenho é determinante na produção de efeitos racialmente discriminatórios. Considerando

---

135 HODGSON, Geoffrey M. "What are institutions?" *Journal of Economic Issues*, vol. 40, n° 1, 2006, pp. 1-25.

CAPÍTULO IV – RACISMOS

que essas instituições conformam, em larga medida, a vida social, ao agirem desse modo, produzem efeitos discriminatórios graves e ampliados sobre todo um grupo social que com elas interage direta ou indiretamente.[136]

Dessa forma, racismo não deve ser visto apenas como um comportamento individual, mas também como uma prática institucional, porque dirigida ao propósito ou com o efeito de garantir vantagens competitivas para pessoas brancas, o que só pode ocorrer por meio do poder institucional.[137]

O racismo institucional pode, então, ser definido como uma prática discriminatória que impõe algum tipo de desvantagem para membros de grupos raciais e étnicos subalternizados. Como vimos anteriormente, essas práticas discriminatórias podem assumir a forma de discriminação direta, ou seja, um tratamento desvantajoso e intencional baseado na raça, ou a forma da discriminação indireta, a saber, uma norma ou prática moralmente neutra que tem um impacto desproporcional sobre os membros dos grupos acima mencionados. Práticas discriminatórias são referendadas por uma cultura institucional calcada em estereótipos racistas que reproduzem a ideia de que todos os integrantes de minorias raciais possuem os mesmos traços e que todos eles devem ocupar determinadas funções na sociedade. Embora essas normas possam não estar institucionalizadas, tornam-se uma prática que encontra legitimação no fato de que pessoas brancas controlam todas as posições de comando da instituição. Entretanto, elas serão apresentadas como forma de operação normal da instituição, e não como atitudes discriminatórias contra segmentos sociais específicos. Essa cultura institucional discriminatória encontra respaldo nas representações culturais que circulam pela sociedade, origem dos estereótipos que pautam as ações

---

[136] McCRUDDEN, Christopher. "Institutional discrimination". *Oxford Journal of Legal Studies*, vol. 2, nº 3, 1982, p. 303.

[137] OMI, Michael; WINANT, Howard. *Racial formation in the United States*: from the 1960s to 1990s. Nova York: Routledge, 1994, pp. 105-115.

de agentes institucionais. Isso permite que elas sejam apresentadas como atitudes necessárias para a defesa da sociedade, não podendo ser classificadas como racistas.[138]

A desvantagem decorrente do racismo institucional pode assumir diversas formas. Ela pode ter uma natureza econômica quando um membro de grupo racialmente subalternizado é impedido de ter oportunidades profissionais dentro de uma instituição ou impedido de estabelecer relações contratuais com uma instituição em virtude da raça. Ela pode ter uma natureza jurídica quando a discriminação assume uma violação de direitos que deveriam ser igualmente garantidos a pessoas negras e brancas, assumindo, portanto, uma violação do dever de tratamento simétrico entre todos. De outro lado, ela pode se manifestar também no campo jurídico quando a discriminação decorre de um tratamento simétrico em teoria, mas discriminatório na prática. Ela também pode ter uma natureza política quando o tratamento discriminatório implica uma desvantagem relacionada com a possibilidade de grupos raciais subalternizados possuírem as mesmas chances de representatividade nos processos de decisão coletiva. A desvantagem causada pelo racismo institucional também pode ser um atentado à dignidade de membros desses grupos quando impede que estes sejam vistos ou possam se afirmar como atores sociais competentes, submetendo-os a tratamentos que procuram referendar a ideia de que eles só podem ocupar posições subalternas dentro da sociedade.[139]

O racismo institucional pode, então, assumir quatro formas fundamentais. Ele pode ser uma negação de acesso a uma instituição, às oportunidades que deveriam estar abertas para

---

[138] MOREIRA, Adilson José. *Tratado de Direito Antidiscriminatório*. São Paulo: Contracorrente, 2020, pp. 457-458.

[139] Para uma análise da discriminação nos diferentes setores da vida de minorias, ver BANTON, Michael. *Discrimination*. Philadelphia: Open University Press, 1994; WOLFF, Jonathan. *Disadvantage*. Oxford: Oxford University Press, 2013.

CAPÍTULO IV – RACISMOS

membros de todas as raças. Essa exclusão pode decorrer do uso expresso do critério racial, ou da adoção de parâmetros de acesso às instituições que indiretamente permitem filtrar os membros de grupos racializados. Ele também ocorre quando grupos raciais subalternizados são tratados de formas discriminatória dentro da instituição: pessoas impedidas de terem ascensão profissional, de serem tratadas a partir dos mesmos princípios, ou que são tratadas de forma derrogatória por autoridades da instituição. O racismo institucional também pode ocorrer por meio do oferecimento diferenciado dos serviços da instituição em função dos estereótipos que circulam entre os membros da instituição. Assim, pessoas negras serão negligenciadas ou excluídas por aqueles que deveriam prestar serviços de forma igualitária; suas demandas não serão adequadamente contempladas, e os serviços serão voltados prioritariamente ou exclusivamente para os membros de grupos raciais dominantes. O racismo institucional assume ainda a forma de negação de acesso aos serviços das instituições públicas e privadas, as quais oferecem serviços que deveriam ser abertos a membros de todos os grupos, motivo pelo qual não podem negar acesso a eles. Isso ocorre, por exemplo, quando um hotel se recusa a hospedar pessoas negras ou quando um restaurante se recusa a servi-las.[140]

O racismo institucional implica a ausência de tratamento simétrico entre membros de minorias raciais dentro de uma instituição. Pensamos, aqui, o tratamento simétrico não como a aplicação de normas idênticas a indivíduos que, como vimos, partilham de realidades sociais substancialmente distintas. O tratamento simétrico, aqui, só pode ser compreendido como experiência igual diante da instituição. Assim, uma instituição que estabeleça critérios "simétricos" de seleção de seus profissionais, os quais, uma vez aplicados, excluem sistematicamente pessoas negras, não está tratando de maneira simétrica membros de diferentes grupos raciais – pelo

---

[140] MOREIRA, Adilson José. *Tratado de Direito Antidiscriminatório*. São Paulo: Contracorrente, 2020, pp. 463-465.

contrário, está praticando a já conceituada discriminação indireta. Esse tratamento discriminatório, vale lembrar, é consequência do interesse de muitos membros do grupo racial dominante em impedir que minorias raciais possam ter as mesmas oportunidades sociais que eles. Uma vez institucionalizado, no entanto, esse tratamento se torna relativamente independente das vontades individuais dos agentes institucionais.[141] O racismo institucional opera, portanto, por meio dos procedimentos presentes e normalizados em instituições públicas e privadas, procedimentos que expressam a forma e a experiência de pessoas brancas, o que cria dificuldades ou impede que pessoas negras possam expressar seus interesses nos seus próprios termos. O racismo institucional não ocorre apenas em uma instituição: ele expressa uma prática coletiva que implica procedimentos reproduzidos nas interações entre instituições. Dessa forma, o racismo praticado por membros de uma instituição que faz parte do sistema de justiça afeta o funcionamento das demais instituições vinculadas a esse mesmo sistema. Ele tem, então, um aspecto sistêmico devido à interligação entre as várias instituições públicas e privadas. Isso opera em dois níveis: por meio da reprodução das práticas discriminatórias e também por meio do efeito acumulado de desvantagens que restringem a possibilidade de minorias raciais terem tratamento igualitário nas instituições. Assim, o racismo sofrido na escola restringe o acesso ao mercado de trabalho; a discriminação no mercado de trabalho força pessoas à exclusão econômica.[142]

4.4 Racismo estrutural

A análise do racismo institucional possui grande importância para entendermos a forma como ações de atores públicos e privados

---

141 HODGSON, Geoffrey M. "What are institutions?" *Journal of Economic Issues*, vol. 40, n° 1, 2006, pp. 1-25.

142 FRIEDMAN, Robert. "Institutional racism: how to discriminate without really trying". *In*: PETTIGREW, Thomas. *Racial discrimination in the Unites States*. Nova York: Harper & Row, 1975, p. 386.

CAPÍTULO IV – RACISMOS

afetam o *status* coletivo de membros de grupos raciais subalternizados, mas precisamos também examinar outro aspecto para que a experiência deles possa ser compreendida da melhor forma possível. As práticas discriminatórias realizadas pelas diversas instituições sociais possuem outras dimensões relevantes que são raramente tematizadas nos estudos sobre relações raciais. Essas práticas não são apenas recorrentes, são também coletivas. Como o racismo é um sistema social que busca garantir vantagens competitivas para pessoas brancas, muitas delas estão coletivamente comprometidas com a preservação de práticas discriminatórias que procuram reproduzir essa situação. Muitas delas utilizam o controle sobre instituições públicas e privadas para tal objetivo, fato responsável pelo caráter sistêmico do racismo. Essa estratégia assume diferentes formas, notoriamente por meio da criação de normas de operação que representam os interesses dos membros do grupo racial dominante, o que depois se torna uma forma de operação normal da instituição. Uma vez criadas e implementadas, essas normas validam procedimentos que pretendem ser aplicados à generalidade das pessoas, mas que, na verdade, são elaborados para atender prioritariamente os interesses de grupos específicos.[143]

Por esse motivo, estudiosos afirmam que a compreensão do racismo não pode prescindir de uma análise da noção de estrutura. Dentro dessa literatura, esse termo designa a existência de práticas organizadas que regulam a operação das diversas instituições sociais; esse aspecto específico determina a maneira como seus agentes tratarão indivíduos de grupos distintos. Os procedimentos institucionais cristalizam modos de operação que expressam compreensões sobre os valores que diferenciam os vários segmentos sociais e como eles devem ser tratados em função dessas diferenças. Esse caráter procedimental implica uma dimensão sistêmica

---

[143] Cf. Para uma análise do funcionamento racializado dos sistemas sociais, ver BONILLA-SILVA, Eduardo. "Rethinking racism: toward a structural interpretation". *American Sociological Review*, vol. 62, nº 3, 1997, pp. 470-475.

da forma como pessoas racializadas são tratadas tendo em vista as distinções de *status* impregnadas nos modos de operação das instituições. A noção de estrutura implica ainda que ações institucionais não podem ser simplesmente identificadas com a vontade de indivíduos específicos, pois elas expressam os parâmetros de ação institucionalizados que operam de forma independente da vontade de um ou de outro. O racismo possui uma dimensão estrutural porque seu caráter sistêmico faz com que ele passe a atuar de forma independente das representações ou das ações das pessoas.[144]

A dimensão estrutural do racismo implica ainda que ele afeta todas as esferas da vida. Isso ocorre em função da natureza coletiva do racismo, uma vez que instituições sociais responsáveis pela regulação dos mais diversos aspectos da vida seguem uma lógica excludente. Como Derrick Bell (membro da Teoria Crítica Racial) observa, o racismo é, em nossa cultura, um elemento *central*, *normal* e *permanente*. Ou seja: vivemos em uma sociedade na qual a classificação dos indivíduos por raças, bem como o reparto de poder e recursos com base nessa classificação, é fator que *estrutura* a vida coletiva como um todo.

Devemos também estar atentos para o fato de que desvantagens enfrentadas em uma área têm implicações em outras áreas da vida. Assim, o indivíduo que sofre discriminação no espaço escolar encontra dificuldades para integração no mercado de trabalho; pessoas impedidas de ter acesso ao trabalho precisam superar obstáculos consideráveis para conseguirem moradia. A existência dessas várias formas de discriminação faz, portanto, com que membros de grupos raciais subordinados estejam em uma situação de grande vulnerabilidade, porque se encontram expostos a diferentes formas de violência, as quais geralmente não operam de modo autônomo.[145]

---

[144] Cf. ALMEIDA, Silvio Luiz. *Racismo estrutural*. São Paulo: Jandaíra, 2018.

[145] Cf. WOLF, Jonathan; DE-SHALIT, Avner. *Disadvantaged*. Oxford: Oxford University Press, 2007, pp. 21-36.

CAPÍTULO IV – RACISMOS

Membros de grupos raciais subalternizados não sofrem com práticas discriminatórias de alguns representantes de certas instituições em situações específicas. Eles são submetidos a tratamentos desvantajosos por *diversas* instituições ao longo de *toda* a vida, problema que afeta todos os membros desses segmentos sociais. Essa realidade traz consequências significativas, entre elas a dificuldade de mobilidade social. Os efeitos de práticas discriminatórias também afetam os membros das gerações seguintes, restringindo as chances de ascensão social. A discriminação sistemática enfrentada por essas pessoas cria dificuldades significativas para que possam participar dos processos decisórios, um obstáculo para que essa situação possa ser transformada. Por estarem ausentes dos espaços de poder, grupos raciais subalternizados enfrentam todo tipo de dificuldade para que seus interesses sejam considerados nos debates políticos. Estamos, então, diante de um sistema de dominação que se reproduz constantemente e, em grande parte, independentemente de vontades individuais. O controle do poder político, do poder econômico e do poder cultural por membros do grupo racial dominante garante o domínio de todas as instituições que regulam aspectos essenciais da organização da vida social. Ele permite tanto a reprodução dos modos de dominação quanto a negação de que ele exista. Mais importante, ele é sempre utilizado para impedir que alterações das diferenças de *status* entre grupos raciais possam ocorrer.[146]

4.5 Racismo interpessoal

Embora o racismo tenha uma dimensão institucional e uma dimensão estrutural, fatores relevantes para a reprodução da dominação racial, ele também ocorre nas interações humanas cotidianas. O que os estudiosos chamam de racismo interpessoal designa um

---

[146] Cf. MOREIRA, Adilson José. *Tratado de Direito Antidiscriminatório*. São Paulo: Contracorrente, 2020; SHAPIRO, Thomas. *The hidden cost of being African American*. Oxford: Oxford University Press, 2005.

tipo de atitude negativa de um indivíduo em relação a outro em função do pertencimento a um grupo racial, conjunto de pessoas vistas como diferentes ou inferiores. Essa manifestação do racismo está amplamente estruturada na introjeção das ideologias raciais correntes em uma dada sociedade, ideologias que estruturam a percepção de membros de um grupo racial sobre outros.[147] Nesse contexto, algumas dimensões do racismo interpessoal precisam ser analisadas de forma detalhada: a dimensão comportamental, a dimensão coletiva, a dimensão estética e a dimensão política.

O racismo interpessoal é definido como um tipo de comportamento motivado por processos mentais específicos. Certos autores afirmam que a mente humana opera por meio de um processo cognitivo que envolve três elementos: a percepção, a categorização e a generalização. Somos bombardeados por estímulos de toda natureza e, para que nossa existência possa fazer sentido, eles são classificados a partir de categorias socialmente aprendidas, o que nos permite fazer generalizações sobre conjuntos de indivíduos. Portanto, os seres humanos utilizam as informações que circulam na sociedade para moldar o próprio comportamento em relação a diferentes classes de indivíduos. Elas estão na base de preconceitos e estereótipos; se os primeiros designam reações emocionais negativas sobre membros de certos grupos, os segundos designam falsas generalizações que fazemos sobre pessoas. Se os preceitos têm uma natureza emocional, os estereótipos possuem uma natureza primordialmente cognitiva. Preconceitos levam as pessoas a evitarem contato com aqueles grupos que acreditam ser diferentes, fato responsável pela continuidade da percepção negativa sobre eles. Estereótipos convencem muitos indivíduos que o tratamento discriminatório direcionado a grupos subalternizados é justificado, porque os membros pertencentes a estes possuem o mesmo tipo de comportamento em todas as situações. O racismo interpessoal está fundamentado, então, nesses processos

---

147 Para uma análise dessa dimensão do racismo, ver, sobretudo: ALPORT, Gordon. *The nature of prejudice*. Nova York: Basic Books, 1979.

CAPÍTULO IV – RACISMOS

psicológicos responsáveis pela representação negativa e incorreta de membros de grupos raciais subalternizados, o que motiva comportamentos discriminatórios.[148]

Tendo em vista esses processos psicológicos, podemos dizer que o racismo interpessoal pode ter uma natureza intencional e arbitrária, mas também pode operar de forma inconsciente. A introjeção de representações negativas sobre membros de grupos raciais subalternizados não apenas motiva ações intencionais, mas também provoca reações automáticas. Como tem sido extensivamente mostrado por especialistas de psicologia cognitiva e de neurociência, estereótipos produzem disposições cognitivas implícitas que determinam a forma como julgamos outros indivíduos. A circulação de estereótipos raciais faz com que a raça opere como uma categoria cognitiva responsável por associações, conscientes e inconscientes, de características a determinados grupos humanos. Assim, a sociedade é treinada para identificar apenas qualidades positivas em pessoas brancas e qualidades negativas em pessoas negras. Essas disposições cognitivas implícitas determinam uma série de coisas: a nossa percepção de competência profissional e de comportamentos sociais adequados, as nossas preferências sexuais, a nossa percepção de quem tem maior ou menor disposição para a criminalidade, a motivação para interagir com diferentes pessoas.[149]

Mas o racismo interpessoal não está baseado apenas em representações inadequadas dos demais. Por ser um sistema de

---

[148] Cf. KRIEGER, Linda Hamilton. "The content of four categories: a cognitive bias approach to discrimination and equal employment opportunity". *Stanford Law Review*, vol. 47, n° 3, 1995, pp. 1161-1245; WHITLEY, Bernard; KITE, Mary. *The psychology of prejudice and discrimination*. Belmont: Wadsworth, 2010, pp. 39-121; MOREIRA, Adilson José. *Tratado de Direito Antidiscriminatório*. São Paulo: Contracorrente, 2020, pp. 358-380.

[149] Cf. KANG, Jerry. "Trojan horses of race". *Harvard Law Review*, vol. 118, n° 5, 2005, pp. 1491-1590; EBERHARDT, Jennifer. *Biased*: uncovering the hidden prejudice that shapes what we see, think, and do. New York: Penguin Books, 2020.

dominação social, o racismo consiste em uma série de práticas sociais que possuem uma dimensão individual e coletiva, práticas que procuram garantir a continuidade do *status* privilegiado do grupo racial dominante. Ele pode, então, ser descrito como um sentimento de posição de grupo, um sentimento de que pessoas brancas devem sempre ocupar posições de poder e prestígio, enquanto membros de grupos raciais subalternizados devem estar em uma situação de subordinação. Práticas racistas surgem não apenas em função da introjeção de estereótipos, mas da percepção de que a demandas de igualdade implicam uma perda de *status* social privilegiado. Assim, o racismo surge da intenção de membros do grupo racial dominante de impedir que pessoas negras possam ter as mesmas oportunidades que eles, pois interpretam que perderão poder e prestígio caso isso ocorra. Como há um objetivo coletivo de manutenção do *status* coletivo privilegiado, pessoas brancas agem individualmente para proteger a diferenciação de *status* por meio de práticas discriminatórias contra grupos raciais subalternizados.[150]

4.6 Racismo recreativo

Por ser um sistema de dominação social que procura garantir vantagens competitivas para aqueles socialmente classificados como brancos, a persistência do racismo requer um processo constante de legitimação cultural. Isso pode ocorrer de diversas maneiras, seja por meio da circulação aberta de estereótipos racistas, seja por meio de práticas discursivas que procuram mascarar sua natureza discriminatória. O racismo pode assumir a forma de uma política cultural que tem o propósito de referendar noções de diferenças essenciais entre grupos raciais, mas sem que isso possa parecer uma defesa aberta da supremacia branca. O racismo deixou de ser algo tolerado abertamente, motivo pelo qual seus modos de reprodução

---

[150] BLUMER, Hebert. "Race prejudice as a sense of group position". *The Pacific Sociological Review*, vol. 1, n° 1, 1958, pp. 3-7.

CAPÍTULO IV – RACISMOS

precisam ser encobertos. A utilização do humor hostil tem sido um dos meios a partir dos quais estereótipos racistas circulam sem que esse problema seja visto como discriminatório. Essa política cultural é especialmente presente no Brasil, nação na qual pessoas brancas e instituições controladas por elas utilizam o humor hostil para expressar desprezo contra minorias raciais, o que permite que as primeiras mantenham uma imagem social positiva, dado que o humor racista é socialmente aceitável. O racismo recreativo é uma estratégia de dominação que perpetua a noção de que os brasileiros cultivam uma cultura pública de cordialidade, ao mesmo tempo que recorrem ao humor racista para legitimar a dominação racial.[151]

O racismo recreativo representa o que alguns autores têm chamado de racismo sem racistas: um conjunto de estratégias supostamente impessoais que operam para reproduzir a discriminação, mas que não são atribuídas a pessoas ou instituições específicas. Essa política cultural tem um propósito: impedir que membros de minorias raciais possam ter o mesmo nível de respeitabilidade social que pessoas brancas possuem. As vantagens competitivas disponíveis para as últimas requerem que elas sejam vistas como as únicas capazes de atuar de forma competente no espaço público. O racismo recreativo é, então, uma política cultural responsável pela reprodução da ideia de que membros de minorias raciais não são aptos a desempenhar papeis de poder e prestígio na sociedade. Ele possui um caráter altamente estratégico, porque procura reproduzir o sistema de dominação racial presente na sociedade brasileira.[152]

O racismo recreativo pressupõe a operação de outras formas de racismo. Primeiro, ele parte do pressuposto de que estereótipos raciais são reproduzidos pelo racismo simbólico, por meio de uma configuração cultural que consiste em associações negativas entre

---

[151] MOREIRA, Adilson José. *Racismo recreativo*. São Paulo: Jandaíra, 2018, pp. 93-103.

[152] BONILLA-SILVA, Eduardo. *Racismo sem racistas*. São Paulo: Perspectiva, 2019.

negritude e moralidade. Essas associações, por sua vez, estão por trás de ideias a partir das quais as pessoas formam um campo representacional que opera como um meio de compreensão de mundo cujos membros de grupos raciais ocupam lugares naturais em função de suas características. O racismo recreativo também pressupõe o racismo aversivo, um tipo de comportamento a partir do qual pessoas expressam compromissos com ideais igualitários, mas procuram evitar contato próximo com membros de minorias raciais. Ele está amplamente relacionado com o tipo de racismo que analisamos anteriormente, pois indica que estereótipos raciais estão condicionando o comportamento mesmo de indivíduos que dizem ser contrários a eles. O caráter aversivo do racismo nos ajuda a explicar a articulação do humor racista com a narrativa da democracia racial: pessoas que praticam o racismo recreativo argumentam que não podem ser chamadas de racistas porque convivem com pessoas negras. Esse conceito nos ajuda, então, a perceber um aspecto muito relevante das relações raciais em nossa sociedade: como expressões de desprezo convivem com atitudes racistas encobertas pela noção de cordialidade.[153]

Mas dizer que piadas racistas são utilizadas de forma estratégica para legitimar hierarquias raciais significa dizer que o humor é um tipo de mensagem muito mais complexa do que pensamos. O humor é um dos mais estudados aspectos do comportamento humano ao longo da história, sendo que a primeira teoria sobre ele teve início no mundo antigo. Seus formuladores afirmam que a malícia é um de seus elementos centrais, pois rimos de situações ridículas nas quais pessoas consideradas inferiores estão envolvidas. Mais recentemente, psicólogos cognitivistas afirmaram que o objetivo central do humor é a produção de gratificação psicológica: obtemos prazer quando contamos piadas ou quando rimos de piadas porque o conteúdo delas afirma nosso sentimento de

---

[153] MOREIRA, Adilson José. *Racismo recreativo*. São Paulo: Jandaíra, 2018, pp. 45-51.

CAPÍTULO IV – RACISMOS

superioridade em relação a membros de certos grupos. Outros argumentam que o efeito cômico decorre de algo inesperado, de uma fala ou situação que desafia a lógica ou é contrária às nossas expectativas culturais.[154]

As duas compreensões do humor racista estão amplamente presentes no conteúdo de piadas racistas contadas em programas de televisão ou no ambiente de trabalho. A análise de personagens televisivos e do crime de injúria racial mostra que piadas racistas ou pressupõem a superioridade de pessoas brancas ou representam a igualdade entre negros e brancos como uma situação absurda. Assim, pessoas brancas racistas sempre comparam negros a animais, ou contam piadas cujo mote cômico são ideias de que negros podem ter o mesmo nível de respeitabilidade social delas, são parceiros sexuais socialmente desejáveis e podem ocupar posições de alto prestígio social. Todas essas piadas têm um propósito comum, cuja ênfase precisa ser enfatizada: demonstrar que membros de minorias raciais não são atores sociais competentes. Notamos a presença pervasiva de estereótipos descritivos e prescritivos: os primeiros designando supostas características inatas de pessoas negras, os outros indicando os únicos lugares que elas podem ocupar dentro da sociedade.[155]

O racismo recreativo é, então, uma política cultural que está fundamentada em alguns elementos importantes. Primeiro, ele procura fornecer gratificação psicológica para pessoas brancas por meio da reprodução da ideia de que elas são racialmente superiores. Segundo, ele opera como um meio de legitimação social porque referenda um tipo de organização na qual membros de grupos raciais ocupam funções distintas e específicas. Terceiro, ele possui uma função pedagógica porque procura persuadir pessoas negras que elas não podem demandar o mesmo nível de respeitabilidade

---

[154] MOREIRA, Adilson José. *Racismo recreativo*. São Paulo: Jandaíra, 2018, pp. 67-78.

[155] MOREIRA, Adilson José. *Racismo recreativo*. São Paulo: Jandaíra, 2018, pp. 132-138.

social gozado por pessoas brancas. Quarto, ele está baseado nos sentimentos de inferiorização e antipatia social decorrentes de uma política representacional fundada em imagens derrogatórias de minorias raciais por meio do humor, o que permite pessoas brancas expressarem desprezo e ódio por minorias raciais, mas garante a preservação de uma imagem social positiva. Quinto, a hostilidade implícita em piadas racistas pode ser caracterizada como um discurso de ódio porque propaga a noção de que grupos raciais subalternizados não merecem respeitabilidade social, o que compromete o *status* material dos seus membros ao longo das gerações, um dos motivos da estratificação racial.[156]

4.7 Racismo cultural

O racismo cultural diz respeito à depreciação e ao aviltamento de valores, crenças, mitos e ritos associados a grupos raciais subalternizados. Como mecanismo para preservar a segregação racial e a dependência econômica neocolonial, nossa sociedade calca-se em uma "exaltação da ocidentalidade", que tem como corolário a rejeição – e a perseguição sistemática – da *indigenidade* e da *africanidade*. A dominação racial opera-se não apenas nas esferas da economia, da política e do Direito, mas, também, no campo cultural, nos domínios do imaginário: linguagem, arte, religião, filosofia, além de outros domínios. A desvalorização ideológica de elementos simbólicos associados a tradições não europeias constitui uma ferramenta importante de controle, que legitima, aos olhos de dominadores e dominados, estruturas de exclusão e espoliação, e trabalha em prol da internalização dos valores do opressor. Saberes ancestrais, rituais religiosos, formas de expressão artística, trajes típicos, dietas alimentares e, até mesmo, maneiras de se mover e se comunicar – no seio de um projeto imperialista de organização

---

[156] MOREIRA, Adilson José. *Racismo recreativo*. São Paulo: Jandaíra, 2018, pp. 147-159.

CAPÍTULO IV – RACISMOS

do mercado global –, tudo pode tornar-se objeto de *violência cultural*.[157] Lélia Gonzalez, por exemplo, escreveu inúmeras reflexões a respeito do combate ao *pretuguês*, termo cunhado por ela para designar a apropriação da língua portuguesa feita pelos povos afrodiaspóricos deslocados para o território brasileiro. Ademais, são incontáveis os relatos de mulheres e homens pretos e pardos destratados, na rua ou em seus ambientes de trabalho, por possuírem tranças, *dreadlocks* ou cabelos *black power*.[158]

Para além de atos individuais de discriminação, o racismo cultural, em nosso país (e no Ocidente, como um todo), desenvolve-se como um sistema institucionalizado de opressão. O Estado brasileiro tem contribuído, ativamente, na repressão de manifestações artísticas e religiosas indígenas e afrodiaspóricas – de sorte que os esforços para salvaguardar as identidades culturais de comunidades não brancas, em nosso território, configuram-se em gestos de *resistência política*.[159] Como Lélia Gonzalez já salientou, a luta em nome da africanização da cultura brasileira é uma "resposta crítica da comunidade negra em face dos dominadores".[160] Algumas situações ajudam a ilustrar o argumento de Gonzalez. Por anos, dimensões importantes da cultura afro-brasileira – como a capoeira e o samba – foram consideradas ilegais. E mesmo que o samba já não figure mais como uma infração, nas últimas décadas, diversas iniciativas voltadas à criminalização do *hip-hop* e do *funk* foram debatidas.

---

[157] Sobre o "racismo linguístico", em específico, recomendamos a leitura de NASCIMENTO, Gabriel. *Racismo linguístico*: os subterrâneos da linguagem e do racismo. Belo Horizonte: Letramento, 2019.

[158] A propósito, ver BRAGA, Amanda. *História da beleza negra no Brasil*: discursos, corpos, práticas. São Carlos: EdUFSCAR, 2015.

[159] Sobre a importância da arte negra como forma de resistência política, ver DAVIS, Angela. *Blues legacies and Black Feminism*. New York: Pantheon Books, 1998.

[160] GONZALEZ, Lélia. "O movimento negro na última década". *In*: GONZALEZ, Lélia; HASENBALG, Carlos. *Lugar de negro*. Rio de Janeiro: Editora Marco Zero, 1982, p. 27.

Com base nos tipos penais de apologia ao crime e de desacato à autoridade, vários artistas da periferia – em especial aqueles ligados à realização de bailes *funk* – foram presos ao longo dos anos. Casos emblemáticos foram os de MC Didô e MC Poze. Além disso, com a conivência das autoridades públicas, milicianos e traficantes têm, reiteradamente, atacado os povos de terreiro. São incontáveis os relatos de pais e mães de santo expulsos de suas casas por grupos criminosos.[161] Nesse contexto, é importante mencionar ainda que, embora a legislação pátria assegure o direito à assistência religiosa aos encarcerados, são raríssimos os sacerdotes vinculados ao candomblé que conseguem autorização para (à semelhança de padres e pastores evangélicos) ingressar em prisões a fim de desempenhar seu ofício junto aos membros de sua comunidade.[162]

Os exemplos citados acima – da capoeira, do samba, do *funk* e das religiões de matriz africana – evidenciam a persistência, em nosso país, do racismo cultural, que funciona como instrumento essencial da "ideologia do branqueamento". A desvalorização de símbolos ligados à população negra alimenta o ideário da "supremacia branca", serve-lhe como arcabouço superestrutural. Vivemos em uma permanente batalha discursiva contra o neocolonialismo cultural e no afã de perpetuar valores artísticos e religiosos afro--brasileiros. Nesse sentido, o ordenamento jurídico brasileiro tem, o mais das vezes, contribuído para segregar a cultura afrodiaspórica, reproduzindo uma visão eurocentrada da nossa realidade.

Nos próximos tópicos, apresentaremos, de forma sintética, dois desdobramentos do racismo cultural: o epistemicídio e as

---

[161] Ver HOSHINO, Thiago de Azevedo Pinheiro. *O Direito virado no santo*: enredos de nomos e axé. Curitiba: Universidade Federal do Paraná, 2020. Tese (Doutorado em Direito). A propósito da intolerância religiosa vivenciada pelos povos de terreiro, ver NOGUEIRA, Sidnei. *Intolerância religiosa*. São Paulo: Pólen, 2020.

[162] Cf. QUIROGA, Ana Maria. "Religiões e prisões no Rio de Janeiro: presença e significados". *In*: QUIROGA, Ana Maria *et al.* (Coord.). *Comunicações do ISER*, nº 61, 2005, pp. 13-21.

CAPÍTULO IV – RACISMOS

imagens de controle. Nosso intuito não é esgotar tais temas – que são objeto de vasta fortuna crítica –, mas empreender uma discussão inicial a respeito de seus aspectos principais, com o fito de estimular o debate, mormente junto às escolas de Direito.

4.7.1 Epistemicídio

Episteme é a palavra grega que designa saber, conhecimento, ciência. Em Michel Foucault – que terá grande influência sobre os debates decoloniais e pós-coloniais – *episteme* corresponde à "visão de mundo" de uma sociedade, o conjunto de saberes, conhecimentos e ciências por ela entendido como *legítimo*. Assim, *epistemicídio* – categoria que se consagrou com Boaventura de Sousa Santos,[163] mas que foi antecipada pelo trabalho de intelectuais negros, como Sueli Carneiro[164] – constitui-se no *extermínio* de "visões de mundo", de tradições. É o esforço para, em uma civilização (pós-)escravista e (neo)colonial, erradicar saberes advindos de culturas dominadas. A marcha de "ocidentalização" do planeta se constituiu como um articulado processo de epistemicídio.

O racismo epistêmico trabalha para invalidar saberes que não se ajustem à concepção eurocentrada de racionalidade – marcada pela abstração, pela linguagem "impessoal", pela pretensão à "objetividade" e pelas contraposições (artificiosas) entre conhecimento e afeto, cultura e natureza, mente e corpo etc. Trata-se de uma estratégia para *desumanizar* povos não brancos, retratados como incapazes de pensar por si mesmos – logo, impossibilitados de tomar decisões sem a tutela do homem branco. Esse "encobrimento do Outro" resulta na invisibilização de suas crenças e valores, na progressiva

---

163 Cf. SANTOS, Boaventura de Sousa. *Pela mão de Alice*: o social e político na pós-modernidade. 4ª ed. São Paulo: Cortez, 1997.

164 Ver CARNEIRO, Sueli. *A Construção do outro como não-ser como fundamento do ser*. São Paulo: Universidade de São Paulo, 2005. Tese (Doutorado em Educação).

erosão de suas culturas.[165] Negro e índio, nessa conjuntura, são impedidos de falar por si sós – o branco, detentor da tecnociência, fala (e pensa) por eles, arrasta-os para a sua própria cosmovisão, seu próprio esquema – totalizante e totalitário – de representação do real.[166] Os corpos não brancos são, dessa forma, domesticados, docilizados, massificados e assepsiados, para serem inseridos como mão de obra barata na dinâmica do capitalismo moderno.

A Ciência do Direito também se encontra maculada por tendências epistemicidas. No correr da modernidade, o Estado soberano – centralizado, burocratizado, construído à imagem e semelhança da razão instrumental europeia – tornou-se, gradualmente, o "detentor do monopólio do uso legítimo da violência", isto é, a única instância legitimada para dizer o Direito (*juris dicere*), criar normas e dirimir litígios. Para tanto, combateu, avidamente, outras formas de organização da vida comum e de solução de conflitos.[167] Os ordenamentos jurídicos de quilombos, terreiros, tribos e aldeias foram, paulatinamente, marginalizados, lançados à clandestinidade, retratados como formas "irracionais", "anárquicas" e "bárbaras" de gestão das relações intersubjetivas.[168] Doravante, apenas a lei geral e abstrata, exarada por instituições modeladas nos marcos dos modernos Estados do Norte global, é considerada relevante para a atividade dos juristas. O despontar de uma teoria *pura* do Direito – expurgada de qualquer influência "externa", da intrusão de qualquer elemento advindo do magma da vida social, sonhos, desejos e aflições populares – coroa um

---

[165] Ver DUSSEL, Enrique. *1492*: O encobrimento do outro (a origem do mito da modernidade). Trad. Jaime A. Ciasen. Petrópolis: Vozes, 1993.

[166] Ver GONZALEZ, Lélia. "Racismo e sexismo na cultura brasileira". *Revista Ciências Sociais Hoje*, Anpocs, 1984, pp. 223-244.

[167] Cf. ALMEIDA, Philippe Oliveira de. "Da insularidade da utopia à insularidade do Estado: o monopólio da violência no Antigo Regime e na Revolução Francesa". *Morus*: Utopia e Renascimento, Campinas, vol. 12, 2017, pp. 57-80.

[168] A propósito, ver WOLKMER, Antônio Carlos. *Pluralismo jurídico*: fundamentos de uma nova cultura do Direito. São Paulo: Alfa-Omega, 1997.

processo multissecular de *redução do jurídico ao estatal*. Ora, toda comunidade (e isso inclui vilas, favelas, assentamentos...) cria seus próprios mecanismos de administração da justiça e de conciliação de interesses. O juspositivismo, no entanto, rejeita tais mecanismos – saberes populares, que muitas vezes refletem costumes ancestrais! – como absurdos e irrelevantes, por não se subordinarem aos paradigmas de "cientificidade" (ou de *pureza* teórico-metodológica) que as epistemologias do norte entendem como aceitáveis. Nesse sentido, também o ensino jurídico, hoje, precisa se *descolonizar*, se *aquilombar*, abrindo-se à pluralidade de formas de resolução de conflitos que (para além daquelas validadas pelo formalismo jurídico) despontam de nossas relações cotidianas. Precisamos, para além dos fóruns e dos tribunais, (re)encontrar o Direito que se forja nas ruas, nos becos, nas vielas, nas praças, nos quintais, nas cozinhas – Direito que espelhe os saberes sujeitados e as culturas dominadas, Direito (re)encantado que transcenda os limites impostos pelos padrões eurocentrados de racionalidade.[169]

4.7.2 Imagens de controle

Imagens de controle são representações caricaturais de grupos vulneráveis feitas com o intuito de desumanizá-los, de modo a normalizar as posições de subalternidade a eles impostas. Os mitos de que os índios seriam preguiçosos, os negros, malandros, e as mulheres, histéricas, são típicas imagens de controle, que servem para "justificar", em nossa cultura, as violências e as exclusões de que tais populações são vítimas.[170] As representações que fazemos do Outro (na literatura, nas artes plásticas e no cinema, por exemplo) nunca são "neutras" face às tensões político-sociais nas quais nos

---

[169] Cf. SIMAS, Luiz Antonio; RUFINO, Luiz. *Fogo no mato*: a ciência encantada das macumbas. Rio de Janeiro: Mórula, 2018.

[170] Uma brilhante reflexão sobre o conceito de "imagens de controle" pode ser encontrada em BUENO, Winnie. *Imagens de controle*: um conceito do pensamento de Patricia Hill Collins. Porto Alegre: Zouk Editora, 2020.

encontramos imersos. A cultura dominante frequentemente recorre a imagens de controle para cristalizar, em papeis sociais predeterminados (o "lugar natural" de que fala Lélia Gonzalez), setores da população. Em nossa civilização, negros são alvos privilegiados das imagens de controle que deles constroem representações sociais manipuladas pelo racismo cultural.

Imagens raciais de controle – a produção em massa de estereótipos ligados a grupos raciais dominados – têm efeitos diretos sobre a política e o Direito. Após o 11 de Setembro, as prisões, por crime comum (sem qualquer vínculo com ações terroristas), de árabes radicados nos Estados Unidos cresceu exponencialmente.[171] Ora, após a derrubada das Torres Gêmeas, essa população começou a praticar mais furtos e roubos? É evidente que não! Mas a mídia televisiva e impressa, no afã de respaldar a Guerra ao Terror, patrocinou a ideia de que árabes (e seus descendentes) seriam naturalmente propensos à violência, "homens-bomba" em potencial.[172] Similarmente, no auge do processo de imigração chinesa para os Estados Unidos, a imprensa norte-americana disseminou a crença de que pessoas amarelas seriam dissimuladas, viciadas em drogas e vetores de doenças como a varíola.[173]

Nos domínios do racismo cultural, brancos são sempre retratados como indivíduos singulares com aspirações e temores próprios, os quais são definidos por suas trajetórias pessoais. Não brancos, em contrapartida, não possuem individualidade – seus comportamentos são condicionados por sua raça, que lhes tolhe a capacidade de formular qualquer agenda particular. É por isso

---

[171] Cf. DAVIS, Angela. *Estarão as prisões obsoletas?* Trad. Marina Vargas. Rio de Janeiro: Difel, 2018.

[172] A propósito, recomendamos a leitura de SONTAG, Susan. "Sobre a tortura dos outros". In: _____. *Ao mesmo tempo*. Trad. Rubens Figueiredo. São Paulo: Companhia das Letras, 2008.

[173] Ver TCHEN, John Kuo Wei; YEATS, Dylan. *Yellow Peril!*: an archive of anti-Asian fear. Nova York: Verso, 2014.

CAPÍTULO IV – RACISMOS

que, no carnaval, muitos se fantasiam de "índio" ou de "nega maluca", mas não de "branco": brancos são vistos como sujeitos específicos, dotados de crenças e valores demarcados por suas biografias; não brancos, por outro lado, são coletividades cujas ações apenas reproduzem virtudes e vícios atávicos. Assim, haveria um "modo de ser" essencialmente indígena ou negro – mas não um "modo de ser" essencialmente branco. Essa redução do Outro a estereótipos o *infantiliza* e o *animaliza*, dele subtraindo o direito de estabelecer demandas próprias.[174]

Algumas imagens de controle vinculadas à população afrodescendente podem ajudar na compreensão de nosso argumento. Patrícia Hill Collins escreveu diversos textos[175] para criticar a figura da *Nanny* – constante na literatura e no cinema norte-americanos –, a "mãe preta", escravizada e vilipendiada, que seria "submissa" e "grata" aos seus senhores, leal à casa-grande, conformada com seu destino. Esse estereótipo trabalharia para incutir a ideia de que mulheres negras devem ser "maternais", "acolhedoras" e comprometidas com as tarefas de "cuidado". Paralela a essa representação, temos a imagem do homem negro "predador sexual" – incitada pelo cineasta D. W. Griffith no filme *O nascimento de uma nação*, obra capital para o renascimento da Klu Klux Klan. Os negros seriam biologicamente menos "evoluídos" que os brancos e, por isso, teriam menor controle sobre seus impulsos sexuais – o que faria deles estupradores por natureza. Trata-se de um mito persistente no âmbito da cultura estadunidense e frequentemente operacionalizado para jogar no cárcere, sem provas, indivíduos pretos e pardos acusados de crimes sexuais. Por fim, no Brasil, uma célebre imagem de controle pode ser encontrada na "mulata tipo exportação". Nos quadros dessa caricatura, mulheres pretas e pardas seriam devassas, lascivas,

---

174 Sobre o tema, remetemos à leitura do clássico FANON, Frantz. *Pele negra, máscaras brancas*. Trad. Renato da Silveira. Salvador: EDUFBA, 2008.

175 Cf. FIGUEIREDO, Ângela. "Somente um ponto de vista". *Cadernos Pagu*, Campinas, nº 51, 2017.

ansiosas para que seus corpos sejam *objetificados* – o que validaria situações de assédio e exploração sexual. Semelhante representação serve para obnubilar a real importância da mulher negra na constituição da identidade brasileira.[176]

4.8 A retórica racista da transcendência racial

A desigualdade racial entre negros e brancos em nossa sociedade expressa a presença pervasiva do racismo em todas as dimensões da vida dos indivíduos: mulheres negras são mais expostas ao problema da violência obstétrica, as chances de crianças negras morrerem na hora do parto são maiores, a qualidade do tratamento médico oferecido a pessoas negras é inferior, crianças negras permanecem menos tempo na escola, negros ganham metade do salário de homens brancos, são as principais vítimas de violência policial, são a maioria dos indivíduos assassinados pela polícia. Essas tremendas disparidades sociais têm motivado a mobilização política da população negra, movimento que tem encontrado alguma reverberação nas instituições governamentais. Muitas instituições públicas e privadas implementaram uma série de medidas para diminuir as disparidades entre grupos raciais, iniciativas que atendem o objetivo constitucional de diminuir diferentes formas de discriminação racial.

Apesar da base constitucional para essas ações, elas têm sido amplamente contestadas por diversos segmentos sociais. Embora esses mesmos grupos nunca se pronunciem contra formas persistentes de marginalização racial, tendo acesso a todas as oportunidades sociais que permitem o gozo de uma vida integrada, eles argumentam que ações afirmativas são formas de discriminação racial incompatíveis com nossa ordem jurídica. O argumento

---

[176] A propósito, recomendamos a leitura de GONZALEZ, Lélia. "Beleza negra, ou ora-yê-yê-ô!" *In*: _____. *Primavera para as rosas negras*: Lélia Gonzalez em primeira pessoa. São Paulo: Diáspora Africana, 2018.

CAPÍTULO IV – RACISMOS

utilizado por pessoas brancas e instituições controladas por elas contrárias a essas iniciativas possui a mesma estrutura. Elas argumentam que ações afirmativas são ilegais porque violam o princípio constitucional da igualdade. Para elas, esse mandamento constitucional exige que todas as pessoas sejam tratadas da mesma forma; critérios de tratamento diferenciado devem observar uma relação racional com fins estatais legítimos. Nesse sentido, cotas raciais seriam contrárias a esses princípios porque a raça não é um indicador da capacidade das pessoas para desempenharem qualquer tipo de atividade social.[177]

Esse argumento encontra fundamentação na articulação entre argumentos jurídicos e teses sociológicas. Seus defensores afirmam que brasileiros conseguiram construir uma cultura pública baseada na cordialidade racial, motivo pelo qual o racismo tem pouca ou nenhuma relevância em nossa sociedade. O processo de miscigenação desta impede que a raça seja um parâmetro utilizado na construção de identidades individuais e coletivas. A identidade nacional é a principal forma de representação pessoal e coletiva dos brasileiros, motivo pelo qual políticas públicas baseadas no quesito racial representariam um processo de racialização que nunca existiu em nossa sociedade. Esses argumentos fundamentam, assim, a utilização de uma interpretação procedimental da igualdade: esse princípio existe apenas para garantir o tratamento simétrico entre indivíduos igualmente situados, e, como a raça não tem relevância neste país, ela não deve ser base para diferenciações estatais entre as pessoas.[178]

---

[177] Esses argumentos podem ser encontrados em FRY, Peter *et al. Divisões perigosas*: políticas raciais no Brasil contemporâneo. Rio de Janeiro: Civilização Brasileira, 2007. Para uma crítica a eles, ver MOREIRA, Adilson José. "Miscigenando o círculo do poder: ações afirmativas, diversidade racial e sociedade democrática". *Revista da Faculdade de Direito da URPR*, vol. 61, nº 2, 2017, pp. 117-148.

[178] Uma análise desses argumentos podem ser encontrada em FERES JR; João; CAMPOS, Luiz Augusto. "O discurso freyreano sobre as cotas raciais:

Essas teses formam, então, a estrutura discursiva da retórica da transcendência racial, um tipo de narrativa que procura legitimar uma forma de organização social que sistematicamente beneficia pessoas brancas. Os que são contrários a medidas de integração baseadas na raça só se manifestam contra elas quando instituições governamentais as utilizam para implementar medidas destinadas à integração de minorias raciais. O argumento da meritocracia aparece aqui para cumprir duas funções importantes. Primeiro, para defender o tratamento igualitário em uma sociedade que supostamente tem compromisso com esse princípio, algo que nunca ocorreu em nenhum momento da nossa história, o que mostra seu caráter altamente estratégico. Segundo, para garantir a proteção da imagem social de pessoas brancas, porque ações afirmativas sugerem uma relação direta entre opressão negra e privilégio branco, o que diversos grupos sociais procuram ocultar a todo custo.[179]

O discurso da transcendência racial representa nossa sociedade como uma comunidade política essencialmente comprometida com o tratamento igualitário entre todos os grupos raciais, algo que nunca fez parte da nossa realidade. Essa narrativa tem um caráter altamente estratégico porque parte do pressuposto de que o problema a ser resolvido são políticas públicas que utilizam a raça para promover a inclusão racial, e não as práticas racistas que sempre criaram desvantagens sistemáticas para minorias raciais ao longo de toda a nossa história. Nessa lógica, o problema da raça se torna um problema apenas quando são tomadas medidas antidiscriminatórias que procuram diminuir disparidades raciais, problema que sempre reforça o *status* cultural e material privilegiado gozado por pessoas brancas. Para alcançarem esse objetivo,

---

origem, difusão e decadência". *In*: PAIVA, Ângela Randolpho (Coord.). *Ação afirmativa em questão*: Brasil, Estados Unidos, África do Sul e França. Rio de Janeiro: Pallas, 2013, pp. 116-150.

[179] Uma análise crítica desses argumentos pode ser encontrar em MOREIRA, Adilson José. *Pensando como um negro*: ensaio de hermenêutica jurídica. São Paulo: Contracorrente, 2019, pp. 195-212.

CAPÍTULO IV – RACISMOS

seus propositores utilizam uma leitura falsa da história social brasileira. Eles argumentam que podemos entender nossa história como um processo racional em direção à superação das divisões raciais presentes no período colonial. Para eles, a escravidão nunca esteve realmente baseada na inferiorização racial, mas era apenas um imperativo determinado pelo interesse em utilizar grupos mais qualificados para desempenhar tarefas econômicas. Mecanismos de discriminação não aparecem nessa narrativa, porque pessoas brancas são atores racionais que sempre atuam a partir de princípios democráticos, sempre operam dentro da legalidade, embora possam ocorrer algumas poucas exceções.[180]

O discurso da transcendência racial utiliza princípios jurídicos emancipatórios de forma estratégica contra ações afirmativas. Eles fazem referência ao preceito da dignidade humana, ao princípio da não discriminação e à ideia de justiça social para demonstrar que ações afirmativas são perniciosas. Esses preceitos são usados para afirmar que medidas de inclusão racial são discriminatórias e que pessoas brancas precisam ser protegidas contra elas. O discurso da inocência branca ocupa, então, um papel central na noção de transcendência racial, uma vez que existe para afirmar que pessoas brancas do momento presente não são, individualmente ou coletivamente, responsáveis por fatos passados, nem incorrem em atividades discriminatórias no presente que tornem ações afirmativas necessárias. O discurso da miscigenação aparece dentro dessa retórica para reforçar a ideia da inocência branca, ao afirmar que todos os brasileiros brancos possuem origem africana, motivo pelo qual não podem ser vistos como racistas. Desse modo, a neutralidade racial se mostra como a única forma de tratamento justo em

---

[180] Uma análise desses argumentos pode ser encontrada em MOREIRA, Adilson José. "Discourses of citizenship in American and Brazilian affirmative action cases". *American Journal of Comparative Law*, vol. 62, nº 2, 2016, pp. 455-499.

uma sociedade na qual a raça não determina nem os destinos dos indivíduos, nem opera como um fator de classificação interpessoal.[181]

O discurso da transcendência racial parece sedutor para muitas pessoas, pois reflete uma realidade que atesta uma suposta superioridade moral do nosso povo em relação a outros que adotaram sistemas legalizados de discriminação racial. Entretanto, essa narrativa cultural e jurídica se mostra problemática porque não faz a devida distinção entre *discriminação legalmente sancionada* e *discriminação socialmente praticada*. Práticas sociais e normas legais racialmente neutras sempre promoveram a exclusão social de minorias raciais ao longo de nossa história, razão pela qual esse argumento se mostra altamente problemático. A segregação racial é um dado central da realidade brasileira: a população negra está grandemente concentrada em bairros pobres e excluída de processos decisórios e compõe a maior parte dos desempregados. Porém, a retórica da transcendência racial oferece uma resposta imediata para isso, resposta utilizada por pessoas brancas de esquerda e de direita: todas essas diferenças entre brancos e negros são o produto de diferenças de classe social, e não o produto de práticas racistas. Essa narrativa racial impede, então, que o tema da injustiça racial seja reconhecido e adequadamente tratado, porque seu propósito está diretamente relacionado com a manutenção de uma ordem social que promove tratamento injusto a negros e indígenas e desvantagens indevidas para brancos.

---

[181] Ver, nesse sentido: TELLES, Edward. *Racismo à brasileira*: uma nova perspectiva sociológica. Rio de Janeiro: Relume-Dumará, 2003, pp. 69-103; PAIXÃO, Marcelo. "A Santa aliança: estudo sobre o consenso crítico às políticas de promoção da equidade racial no Brasil". *In*: ZONINSTEIN, Jonas; FERES JUNIOR, João. *Ação afirmativa no ensino superior brasileiro*. Belo Horizonte: UFMG, 2008, pp. 135-174.

CAPÍTULO V

JUSTIÇA RACIAL

Fizemos uma série de referências ao tema da justiça racial nos capítulos anteriores, mas não apresentamos nenhuma definição precisa desse termo. Devemos, então, falar sobre esse tópico de importância central para a nossa argumentação, uma vez que toda a proposta de uma educação jurídica antirracista tem a noção de justiça racial como ponto de partida e como ponto de chegada. Nosso projeto tem início com a discussão do tema mais básico e mais importante das reflexões jurídicas: as várias formas a partir das quais normas legais podem promover justiça social. Se hoje uma parte significativa de professores e professoras iniciam suas aulas sem apresentar uma concepção de justiça a partir da qual discutirão os tópicos a serem abordados ao longo do semestre letivo, a educação jurídica antirracista requer que esse seja o assunto inicial de todas as disciplinas. Sabemos que falar sobre justiça significa discutir os padrões de racionalidade característicos dos diferentes paradigmas constitucionais; todos os campos do Direito estão construídos a partir de normas estruturadas sobre temas que envolvem questões substantivas e procedimentais de justiça, uma vez que todos os sistemas constitucionais democráticos operam para garantir igualdade e liberdade para todos nas suas várias manifestações. Por esse motivo, a noção de justiça precisa voltar a fazer parte dos currículos das nossas instituições de ensino jurídico, não apenas como um princípio abstrato, mas, sim, como um objetivo coletivo cujo alcance depende da discussão sobre seus sentidos e propósitos em sociedades democráticas por vários segmentos sociais.

A justiça racial é um desdobramento da discussão sobre esse tema fundamental de todas as disciplinas jurídicas. Ela não deve ser apresentada como um problema desconectado desse debate mais amplo; precisa ser abordada como um ponto central para entendermos os significados que esse tema deve ter no atual paradigma constitucional. Sobre o que falamos quando utilizamos o termo justiça racial? Esse conceito implica algumas considerações sobre os significados da cidadania, sobre os padrões de relações raciais presentes em uma sociedade, sobre as funções das instituições estatais no atual paradigma constitucional, sobre as relações entre justiça social e regime democrático e sobre as funções de normas antidiscriminatórias na efetivação do projeto de transformação social presente em nosso ordenamento jurídico. O último aspecto, de grande importância para este livro, raramente surge nas discussões sobre esse tópico nos debates jurídicos e políticos sobre igualdade racial: o fato de que nosso texto constitucional institui parâmetros para um projeto de reconstrução das relações sociais e práticas institucionais para que possamos alcançar maiores níveis de justiça em nossa sociedade. Esse aspecto deve conformar toda a discussão sobre a educação jurídica antirracista: de que forma os programas das diferentes disciplinas podem ser apresentados de maneira que possam motivar alunos e alunas a enfatizarem o caráter emancipatório de normas constitucionais.

5.1 Cidadania racial

O que chamamos de justiça racial está amplamente relacionado com o tema da cidadania racial, o que acreditamos ser uma diretriz importante para a estruturação de uma pedagogia jurídica

CAPÍTULO V – JUSTIÇA RACIAL

antirracista. A cidadania tem sido classificada como um princípio constitucional estruturante, o que implica sua função teleológica no processo de interpretação de normas jurídicas e na implementação de políticas públicas. Por ser um princípio estruturante, opera como um parâmetro interpretativo de normas de direitos fundamentais, além de ser um objetivo de medidas estatais destinadas à melhoria das condições de vida da população. A cidadania não designa apenas um tipo de *status* jurídico e político; ela também compreende a noção de pertencimento social, de gozo de estima social. Por esse motivo, a ideia de cidadania tem sido relacionada, na jurisprudência dos nossos tribunais, com a noção de igualdade moral, expressão que denota a ideia de que membros de todos os grupos sociais devem ser reconhecidos como merecedores do mesmo tipo de proteção estatal e de consideração por parte de todos os membros da comunidade política.[182]

O princípio constitucional da cidadania também engloba a ideia de cidadania racial, porque a raça tem operado como um critério de tratamento diferenciado que limita o acesso a direitos fundamentais. Práticas racistas impedem que membros de minorias raciais possam ter o mesmo *status* cultural e o mesmo *status* material que pessoas brancas possuem; elas criam obstáculos para que os primeiros alcancem o mesmo nível de respeitabilidade social dos últimos, como também as mesmas oportunidades materiais. Práticas racistas reproduzem a noção de que membros de minorias raciais não podem atuar de forma competente no espaço público, requisito essencial para que possam ter acesso a direitos. É por esse motivo que alguns autores utilizam o conceito de cidadania igualitária, termo que pressupõe a noção de que o tratamento equitativo entre as pessoas requer a ausência de representações

---

[182] Ver, nesse sentido: CANOTILHO, José J. Gomes. *Direito Constitucional teoria da Constituição*. 7ª ed. Lisboa: Almedina, 2013, pp. 1164-1170; MOREIRA, Adilson José. *Cidadania sexual*: estratégia para ações inclusivas. Belo Horizonte: Arraes, 2017, pp. 147-204; MOREIRA, Adilson José. "Cidadania racial". *Quaestio Iuris*, vol. 10, nº 2, 2017, pp. 1052-1089.

culturais estigmatizantes, porque os indivíduos precisam ser vistos como atores sociais competentes a fim de receberem o mesmo tipo de tratamento no espaço público.[183]

O racismo é um sistema de dominação que causa danos significativos para grupos raciais subalternizados, danos que afetam o *status* cultural e o *status* material dos seus membros, motivo pelo qual ele impede o alcance de uma cidadania igualitária. Alguns dos mecanismos responsáveis por esse problema foram descritos no capítulo anterior: o racismo institucional, o racismo interpessoal, o racismo recreativo e o racismo interseccional. Essas diferentes manifestações do racismo afetam minorias raciais no momento presente, mas também no futuro; o racismo viola, então, um princípio fundamental da cultura liberal: o tratamento simétrico entre todos os membros da comunidade política. Ele infringe uma regra básica de justiça de regimes democráticos, que é o igual tratamento de todas as pessoas igualmente situadas. A noção de justiça pressupõe regras de racionalidade de distribuição de oportunidades entre todos, regras que expressam a lógica do funcionamento do regime político e jurídico de uma dada sociedade. Dessa maneira, o racismo desconsidera essas regras de racionalidade porque impede que pessoas negras possam ter o mesmo *status* social gozado por pessoas brancas, o que não deveria ocorrer em uma sociedade democrática. O racismo é uma ideologia social que cria obstáculos significativos para a democracia porque motiva os indivíduos a desconsiderarem elementos básicos da moralidade democrática: o tratamento igualitário entre todas as pessoas, o dever de reconhecer o outro como um ator social competente, a necessidade de respeito por normas de procedimento.[184]

---

[183] MOREIRA, Adilson José. "Cidadania racial". *Quaestio Iuris*, vol. 10, n° 2, 2017, pp. 1052-1089; KARST, Karl. "Foreword: equal citizenship under the Fourteenth Amendment". *Harvard Law Review*, vol. 91, n° 1, 1976, pp. 1-67.

[184] KOLM, Serge-Christophe. *Modern theories of justice*. Cambridge: MIT Press, 1996, pp. 3-29; BREST, Paul. "In defense of the antidiscrimination principle". *Harvard Law Review*, vol. 90, n° 1, 1976, pp. 1-55.

CAPÍTULO V – JUSTIÇA RACIAL

5.2 Justiça racial e paradigma constitucional

O conceito de justiça como regra de racionalidade precisa ser discutido porque ele adquire diferentes sentidos em diferentes momentos históricos e para diferentes grupos sociais. Se no constitucionalismo liberal a ideia de justiça esteve associada à exigência de tratamento simétrico entre todos os indivíduos, ela passou a ser compreendida como preceito destinado a promover medidas redistributivas no constitucionalismo social. Além da noção de igualdade de procedimentos entre todas as pessoas, a justiça passa agora também a ser vista como algo que deve promover a igualdade material. Mais recentemente, esse preceito começou a incorporar discussões sobre o pluralismo social, consequência do reconhecimento de que tratamentos arbitrários sofridos por indivíduos estão relacionados com processos de estigmatização cultural. Dessa forma, a noção de justiça não pode ser pensada apenas como regras universais para a distribuição de oportunidades, mas também como parâmetros a serem seguidos para a promoção da integração de grupos subalternizados.[185]

Esses parâmetros de racionalidade devem considerar a experiência particular de grupos sociais, porque processos de exclusão afetam seus membros de maneira específica. Vimos que o racismo afeta o *status* cultural e o *status* material de grupos raciais subalternizados, mas essa afirmação não é suficiente para estabelecermos critérios distributivos adequados. Primeiro, o racismo afeta a percepção da sociedade sobre a competência de todos os membros de minorias raciais, e isso significa que ele promove um dano coletivo a esses grupos. Portanto, a discussão sobre justiça racial não pode ter como parâmetro uma concepção individualista de direitos; medidas de restauração de justiça racial precisam considerar o caráter coletivo das desvantagens causados

---

[185] YOUNG, Iris Marion. *Justice and the politics of difference*. Princeton: Princeton University Press, 2011.

pelo racismo.[186] Segundo, o racismo não opera de forma isolada, pois atua paralelamente a outros sistemas de dominação, motivo pelo qual discussões sobre justiça racial devem considerar questões como raça, classe, gênero e sexualidade afetam a vida de minorias raciais. Posições tradicionais acreditam que a dominação racial pressupõe que certos segmentos de minorias raciais possuem um nível de degeneração moral ainda maior porque estão mais distantes do ideal dos membros do grupo racial dominante, identidade universalizada que também pressupõe a masculinidade e a heterossexualidade como elementos da normalidade social.[187] Terceiro, o racismo é um sistema de dominação que possui um caráter dinâmico. Por estar sempre sendo contestado, ele também está sempre assumindo novas formas para que membros do grupo racial dominante continuem tendo vantagens competitivas. Por esse motivo, discussões sobre justiça racial precisam considerar a natureza sempre plástica do racismo e dos novos mecanismos utilizados para que oportunidades sociais sejam monopolizadas por pessoas brancas.[188]

O atual paradigma constitucional está construído a partir de alguns elementos que consideramos ser especialmente relevantes. Muitos autores utilizam a expressão Estado Democrático de Direito para designar um tipo de cultura constitucional baseada na noção de que as instituições estatais devem atuar de forma coordenada para a promoção da dignidade de todas as pessoas. Isso inclui a proteção de direitos para que elas possam construir uma existência autônoma. Elas devem atuar de forma integrada para que os obstáculos ao

---

[186] Ver, nesse sentido: LOURY, Glenn. *The anatomy of racial inequality.* Cambridge: Harvard University Press, 2003.

[187] AKOTIRENE, Carla. *Interseccionalidade.* São Paulo: Jandaíra, 2018; GONZALEZ, Lélia. *Por um feminismo afro-latino-americano.* São Paulo: Zahar, 2000; MOREIRA, Adilson José. *Cidadania sexual:* estratégia para ações inclusivas. Belo Horizonte: Arraes, 2017, pp. 244-283.

[188] OMI, Michael; WINANT, Howard. *Racial formation in the United States:* from the 1960s to 1990s. New York: Routledge, 1994.

CAPÍTULO V – JUSTIÇA RACIAL

alcance desse objetivo sejam eliminados, o que implica o gozo de diferentes categorias de direitos destinados a garantir igual proteção nas diversas esferas da vida dos indivíduos. Nosso texto constitucional engloba várias normas dirigidas ao poder público para que este adote medidas destinadas à diminuição das disparidades existentes entre grupos sociais, sendo que elas constituem um sistema protetivo que procura realizar a igualdade entre todos. O atual paradigma constitucional está construído em torno do objetivo de criação de um regime democrático substantivo, o que implica a existência de meios institucionais destinados à promoção de maiores níveis de integração dos diversos grupos sociais. Essa forma de democracia pressupõe a participação cada vez maior de todos os segmentos nos processos democráticos em instituições públicas e privadas, além da busca pela efetivação constante do sistema de direitos presentes em nosso ordenamento jurídico.

As considerações acima nos mostram que o debate sobre justiça racial deve ser situado dentro da discussão mais ampla referente aos princípios regentes de nossa cultura constitucional e às funções de normas antidiscriminatórias em nosso sistema jurídico. Essa discussão tem, pois, um papel importante para que discentes compreendam a estrutura do funcionamento do nosso sistema constitucional, algo que está voltado para a construção de uma cultura pública igualitária. A reflexão sobre esse tema deve, então, ser desenvolvida de tal modo que as pessoas possam compreender os motivos pelos quais a discriminação racial sistemática deve ser vista como um déficit democrático. Dessa forma, o projeto de educação jurídica antirracista precisa estar engajado com a discussão sobre os meios a serem adotados para a implementação do programa de transformação social presente em nosso ordenamento jurídico, um ponto de partida para que possamos incentivar alunos e alunas a contribuírem para eles durante e após a formação acadêmica. Essa perspectiva nos permite, então, correlacionar dois aspectos deste trabalho: o horizonte pedagógico emancipatório e o programa transformativo que faz parte do nosso sistema jurídico. A reflexão

153

crítica sobre o tema da justiça racial nos ajuda a promovê-la ao possibilitar uma maior compreensão de como a pedagogia politicamente engajada se articula com o sistema jurídico moralmente orientado para a construção da inclusão racial.

5.3 A gramática da igualdade

Observamos que o projeto de uma educação jurídica antirracista tem no debate sobre justiça racial seu objeto de análise central, motivo pelo qual devemos nos aproximar desse tema a partir de uma *gramática da igualdade*.[189] Ela está baseada em certos pontos importantes para a criação de um tipo de interpretação de normas constitucionais compatível com o projeto de transformação social presente em nosso ordenamento jurídico. Essa gramática da igualdade encontra fundamento nos princípios estruturais do nosso ordenamento constitucional, notoriamente na ideia de que as instituições estatais devem operar como agentes de transformação social no atual paradigma constitucional. Esse preceito determina que normas constitucionais devem ser interpretadas a partir do seu potencial em promover mudanças sociais que permitam a construção de uma democracia substantiva. Por esse motivo, os intérpretes da igualdade devem partir da ideia de que a emancipação social é um pressuposto teleológico das normas jurídicas. A gramática da igualdade, um conjunto de premissas de interpretação de normas legais, segue uma forma de racionalidade jurídica que encontra legitimidade nos pressupostos de uma perspectiva que articula preceitos dos diferentes paradigmas constitucionais, em um tipo de lógica voltada para a

---

189 Inspiramo-nos na argumentação desenvolvida em BALKIN, J. M. "The Declaration and the promise of a democratic culture". *Wydener Law Symposim Journal*, vol. 4, nº 1, 1999, pp. 167-180; WEST, Robin. "The meaning of equality and the interpretive turn". *Chicago-Kent Law Review*, vol. 66, nº 2, 1990, pp. 451-480; WEST, Robin. "Is progressive constitutionalism possible?" *Wydener Law Symposim Journal*, vol. 4, nº 1, 1999, pp. 1-18.

CAPÍTULO V – JUSTIÇA RACIAL

construção de organização política no qual as instituições operam para promover a inclusão de todos os seguimentos sociais.[190]

A gramática da igualdade que estrutura a discussão sobre justiça racial exige que pensemos o princípio da dignidade humana a partir de alguns pontos importantes. Esse preceito procura garantir a autonomia dos seres humanos a partir da busca pela efetividade de direitos fundamentais, ideal que deve ser almejado por instituições públicas, mas também por instituições privadas, uma vez que ele também pauta as ações destas. A gramática da igualdade engloba ainda uma percepção dos direitos fundamentais como fatores que permitem o reconhecimento dos indivíduos como atores sociais competentes. Por ser uma ideologia e uma prática para impedir que pessoas negras tenham respeitabilidade social, o racismo cria obstáculos para que elas possam ter acesso ao pleno gozo de direitos fundamentais. O preceito que estamos elaborando opera, então, como um critério analítico de questões relacionadas com a possibilidade de membros de todos os grupos sociais poderem atuar de forma autônoma. Assim, por exemplo, o debate sobre a legalidade de medidas protetivas deve estar pautado na possibilidade de elas promoverem a integração social que permita às pessoas criarem propósitos para suas vidas e possuírem os meios para alcançá-los.[191]

O padrão de racionalidade que anima a ideia de gramática da igualdade também contempla uma concepção substantiva desse preceito que deve ser discutida. Mais do que igualdade de procedimento garantida pela igualdade formal, mais do que proteção

---

[190] LANGA, Pius. "Transformative constitutionalism". *Stellenbosch Law Review*, vol. 17, nº 1, 2006, pp. 351-260; COMANDUCCI, Paolo. "Modelos e interpretación de la Constitución". *In*: CARBONELL, Miguel. *Teoria del Neoconstitucionalismo*: ensayos escogidos. Madrid: Trotta, 2007, p. 67; POZZOLO, Suzana. "Reflexiones sobre la concepción neoconstitucionalista de la Constitución". *In*: CARBONELL, Miguel; JARAMILO, Leonardo Garcia. *El canon neoconstitucional*. Madrid: Trotta, 2010, pp. 165-185.

[191] Ver, nesse sentido: FISS, Owen. "Groups and the equal protection clause". *Philosophy and Public Affairs*, vol. 5, nº 2, 1976.

institucional por meio da igualdade material, a igualdade procura promover igualdade de *status* social entre as pessoas, o que inclui igualdade de *status* cultural e material. Nossa legislação deve ser lida a partir de um princípio específico: normas jurídicas e políticas públicas que promovem a igualdade de *status* entre grupos sociais são compatíveis com o nosso texto constitucional porque permitem o alcance de um de nossos objetivos políticos básicos, a saber, a construção da justiça social. A igualdade de *status* tem um papel central na operação dessa gramática da igualdade porque atua como um parâmetro hermenêutico de normas legais. Essa forma de interpretar normas jurídicas parte do pressuposto de que a raça tem um papel central na interpretação jurídica, porque ela determina o lugar a ser ocupado dentro das hierarquias sociais. Tendo em vista o fato de que o avanço democrático requer um comprometimento com a equiparação de *status* entre todos os grupos, a consideração do contexto social e histórico possui um papel extremamente relevante no processo interpretativo.[192]

A gramática da igualdade deve operar ainda como um parâmetro que considera as especificidades da experiência social dos indivíduos vistos como membros de grupos sociais, mas que podem possuir uma pluralidade de identidades. Observamos que as pessoas podem ser sujeitos interseccionais, motivo pelo qual as relações de igualdade devem procurar diferentes formas de equivalência. As pessoas podem pertencer a mais de um grupo social, podem ser vítimas de diferentes formas de opressão. Isso nos leva à necessidade de pensar o papel das instituições na proteção de grupos especialmente vulneráveis. Por esse motivo, o conceito de consciência múltipla se mostra especialmente importante para a análise da lógica da gramática da igualdade. O intérprete deve estar

---

[192] Cf. SIEGEL, Reva. "Discrimination in the eyes of the law: how 'color blindness' discourse disrupts and rationalizes social stratification". *California Law Review*, vol. 77, nº 1, 2000; SHEPPARD, Collen. *Inclusive equality*: the relational dimensions of systematic discrimination in Canada. Quebec: McGill-Queen University Press, 2010.

CAPÍTULO V – JUSTIÇA RACIAL

ciente de que sua posição dentro da realidade não corresponde à realidade de todos, motivo pelo qual ele deve examinar a situação das partes de um caso tendo em vista as diversas formas de identidades e como elas impactam a vida de determinada pessoa ou determinado grupo. A gramática da igualdade está baseada em uma concepção da história entendida não como um processo racional direcionado à transcendência racial, mas, sim, como algo que possui uma continuidade em um ponto relevante: os processos discriminatórios responsáveis pela estratificação racial. A discriminação pode ter uma dimensão intergeracional, uma vez que os efeitos de práticas discriminatórias se prolongam ao longo do tempo.

Essa realidade nos instiga a explorar outro aspecto da gramática da igualdade: o tema da justiça histórica. Muitas teorias de justiça apresentam elementos para que possamos estabelecer padrões de racionalidade de decisões referentes a problemas que se manifestam em determinado momento histórico, posição que desconsidera o fato de que vários deles são consequências de problemas prolongados por gerações. O que estamos chamando de gramática da igualdade requer que abordemos o tema da justiça racial como um preceito que precisa considerar o passado e o futuro. Ele precisa englobar parâmetros para a busca de solução de problemas decorrentes da estratificação racial e parâmetros que possam guiar ações futuras. Dessa maneira, a racionalidade do que estamos chamando de gramática da igualdade não pode se restringir a análises da situação dos indivíduos no momento presente, mas criar os meios para que a igualdade de resultados seja algo possível: as instituições estatais precisam elaborar estratégias para que todos os membros de grupos raciais possam alcançar seus objetivos, o que exige medidas direcionadas à correção de injustiças históricas contra aqueles seguimentos sociais tradicionalmente discriminados.[193]

---

[193] Cf. BOXILL, Robert. *Blacks and social justice*. New York: Rowan & Littlefield, 1992; THOMPSON, Janna. "Collective responsibility for historic injustices". *Midwest Studies in Philosophy*, nº 30, 2006, pp. 154-167.

As considerações desenvolvidas nos parágrafos anteriores nos mostram que a gramática da igualdade tem um caráter emancipatório. Ela estabelece princípios para a interpretação de normas constitucionais a partir do princípio de que elas não existem apenas para proteger indivíduos, mas também para proteger grupos sociais. Membros de grupos raciais subalternizados enfrentam todas as formas de discriminação em nossa sociedade, em função de identidades a eles atribuídas por terem certas características comuns. Por esse motivo, a interpretação de normas constitucionais, principalmente da igualdade, não pode partir do pressuposto de que as pessoas existem apenas como entes abstratos, separadas da realidade. Apenas homens brancos heterossexuais de classe alta podem viver socialmente sem marcações sociais; a liberdade de ação de todos os outros grupos é restringida em função de práticas discriminatórias que os afetam de diferentes maneiras. Por esse motivo, a busca da igualdade de *status* entre grupos raciais se torna um horizonte fundamental para interpretarmos normas jurídicas.

A gramática da igualdade incorpora elementos importantes trazidos pelos autores da teoria *queer* e da teoria decolonial. Tendo em vista o fato de que normas jurídicas podem institucionalizar identidades de grupos dominantes, processo responsável pela exclusão permanente de grupos subalternizados, a interpretação de normas e práticas jurídicas a partir da gramática da identidade deve estar voltada para a busca da emancipação. Esse objetivo exige que estejamos atentos às formas a partir das quais os grupos majoritários são capazes de identificar a vontade estatal com o próprio *status* que eles ocupam de forma que seus interesses e suas formas de existirem no mundo se tornam identidades normativas. A gramática da igualdade olha também para as maneiras a partir das quais narrativas culturais reproduzidas pelos membros dos grupos dominantes permitem a reprodução da subalternidade. A utilização de imagens de controle na produção do racismo cultural opera como um meio para que grupos subalternizados sejam sempre vistos como incapazes de atuar de forma competente no

CAPÍTULO V – JUSTIÇA RACIAL

espaço público. Em função dessa realidade, afirmamos, mais uma vez, que a ideia de uma gramática da igualdade deve estar voltada para a identificação de normas e práticas sociais responsáveis pela difusão de estigmas culturais que impedem o pleno gozo da cidadania. Esses estigmas culturais comprometem o *status* cultural de grupos sociais subalternizados, o que também implica a marginalização do ponto de vista material porque membros desses grupos são vistos como incapazes de atuar de forma competente no espaço público.[194]

5.4 Aspectos específicos da justiça racial

A discussão sobre a justiça racial precisa, portanto, considerar a pluralidade de identidades presentes dentro da comunidade negra para que a emancipação coletiva dos membros desse grupo seja possível. Por esse motivo, a cidadania racial também está diretamente ligada à noção de cidadania sexual, o que engloba a necessidade de atenção da situação especial de mulheres negras e pessoas negras homossexuais e transexuais. Tendo em vista o que vimos sobre o racismo interseccional, a possibilidade de construção de justiça racial depende do reconhecimento daqueles que são minorias dentro de minorias, daqueles segmentos internos cuja experiência permanece invisível porque debates acadêmicos e jurídicos, além de políticas públicas, partem do pressuposto de que medidas universais poderão proteger todos os membros de um grupo social. O racismo interseccional nos mostra que iniciativas que procuram promover a justiça distributiva precisam reconhecer a incidência de um sistema de opressão nas vidas de membros de minorias raciais. Isso porque o racismo também opera por meio da sexualização da raça e pela racialização do sexo: a dominação branca está centrada na representação dos corpos negros ora como

---

[194] Para uma análise dessa dinâmica social e jurídica, ver, sobretudo: BALKIN, Jack M. "The constitution of status". *Yale Law Journal*, vol. 106, n° 6, 1996, pp. 2313-2374.

objetos a serem consumidos, ora como meios que representam sinais de degeneração de minorias raciais.[195]

O debate sobre a justiça racial precisa compreender tanto uma concepção de justiça procedimental como também uma concepção emancipatória desse preceito. A discussão sobre o racismo está amplamente baseada na discriminação institucional, ou seja, nos mecanismos utilizados por instituições públicas e privadas para que membros de minorias raciais possam ter tratamento igualitário. Elas são igualmente obrigadas a respeitar direitos fundamentais, motivo pelo qual devem tratar membros de todos os grupos raciais da mesma forma. Isso significa que os mesmos procedimentos aplicados a pessoas brancas devem ser aplicados a pessoas de todos os outros grupos raciais. Uma concepção de justiça como procedimento requer que todos reconheçam os membros da comunidade política como atores sociais competentes, o que exige que o mesmo tipo de procedimento seja aplicado a todos.[196]

Essa dimensão procedimental da justiça se mostra relevante para a justiça racial em uma série de situações. A discriminação que negros sofrem no mercado de trabalho está amplamente relacionada com o fato de que empregadores não observam a devida correlação entre os requisitos para o desempenho de um cargo e as habilidades demonstradas pelo candidato. No lugar de uma lógica que deveria considerar a racionalidade instrumental do processo de seleção para candidatos, está o julgamento da capacidade profissional a partir da raça do candidato. O estigma cultural impede que pessoas negras possam ser devidamente consideradas para uma oportunidade

---

[195] CRENSHAW, Kimberlé. "Mapping the margins: intersectionality, identity politics, and violence against women of color". *Stanford Law Review*, vol. 43, nº 5, 1991, pp. 1241-1299.

[196] BREST, Paul. "In defense of the antidiscrimination principle". *Harvard Law Review*, vol. 90, nº 1, 1976, pp. 1-54; BALKIN, Jack M.; SIEGEL, Reva B. "The American civil rights tradition: anticlassification or antisubordination?" *University of Miami Law Review*, vol. 58, nº 1, 2004, pp. 9-43.

CAPÍTULO V – JUSTIÇA RACIAL

profissional. Essa dimensão procedimental de justiça também deve ser considerada quando examinamos as diversas formas de discriminação sofridas por elas na administração da justiça. Aqui também o estigma racial impede que regras processuais sejam aplicadas da mesma forma observada nos casos de pessoas negras e brancas. Além de influenciar a ação consciente dos que atuam no sistema criminal, estereótipos raciais também determinam a percepção de periculosidade, fazendo com que regras procedimentais sejam flagrantemente e constantemente desrespeitadas.[197]

Mas a justiça racial também requer a análise de seu caráter emancipatório. Se sua dimensão procedimental requer que a raça não seja utilizada como uma forma de violação de direitos individuais, sua dimensão emancipatória pressupõe que ela só poderá ser plenamente alcançada com a adoção de iniciativas que procuram promover a transformação do *status* social coletivo de grupos raciais subalternizados. Aqui políticas de reconhecimento e políticas de redistribuição são relevantes para o alcance desse objetivo porque são meios para se alcançar a paridade de participação entre membros de diferentes grupos sociais. Se, por um lado, a emancipação depende de transformação de padrões culturais responsáveis pela constante reprodução de estigmas, por outro, ela exige que grupos sociais possam ter acesso aos meios materiais para poderem operar socialmente de forma adequada. Medidas distributivas são de imensa relevância para que as pessoas possam desenvolver suas capacidades, termo que significa as liberdades que os indivíduos deveriam ter para alcançar objetivos e funcionamentos considerados válidos por eles para as suas vidas.[198]

---

197 Para uma análise dessa questão, ver BORGES, Juliana. *Encarceramento em massa*. São Paulo: Jandaíra, 2017; SEMER, Marcelo. *Sentenciando o tráfico*. São Paulo: Tirant Lo Blach, 2019.

198 FISS, Owen. "Groups and the equal protection clause". *Philosophy and Public Affairs*, vol. 5, nº 2, 1976, pp. 107-167.

O debate sobre a justiça racial precisa ter como parâmetro alguns elementos importantes relacionados com o funcionamento dos mecanismos discriminatórios, principalmente aqueles que se reproduzem ao longo do tempo. Por ser um sistema de dominação que sempre procura manter o *status* privilegiado dos membros do grupo racial dominante, ele afeta a vida de minorias raciais ao longo da história, dificultando as chances de mobilidade dos últimos. Tendo em vista essa realidade, partimos do pressuposto de que a questão da justiça histórica tem um papel central nos debates sobre justiça racial. Medidas reparatórias são de imensa importância para aliviarmos os problemas decorrentes de processos de marginalização que se manifestam ao longo do tempo, concorrendo para que os autores da teoria decolonial chamam de condição de subordinação. A colonialidade do poder se perpetua em função da predominância de uma cultura jurídica que ainda opera a partir dos parâmetros do individualismo e do liberalismo, duas perspectivas cujos pressupostos oferecem elementos limitados para a identificação de relações hierárquicas de poder.[199]

A discussão sobre a justiça racial também precisa fazer referência à dimensão diferenciativa da igualdade, um aspecto grandemente ignorado nas reflexões sobre esse tema. O caráter emancipatório da justiça racial deve ser analisado a partir dos meios pelos quais identidades sociais são criadas e atribuídas a certos grupos com o propósito de legitimar hierarquias de poder. Essa dinâmica entre identidade e diferença deve ser tratada de forma devida porque processos de exclusão social decorrem das formas a partir das quais relações de oposição são culturalmente criadas e passam a operar como códigos reproduzidos em práticas culturais e jurídicas. Dessa forma, o tema da diferença precisa ser abordado, não como algo que designa identidades imutáveis, mas como processos utilizados para referendar arranjos sociais. Os

---

[199] Ver, nesse sentido: WALDRON, Jeremy. "Superseding historic injustice". *Ethics*, vol. 103, nº 1, 1992, pp. 4-28.

CAPÍTULO V – JUSTIÇA RACIAL

operadores do Direito precisam, então, reconhecer como essas diferenças são socialmente construídas e usadas de forma estratégica para manter grupos de pessoas em uma situação de subordinação; não se trata simplesmente de proteger a diferença, mas, sim, de proteger os grupos criados por identidades estigmatizantes.[200] Essas diferenças são utilizadas como critérios de tratamento diferenciado em uma série de situações ao longo de gerações, o que dá margem para se pensar que minorias ocupam lugares naturais na sociedade, lugares subordinados. Tendo em vista essa dinâmica social, alguns autores afirmam que a ideia de justiça racial deve operar a partir de perspectiva temporal. Ela legitima medidas destinadas a promover a equiparação entre os grupos sociais no presente e no futuro, mas também iniciativas que possam diminuir as consequências de disparidades causadas por formas sistêmicas de discriminação ocorridas no passado. Assim, medidas reparadoras e integradoras são essenciais para a construção de uma sociedade racialmente igualitária. Elas não serão efetivas sem a consideração da raça como forma de tratamento diferenciado, uma vez que a solução dos problemas enfrentados por minorias raciais depende do reconhecimento dela como um fator propagador da discriminação racial nas suas variadas manifestações.[201]

Os debates sobre a justiça racial também devem necessariamente incluir análises sobre a questão da injustiça epistêmica. A retórica da transcendência racial tem sido um dos maiores obstáculos ao alcance da justiça racial em nossa sociedade porque ela permite que formas de compreensão da realidade racial de membros do grupo dominante se tornem a única maneira possível de se compreender nossa realidade social. A questão da justiça epistêmica

---

[200] MOREIRA, Adilson José. *Tratado de Direito Antidiscriminatório*. São Paulo: Contracorrente, 2020, pp. 133-138.

[201] GOMES, Joaquim Benedito Barbosa. "A recepção do instituto de ações afirmativas pelo Direito Constitucional brasileiro". *Revista de Informação Legislativa*, vol. 38, nº 151, jul./set. 2001, pp. 129-152.

está relacionada com a conformação do poder racial presente em nossa sociedade: pessoas brancas controlam todas as instituições acadêmicas, motivo pelo qual elas podem tornar suas narrativas raciais a forma dominante de entendimento da realidade. Elas são adotadas na esfera cultural e na esfera política, processo que permite sua universalização como uma explicação possível da dinâmica das relações raciais. A ausência de um número expressivo de membros de minorias raciais nos espaços acadêmicos dificulta de maneira significativa o surgimento de perspectivas capazes de confrontar discursos que, direta ou indiretamente, legitimam hierarquias raciais. Esse é um motivo importante pelo qual debates sobre justiça racial devem incorporar autores negros e autoras negras que desenvolvem entendimentos alternativos sobre nossa realidade social. Discussões produtivas sobre justiça racial não se desenvolverão de maneira adequada se elas estiverem baseadas em uma narrativa única, se elas estiverem baseadas apenas nas premissas que dominam reflexões jurídicas e políticas sobre esse tema.[202]

É muito importante afirmar que debates sobre justiça racial são largamente infrutíferos quando dissociados do estudo do Direito Antidiscriminatório. O exame dos meios a partir dos quais membros de minorias raciais são submetidos a formas de exclusão depende de um amplo conhecimento de temas básicos dessa disciplina. Aqueles que participam desse debate precisam ter conhecimento do propósito central desse campo de estudo jurídico: diminuir as disparidades entre grupos sociais por meio da busca por maior efetividade do sistema de direitos presente em nosso ordenamento jurídico. Uma abordagem adequada do tema da justiça racial nas diferentes disciplinas jurídicas requer que tenhamos conhecimento do funcionamento dos vários mecanismos utilizados para promover injustiças raciais. Esse exercício também exige ampla análise dos padrões de comportamento que

---

[202] Ver, nesse sentido: FRICKER, Miranda. *Epistemic injustice*: power and ethics of knowing. Oxford: Oxford University Press, 2007.

CAPÍTULO V – JUSTIÇA RACIAL

motivam de forma direta ou indireta desvantagens sistemáticas para minorias raciais. Obviamente, os que querem engajar em uma educação transformadora também precisam entender profundamente aspectos fundamentais da interpretação da igualdade, das teorias complexas de igualdade, das relações estruturais entre igualdade e liberdade, além dos mecanismos que instituições públicas e privadas podem tomar para diminuir disparidades raciais. Assim, a reflexão sobre parâmetros para a promoção de uma educação antirracista constitui um elemento central do Direito Antidiscriminatório, uma vez que ela procura modificar aspectos da formação jurídica que, direta e indiretamente, contribuem para a marginalização de grupos sociais.[203]

Os parâmetros a partir dos quais devemos analisar o tema da justiça racial está, então, baseado em alguns pressupostos muito importantes. A defesa de um igualitarismo racial encontra fundamento em uma noção substantiva de cidadania que pressupõe a adoção de medidas destinadas à promoção de igualdade de *status* entre membros de grupos raciais, o que inclui a igualdade de *status* cultural e de *status* material. Todos os grupos raciais devem ter o mesmo nível de respeitabilidade social e os mesmos recursos materiais. É certo que a possiblidade de integração social está relacionada com escolhas pessoais, mas a raça não pode ser um fator de desvantagem permanente em todas as esferas da vida dos indivíduos. O igualitarismo racial não pode ter como ponto de partida uma concepção de sociedade vista como uma coletividade de indivíduos que devem encontrar, por si mesmos, meios de inclusão social. As pessoas não existem apenas como individualidade, mas também como membros de coletividades artificialmente criadas por normas políticas e jurídicas a fim de legitimar relações

---

[203] Para obras de referência nesse campo, ver KOPPELMAN, Andrew. *Antidiscrimination law and social equality*. New Haven: Yale University Press, 1996; HELLMAN, Deborah. *When is discrimination wrong?* Cambridge: Harvard University Press, 2011; THOMPSON, Neil. *Antidiscriminatory practice*. Nova York: Palgrave, 2014.

hierárquicas de poder. Por esse motivo, medidas para a promoção de inclusão de minorias raciais devem buscar a integração coletiva desses grupos. Os mesmos critérios que têm sido utilizados para estabelecer diferenciações ilegítimas devem ser usados para implementar iniciativas destinadas a suplantar esses problemas. O igualitarismo que a justiça racial procura atingir considera as consequências da história da opressão no *status* coletivo de minorias raciais, motivo pelo qual discussões sobre justiça racial devem ter como ponto de partida direitos atribuídos a grupos sociais.[204]

Tendo em vista a prevalência da noção de transcendência racial na cultura pública brasileira, devemos enfatizar um ponto especialmente importante: a justiça racial não se confunde com legalidade estrita. Essa tem sido uma estratégia discursiva amplamente utilizada por aqueles e aquelas que querem impedir o avanço do igualitarismo racial em nossa sociedade. A defesa da noção de justiça como sinônimo de legalidade é sempre associada à narrativa da transcendência racial para condenar medidas de inclusão destinadas a minorias raciais. Essa estratégia está por trás do argumento de que ações afirmativas são práticas discriminatórias contra pessoas brancas porque elas violam o mandamento do tratamento igualitário entre todos. Essa leitura permite que opositores dessas iniciativas reduzam a explicação de disparidades raciais a problemas de classe social, fato responsável por uma leitura restrita do sentido e alcance de princípios constitucionais que, claramente, obrigam as instituições estatais a adotarem medidas inclusivas baseadas na raça das pessoas. O conceito de justiça deve ser visto como igualdade, como um princípio baseado no propósito de se criar uma sociedade igualitária por meio de ações que possam diminuir disparidade entre grupos raciais.[205]

---

[204] Para uma análise de uma interpretação da igualdade a partir da ideia de igualdade de *status* entre grupos sociais, ver MOREIRA, Adilson José. *Tratado de Direito Antidiscriminatório*. São Paulo: Contracorrente, 2020, pp. 298-319.

[205] Cf. THOMAS, Kendall. "Racial justice: moral or political?" *National Black Law Journal*, vol. 17, nº 1, 2002, pp. 222-267; LOURY, Glen. *The anatomy of racial inequality*. Cambridge: Harvard University Press, 2001.

CAPÍTULO VI

A EDUCAÇÃO JURÍDICA MULTICULTURAL

O avanço de programas de inclusão racial em instituições de ensino superior tem produzido um fenômeno de grande importância para a nossa sociedade: a presença de um pluralismo racial cada vez maior nas salas de aula desse nível de formação escolar. A tradicional homogeneidade racial desses ambientes tem sido gradualmente substituída por uma diversidade crescente, o que implica a presença de pessoas com diferentes experiências sociais, com históricos de vida muito variados e com expectativas distintas em relação à vida universitária. Esses alunos e alunas querem ter acesso a uma formação profissional que lhes permita atingir objetivos pessoais, mas muitos deles e muitas delas carregam outras ambições, principalmente aqueles e aquelas que escolhem a advocacia como prática profissional. Muitos indivíduos estão também interessados em entender a realidade social a partir do pertencimento deles a grupos que enfrentam desvantagens sistemáticas. Esses discentes querem encontrar elementos para que possam compreender e transformar a realidade na qual vivem. Isso significa que esperam algo além de uma experiência baseada na internalização de conteúdos transmitidos por seus professores e professoras. Esperam também ver a realidade social na qual vivem ser representada no conteúdo e nas perspectivas adotadas por docentes. Os que defendem a diversidade como algo que enriquece a experiência acadêmica acreditam que essa realidade multicultural é de imensa importância, pois prepara os que estão em sala de aula para atuar em uma realidade complexa.

Contudo, a realidade encontrada pela maioria desses alunos e alunas em sala de aula está bem distante desse ideal. Os corpos docentes das nossas instituições de ensino jurídico são racialmente homogêneos, o que indica também uma homogeneidade ideológica em relação ao entendimento da dinâmica das relações raciais em nossa sociedade. A vasta maioria desses professores e professoras não desenvolve qualquer tipo de pesquisa referente à questão racial, uma vez que quase todos são pessoas brancas heterossexuais de classe média ou de classe alta que nunca tiveram qualquer experiência dessa forma de discriminação. Além de um tipo de inserção social que não estimula quaisquer problematizações em relação à questão racial, esses indivíduos são socializados a partir de uma narrativa cultural segundo a qual raça e racismo não possuem relevância em nossa realidade. Assim, a homogeneidade racial implica uma homogeneidade ideológica que propaga o silenciamento sobre a questão racial. A adoção de epistemologias incapazes de oferecer elementos adequados para a reflexão sobre questões de justiça social torna esse problema ainda mais grave. Essa realidade não apenas provoca frustração nesse público, mas impede também que a experiência educacional de todas as pessoas possa ser muito mais rica. Perdemos a oportunidade de transformar a diversidade em um mecanismo para a construção de uma experiência social capaz de formar profissionais mais aptos a atuar na sociedade como agentes de transformação. Na verdade, essa realidade se mostra bastante ameaçadora para muitos profissionais que não foram formados para conduzir discussões sobre temas relacionados à justiça racial, um assunto que dificilmente pode ser debatido a partir de teorias jurídicas cujos autores ignoram o tema da discriminação racial ou que acreditam que suas teorias podem resolver problemas enfrentados por todos os seguimentos sociais.

CAPÍTULO VI – A EDUCAÇÃO JURÍDICA MULTICULTURAL

Precisamos, então, discutir algumas questões centrais para o entendimento dessa nova realidade e, para isso, devemos elaborar uma reflexão sobre as consequências da homogeneidade racial e ideológica dos corpos docentes das nossas instituições de ensino jurídico. Essa análise não está relacionada apenas com a identidade racial de pessoas brancas, mas principalmente com as relações de poder construídas a partir delas. O pertencimento racial indica as posições que os indivíduos ocupam dentro de diversas hierarquias sociais, o que determina a percepção que eles têm de si mesmos, além das elaborações sobre esse pertencimento construídas a partir dos lugares que ocupam. Disparidades raciais são responsáveis pela consolidação de hierarquias de poder que determinam quem ocupará lugares dentro das diversas instituições sociais, bem como as compreensões que serão utilizadas para a análise das relações raciais. Embora muitos membros dos corpos docentes vejam as perspectivas que eles utilizam como teorias capazes de oferecer elementos para a análise de toda a realidade, elas são o produto dos lugares que os indivíduos ocupam na sociedade. Uma educação antirracista não pode utilizar teorias e práticas tidas como universais, mas que não tiveram, em seu processo de produção, qualquer tipo de participação de minorias raciais, tampouco consideraram a situação delas.

O crescente multiculturalismo das instituições de ensino superior também abre a possibilidade para a presença cada vez maior de minorias raciais nos corpos docentes, realidade que cria questões que podem se transformar em conflitos capazes de comprometer a atividade profissional desses indivíduos. Esse problema está relacionado com a resistência que estudantes e colegas brancos podem ter a abordagens que procuram problematizar o tema da justiça racial. Membros de grupos raciais subordinados encontram grande dificuldade para conseguir acesso a posições de ensino, e a carreira profissional deles pode sempre ser prejudicada pela ação de diferentes formas de discriminação, motivo pelo qual são compelidos a se ajustarem a uma cultura institucional possivelmente hostil à discussão da temática da justiça racial, embora ela seja um tema central da agenda democrática. Ter um professor ou uma professora disposta a utilizar novas perspectivas epistemológicas pode ser uma grande experiência para a parte do corpo discente composta por grupos raciais subordinados, mas pode ser visto, por muitos membros do grupo racial hegemônico, como algo alheio a reflexões jurídicas ou como uma ameaça ao entendimento de legitimidade dos arranjos sociais e políticos que estruturam a realidade na qual vivem.

Por esses motivos, devemos examinar questões relevantes postas pelo crescente multiculturalismo das nossas instituições de ensino e como elas devem ser tematizadas por docentes no projeto institucional de uma educação jurídica antirracista. Não abordaremos esse tema como um problema, mas como algo que produz benefícios significativos para uma sociedade comprometida com a democracia. Os desafios de uma educação jurídica multicultural são amplos, mas eles indicam que estamos nos dirigindo para uma realidade na qual o conhecimento da complexidade da nossa situação pode produzir operadores jurídicos capazes de contribuir de forma mais efetiva para a construção de uma sociedade justa. Mais especificamente, essa realidade multicultural opera como um ponto de partida privilegiado para a construção coletiva dos sentidos de justiça racial em nossa sociedade, uma vez que permite a consideração das perspectivas de diferentes grupos. Abordaremos, neste capítulo, aspectos centrais do tema da educação jurídica antirracista: as características de uma educação multicultural, o lugar do professor branco e do professor negro nesse debate, a forma como devemos examinar o tema da justiça racial em sala de aula, as possíveis reações a esse debate, além de técnicas específicas para a abordagem desse tema.

6.1 Sobre as bases políticas da educação antirracista

Além da dimensão pedagógica anteriormente explorada, o projeto de educação jurídica antirracista que estamos propondo neste livro tem uma dimensão política, uma dimensão institucional

CAPÍTULO VI – A EDUCAÇÃO JURÍDICA MULTICULTURAL

e uma dimensão prática. Exploraremos, nos parágrafos seguintes, a primeira delas, e as outras duas ao longo deste capítulo. Estamos propondo uma pedagogia politicamente engajada, e isso significa que ela está estruturada sobre os princípios que regulam a nossa ordem jurídica. Ela pressupõe uma completa rearticulação de como ministramos o conteúdo de uma disciplina. Os docentes engajados nesse projeto, ao estruturar os programas de suas disciplinas, devem dedicar as primeiras aulas a uma explanação do papel do conteúdo da disciplina no contexto do sistema jurídico e político brasileiro. Esse debate passa pela análise do objeto da disciplina, dos princípios constitucionais que a regulam, da natureza das relações sociais que as normas desse campo orquestram e da importância delas para a construção de uma sociedade mais justa. Assim, a noção, bastante difundida, de que Direito e política são campos distintos que não se comunicam deve ser superada: o Direito faz parte da nossa vida política, e a política regula a operação do sistema jurídico; normas jurídicas estabelecem parâmetros para a operação de instituições políticas e a construção de uma sociedade justa é um dos principais propósitos políticos do nosso sistema jurídico. Portanto, a apresentação de um curso não pode prescindir de uma discussão sobre os propósitos políticos que as normas de um campo jurídico pretendem alcançar, propósitos que estão inscritos em nosso texto constitucional de forma bastante clara. O conteúdo de todas as disciplinas jurídicas precisa operar de uma forma ou de outra para alcançar os vários objetivos políticos inscritos em nosso texto constitucional.

Docentes, ao fazerem essa análise, devem também enfatizar um aspecto extremamente relevante para o projeto de uma pedagogia politicamente engajada. Nosso sistema jurídico estabelece um tipo específico de moralidade pública. Ela está baseada nos princípios da dignidade, da liberdade e da igualdade, como observamos na discussão sobre a gramática da igualdade. O entendimento sobre o que constitui uma moralidade pública se mostra vital para que se possa compreender a dimensão negativa das práticas racistas. O debate sobre justiça racial requer que as pessoas tenham uma clara percepção do papel dos princípios dessa moralidade pública na operação das instituições estatais, na relação entre agentes públicos e agentes privados e entre os membros da comunidade política. Os docentes engajados nesse projeto precisam enfatizar, o tempo todo, a dimensão política da discussão sobre justiça, para que se possa entender que o debate sobre racismo não é uma conversa de natureza moral, não é algo que se resume à identificação de práticas discriminatórias. Esse caminho não produz a transformação social esperada, porque leva as pessoas a pensarem que não estão implicadas em atos nos quais elas não tiveram nenhuma participação.

A discussão da justiça racial a partir dos princípios que regulam a moralidade pública facilita a compreensão de um aspecto importante da justiça racial: *a dimensão estrutural do racismo representa um déficit democrático significativo para a sociedade brasileira, pois ele indica que nossas instituições políticas não funcionam de forma adequada, que muitos indivíduos não pautam seus comportamentos pelo princípio da dignidade humana, o que é um problema para todas as pessoas. A discriminação racial sistemática significa uma violação da dignidade humana, impede a realização da liberdade e aparece como um empecilho para a construção de uma sociedade verdadeiramente igualitária. Estamos, então, diante de um problema de natureza política porque faz parte da operação de atores sociais na esfera pública e na esfera privada. Os participantes do debate sobre a justiça racial precisam perceber que a discriminação sistemática sofrida por membros de grupos raciais subalternizados cria uma cultura indiferente aos valores que regulam a democracia enquanto regime político, o que se mostra como um perigo para toda a sociedade. As pessoas precisam, portanto, estar cientes de que o racismo não é um problema dos negros; ele é um problema de natureza coletiva, porque implica o funcionamento inadequado das instituições políticas, motivo pelo qual todos precisam estar engajadas na luta contra ele.*

CAPÍTULO VI – A EDUCAÇÃO JURÍDICA MULTICULTURAL

A análise do racismo como um grave problema para a realização da ordem democrática abre espaço para outra dimensão relevante da discussão sobre justiça racial: as ações a serem tomadas para a superação dos obstáculos gerados por práticas sociais discriminatórias. Mais uma vez, o ensino do conteúdo de qualquer disciplina jurídica deve ser precedido por uma sólida discussão sobre os princípios de uma cultura pública democrática. Esse conhecimento se mostra essencial para o debate sobre as ações individuais e coletivas necessárias para a superação desse problema. O conhecimento desse tema, acompanhado da análise das diferentes manifestações de práticas discriminatórias, opera como um ponto de partida relevante para a construção coletiva de medidas inclusivas. Dirigentes e docentes de instituições de ensino jurídico não podem esquecer que seus alunos e suas alunas ocuparão papeis relevantes em inúmeras instituições públicas e privadas, e eles e elas precisam ter a capacidade de diagnosticar e elaborar mecanismos capazes de promoção de inclusão social. Essa capacidade será relevante não apenas para a promoção de maiores níveis de membros de grupos raciais subalternizados, mas também de outros segmentos sociais que enfrentam formas sistêmicas de opressão.

Como o projeto de uma educação jurídica antirracista implica uma leitura da nossa Constituição como uma regulação *jurídica e moral* da política nos termos acima determinados – uma moralidade pública articulada por meio de princípios jurídicos estruturantes –, o conteúdo das disciplinas jurídicas deve ser constantemente articulado com as diferentes dimensões da igualdade. Nesse contexto, a discussão sobre o devido processo legal deve ser precedida de um debate sobre a dimensão procedimental da igualdade, a noção de segurança alimentar deve ser debatida a partir da noção de igualdade material, o princípio do poder familiar deve ser analisado a partir da noção de igualdade moral, questões relacionadas com o impacto de tecnologias de reconhecimento facial devem ser balizadas com a ideia de igualdade de *status*, e os princípios que regulam normas relacionadas ao trabalho devem ser examinadas a partir da ideia de igualdade de oportunidades (o mesmo preceito que também deve pautar o debate sobre ações afirmativas). Alunos e alunas devem estar cientes de que todas essas discussões possuem uma dimensão política e uma dimensão moral, porque a igualdade é o preceito fundamental que regula a lógica da operação de um regime democrático. Alunos e alunas precisam estar cientes de que o Direito *pode* e *deve* ter um papel central na construção de uma sociedade democrática, que ele não pode ser resumido a um conjunto de normas destinadas à mera reprodução da ordem social existente.[206]

Acreditamos que esse planejamento do conteúdo das diversas disciplinas permite a construção de uma cultura jurídica baseada na noção de que o sistema jurídico tem uma função de imensa importância, função que está inscrita no texto constitucional: *o Direito deve operar como um mecanismo de emancipação social*. Por esse motivo, a discussão sobre os princípios do atual paradigma constitucional precisa ser repetidamente trabalhada com os alunos ao longo do curso de Direito. Disciplinas sobre teorias jurídicas e sobre os fundamentos do Direito público precisam ser ministradas a partir de uma perspectiva transformadora, o que exige modificações no conteúdo e no método de ensino delas. Discussões sobre a natureza jurídica do Estado devem ser complementadas por análises sobre o papel que as instituições políticas podem ter na transformação do *status* subordinado de diversos grupos sociais. O exame de casos concretos e conversas com representantes de movimentos sociais são pontos de partida relevantes para que discentes possam entender a complexidade sobre a realidade social e a forma como normas jurídicas podem fornecer os elementos para práticas emancipadoras. Essa discussão coletiva sobre as funções das instituições políticas deve preceder o debate sobre a justiça racial; alunos e alunas já terão domínio de aparato intelectual para entender que o racismo é um problema político, jurídico e moral cuja solução requer ações

---

[206] Cf. MOREIRA, Adilson José. *Tratado de Direito Antidiscriminatório*. São Paulo: Contracorrente, 2020.

CAPÍTULO VI – A EDUCAÇÃO JURÍDICA MULTICULTURAL

individuais e ações coletivas, mas também iniciativas políticas, o que as pessoas precisam aprender a fazer nas instituições de ensino superior. Da mesma forma que alunos e alunas são frequentemente incentivados a resolver problemas jurídicos nas diversas disciplinas, eles também precisam ser treinados para enfrentar o racismo a partir de sua grande complexidade.

6.2 As bases epistemológicas da educação jurídica antirracista

Uma educação multicultural está ancorada em alguns elementos centrais. Primeiro, ela reconhece a necessidade de adequarmos metodologias de estudo à pluralidade de experiências presentes na sala de aula. Isso significa que ela não pode estar baseada em uma única norma de experiência; precisa espelhar o pluralismo presente na realidade. Segundo, ela não pode estar calcada na noção de uma transcendência racial. A reprodução da noção de que a cordialidade racial é um elemento central da nossa sociabilidade contribui para o apagamento da questão racial, o que prejudica a elaboração de medidas a serem tomadas para a construção de uma sociedade mais justa. Terceiro, os professores precisam ser treinados para que possam abordar esse tema a partir de uma pluralidade de perspectivas. Isso permite que as pessoas se vejam representadas no processo de reflexão sobre os vários temas debatidos em sala de aula e que estão, direta ou indiretamente, relacionados com o debate sobre a justiça racial. Esses pontos precisam ser, então, abordados de forma mais detalhada.

6.2.1 A prioridade de epistemologias críticas

Um dos desafios mais significativos relacionados à transformação do multiculturalismo em um ponto de partida para uma experiência pedagógica engajada decorre das epistemologias adotadas na abordagem da questão da justiça racial. Não podemos ter uma discussão frutífera sobre esse assunto se ele é tratado a partir de uma perspectiva baseada nos pressupostos das teorias jurídicas tradicionais. O debate sobre justiça racial terá poucas chances de promover uma mudança na percepção da realidade social se ele estiver ancorado nas premissas do liberalismo e do individualismo. Esses parâmetros não oferecerão elementos para as pessoas mudarem a percepção de que quaisquer debates sobre justiça deverão estar baseados na prioridade dos interesses individuais sobre interesses coletivos. Por esse motivo, discussões sobre os vários sentidos da justiça racial precisam ser feitas a partir de teorias que permitam a rearticulação dos pressupostos por meio dos quais entendemos a realidade. Por exemplo, não conseguiremos avançar no entendimento da necessidade de ações afirmativas se partirmos da ideia de que o direito à educação é um direito individual que obriga as instituições estatais a privilegiar interesses individuais em relação à preocupação com a promoção de justiça social.

Criar uma cultura institucional voltada para o debate sobre a questão racial não é uma tarefa fácil de ser estabelecida por alguns motivos especiais. Vivemos em uma sociedade que cultiva uma falsa ideologia baseada na ideia de que a cordialidade racial é um elemento central de nossa cultura pública. A influência dessa narrativa no processo de socialização faz com que muitas pessoas brancas acreditem que discussões sobre direitos de grupos raciais subalternizados não sejam uma questão jurídica, mas, sim, um tema de caráter meramente sociológico ou político. Além disso, temos uma prática pedagógica que se apresenta como universal, mas que tem um caráter altamente regulador, motivo pelo qual debates sobre temas de justiça racial são classificados como alheios a questões verdadeiramente jurídicas. A prevalência de membros do grupo racial dominante nas instituições de ensino faz com que esses padrões universalistas baseados em uma concepção do Direito como um mero instrumento de regulação social elimine ou marginalize temas ligados a direitos de minorias no espaço acadêmico. Na verdade, a academia tem contribuído, ao longo da história, para legitimar discursos sociais que operam para validar e

CAPÍTULO VI – A EDUCAÇÃO JURÍDICA MULTICULTURAL

reproduzir práticas discriminatórias, razão pelo qual uma educação jurídica antirracista pode encontrar obstáculos significativos em nossas instituições de ensino jurídico. Muitos professores estão tão convencidos de que os programas de suas disciplinas são universais que os questionamentos trazidos por membros de grupos subalternizados podem parecer ilegítimos para eles.

Por esses motivos, uma educação jurídica antirracista deve priorizar perspectivas críticas, perspectivas capazes de abarcar a lógica das demandas de justiça formuladas por membros de grupos raciais subalternizados da melhor forma possível. Elas devem, em primeiro lugar, estar baseadas em concepções de justiça que privilegiam a preocupação com a emancipação de minorias, uma vez que os problemas enfrentados por estas decorrem do pertencimento a grupos socialmente estigmatizados. A preferência por essas teorias é justificada porque o problema da justiça racial estabelece a necessidade de discutir um problema central da modernidade: o problema da identidade e da diferença. Teorias de justiça que ignoram as consequências dos processos culturais e políticos que estimulam processos de estigmatização são incapazes de abordar, de forma adequada, as várias implicações das construções das diferenças sociais na afirmação da igualdade em sociedades pluralistas. Por esse motivo, a educação antirracista precisa ter como ponto de partida posições epistemológicas que expressam as experiências dos subordinados, para que todos possam ter maior compreensão da variedade de interpretações que partem das experiências sociais distintas dos vários grupos sociais. Discutir o tema da justiça racial a partir das doutrinas de autores hegemônicos geralmente opera como um mecanismo para invisibilizar os problemas produzidos pela marginalização social, mesmo que esse não seja um objetivo de nossos docentes.

O projeto de uma educação jurídica antirracista requer o ensino crítico a partir das categorias de análise estabelecidas pelas perspectivas teóricas anteriormente examinadas. Isso significa que docentes envolvidos nesse processo devem escolher os casos a serem discutidos em sala de aula de forma que alunos e alunos possam compreender como mecanismos de opressão funcionam objetivamente na realidade social. Assim, ao lado de uma literatura que utiliza diferentes perspectivas sobre temas centrais de uma disciplina, docentes devem também escolher casos cuja complexidade possa demonstrar os diferentes meios a partir dos quais sistemas de opressão conexos (matrizes de dominação, na terminologia cunhada por Patricia Hill Collins) operam para promover a subalternização de grupos raciais. O debate sobre a relevância da raça opera como um fator de diferenciação de *status* cultural e de *status* material, e deve ser um dos pontos de partida da seleção desse conteúdo. Uma habilidade importante para pessoas que desempenharão funções centrais em instituições públicas e privadas é a possibilidade de reconhecimento das situações nas quais a raça opera enquanto designação biológica, enquanto designação de *status* e enquanto designação de linhagem para promover a opressão social. Além disso, os casos a serem discutidos devem ser escolhidos de tal maneira que discentes possam entender como a raça opera como um mecanismo de distribuição de oportunidades materiais entre grupos raciais ao longo da história e no momento presente.[207]

Outro parâmetro importante nesse processo é a necessidade de demonstração dos vários meios a partir dos quais o racismo opera enquanto um sistema de subordinação social. Exemplos de racismo interpessoal, de racismo institucional, de racismo recreativo e de racismo estrutural podem ser facilmente encontrados na jurisprudência dos tribunais, o que permite aos docentes explicar para os discentes como a lógica desses processos opera. Esse é um passo importante para que alunas e alunos estejam preparados para atuar em atividades clínicas a serem implementadas nas instituições, um complemento muito relevante para a formação de pessoas que

---

[207] Cf. DUNCAN-ANDRADE, Jeff. "Teaching critical analysis of racial oppression". *In*: POLLOCK, Mica. *Everyday antiracism*: getting real about race in school. Nova York: Norton & Company, 2008, pp. 156-161.

CAPÍTULO VI – A EDUCAÇÃO JURÍDICA MULTICULTURAL

desempenharão funções importantes em diversas instituições. O projeto de uma educação antirracista requer também um contato com a comunidade para que operadores jurídicos possam se engajar em práticas discriminatórias recentes, além de outras que possam surgir ao longo do tempo. Como vimos em capítulos anteriores, o racismo tem uma natureza dinâmica, ele adquire novas faces na medida em que é combatido, se aclimata e aperfeiçoa os seus instrumentos de exclusão e de segregação.

É claro que a experiência de alunos e alunas que pertencem a grupos raciais subordinados pode ser um ponto de partida para a discussão de assuntos relacionados à injustiça racial, uma vez que eles passam por situações discriminatórias com grande frequência. Não podemos esquecer que falar sobre experiências de discriminação em sala de aula significa estar em uma situação na qual as pessoas afirmam que identidades sociais possuem diferentes tipos de *status* social, um tipo de entendimento que pode ser ofuscado por uma lógica baseada em valores liberais, uma lógica afeita a ignora as diferenças materiais, amparando-se na igualdade formal. Mas a possibilidade de poder ouvir dos colegas experiências de racismo, de sexismo e de homofobia pode ser uma grande oportunidade de aprendizado e um grande ponto de partida para o engajamento em um processo de criação conjunta de estratégias para o alcance de justiça racial. Em prol de uma falsa "objetividade", professores frequentemente invalidam, em sala de aula, as trajetórias particulares dos estudantes (as quais, sendo "subjetivas", contrastariam com o discurso "genérico" e "neutro" esperado do saber acadêmico). Essa postura, no entanto, termina por *naturalizar* e *normalizar* as perspectivas dos grupos raciais dominantes, enquanto invisibiliza as experiências dos grupos raciais subalternizados. Por isso, teorias decoloniais e críticas têm procurado revalorizar a importância da "contação de histórias", da rememoração de vivências, em classe. Se, por um lado, esse tipo de atividade pode gerar ansiedade em estudantes brancos, uma vez que estes ficam cientes da lógica do funcionamento do racismo enquanto sistema de privilégios sociais, por outro, ela permite que eles transformem a percepção da realidade por meio de depoimentos de pessoas que fazem parte de seu círculo de relacionamentos. Muitos são levados a pensar que todas as pessoas de uma mesma instituição de ensino têm experiências sociais inteiramente homogêneas, um dos motivos pelos quais concluem que episódios de discriminação não são recorrentes, ou que todos eles estão relacionados com preconceito de classe, ou que simplesmente não existem. Essa última atitude não deve ser vista apenas como expressão da influência da ideologia da democracia racial; muitos indivíduos simplesmente pensam que os seres humanos não são capazes de ações discriminatórias.[208]

A escolha dos casos debatidos em sala de aula não pode deixar de examinar os meios a partir dos quais diferentes sistemas de opressão convergem para produzir a marginalização de diferentes seguimentos da população negra. Por esse motivo, os conceitos de interseccionalidade e de multidimensionalidade de opressões são mecanismos importantes para análises críticas da realidade social. Embora a discriminação racial traga consequências negativas para todos do grupo, pessoas negras possuem uma pluralidade de identidades, motivo pelo qual a opressão sofrida por elas pode ser produto da discriminação sistemática baseada no gênero, na sexualidade e na classe. Assim, a escolha de casos que examinam a situação do que tem sido chamado de sujeitos complexos se mostra muito importante para a compreensão dos meios a partir dos quais grupos humanos estão em uma situação de grande vulnerabilidade. Examinar a situação de mulheres negras, de *gays* negros, de pessoas negras com deficiência permite que discentes possam reconhecer como processos sociais permitem a reprodução de grupos subordinados ao longo da história, de como

---

208 TORRE, María Elena; FINE, Michelle. "Engaging youth in participatory inquiry for social justice". *In*: POLLOCK, Mica. *Everyday antiracism*: getting real about race in school. Nova York: Norton & Company, 2008, pp. 165-171.

CAPÍTULO VI – A EDUCAÇÃO JURÍDICA MULTICULTURAL

certas formas de identidade se tornam requisitos para o acesso de direitos. O exame da confluência entre raça e gênero, bem como entre raça e sexualidade, é um passo importante para um debate sobre como a noção de justiça racial deve ser construída, tema que não pode prescindir de uma análise integrada da operação de sistemas de operação.

6.2.2 De volta à questão básica: o que é a justiça?

Como afirmamos antes, a proposta de uma educação jurídica antirracista implica a necessidade de um tipo de reforma do sistema de ensino que reconheça realidade de salas de aula cada vez mais multiculturais. Esse fato abre espaço para a construção de uma proposta de ensino comprometida com a questão da justiça social para todas as pessoas, mas especialmente para aquelas que sofrem tipos de desvantagem social sistemática por algum tipo de identidade construída ou atribuída. O tipo de reforma que propomos pressupõe a volta à discussão básica da reflexão jurídica: o problema da justiça, questão considerada por muitos professores e professoras de Direito como um problema de natureza filosófica, e não jurídica. Porém, ele precisa ser discutido a partir desse dado, que é a necessidade da construção coletiva dos sentidos de justiça racial em nossa sociedade. Para que esse objetivo seja alcançado, os debates sobre esse tema não podem prescindir da consideração do racismo como principal sistema de reprodução de desigualdades em nossa sociedade. Uma educação jurídica antirracista pressupõe, então, que reflexões sobre a função básica do sistema jurídico, a promoção da justiça, precisam de um engajamento coletivo a partir de uma pluralidade de perspectivas epistemológicas. O debate sobre justiça racial requer um exame sistemático da operação dos sistemas que promovem hierarquias sociais, de forma que professores e professoras, alunos e alunas possam estar aptos a propor mudanças capazes de promover transformação social. Esse objetivo só pode ser alcançado se todos os presentes tiverem uma sólida base de conhecimento sobre esse preceito moral, jurídico e político básico.

Ao contrário do que afirmam muitos docentes, o Direito não se identifica apenas com regras processuais, mas fundamentalmente com parâmetros de racionalidade a partir dos quais as pessoas devem ser tratadas em uma sociedade democrática.[209]

Apesar dessas dificuldades, tópicos relacionados ao Direito Antidiscriminatório começam a ser debatidos em muitas disciplinas jurídicas com maior frequência, o que abre espaço para iniciativas transformadoras do ensino jurídico. A crescente consciência da importância da diversidade nos espaços de poder tem demonstrado a relevância da reflexão sobre os motivos pelos quais grupos raciais subalternizados ainda permanecem em uma situação de desvantagem social, problema cuja resposta requer o entendimento dos mecanismos responsáveis pela manutenção de hierarquias sociais. O conhecimento dos temas centrais dessa disciplina possui extrema relevância para discussões sobre justiça racial, uma vez que as pessoas precisam ter conhecimento de diferentes teorias e métodos de interpretação da igualdade, das várias manifestações de discriminação, além das medidas que podem ser adotadas para a promoção da inclusão social. Por ser uma disciplina que procura diminuir disparidades entre grupos sociais por meio de maior efetividade do sistema protetivo de direitos presente no nosso ordenamento jurídico, o Direito Antidiscriminatório oferece os elementos básicos para esse debate.[210]

---

[209] Ver, nesse sentido: GOSRKI, Paul. "The unintentional undermining of multicultural education: educators at the equity crossroads". *In*: LANDSMAN, Julie; LEWIS, Chance. *White teachers, diverse classrooms*. Sterling: Stylus, 2006, pp. 64-66.

[210] Ver, nesse sentido: ARROYO, Miguel González. "A pedagogia multirracial popular e o sistema escolar". *In*: GOMES, Nilma Lino (Coord.). *Um olhar além das fronteiras*: educação e relações raciais. Belo Horizonte: Autêntica, 2007, pp. 121-125.

CAPÍTULO VI – A EDUCAÇÃO JURÍDICA MULTICULTURAL

6.2.3 Um tema importante: poder e reprodução do conhecimento

A construção de uma educação multicultural enfrenta ainda outro obstáculo. Muitos professores e professoras não reconhecem todas as dimensões de poder que exercem sobre a formação de seus alunos e alunas. A função desses profissionais não se resume a transmitir conhecimento; eles criam programas de disciplinas que, por muito tempo, determinarão a forma como membros do corpo discente compreenderão o modo como o sistema jurídico deve regular uma questão particular. Eles precisam estar cientes de que exercem um tremendo poder na maneira como essas pessoas operarão quando se tornarem profissionais nos diversos campos de atuação. Um programa de disciplina que não aborda os meios a partir dos quais relações hierárquicas de poder afetam membros de grupos subordinados contribui para a preservação dos sistemas de opressão porque mantêm a invisibilidade social deles. Uma educação jurídica antirracista não pode deixar de perguntar sobre o funcionamento dos mecanismos que promovem a concentração de poder nas mãos de certos grupos sociais, pois esse é um ponto de partida para o debate sobre os meios a serem adotados para a eliminação desses arranjos.

É importante que alunas e alunos possam compreender a lógica social na qual esses mecanismos se baseiam para que tenham chances de modificar seus meios de funcionamento. Por esse motivo, aqueles profissionais engajados em uma educação jurídica antirracista precisam estar cientes de que muitas vezes não reconhecem o fato de que moldam o ensino de suas disciplinas a partir dos valores e ideologias representantes dos interesses dos grupos aos quais pertencem. Essa realidade é problemática porque a composição demográfica dos corpos docentes implica que alunos e alunas sempre estarão expostos apenas às perspectivas apresentadas por membros dos grupos dominantes. A crença de que a posição deles é neutra permite a reprodução de um paradigma cultural dentro do qual não há relações entre opressão negra e privilégio branco,

183

o que contribui para a reprodução das disparidades raciais, pois os futuros advogados que estão em suas salas de aula reproduzirão o mesmo paradigma quando estiverem atuando profissionalmente. Muitos profissionais acreditam que a educação jurídica significa a mera reprodução do cânone acadêmico que regula uma área jurídica, processo cuja natureza é necessariamente neutra porque consiste na análise de teses jurídicas consagradas.

Essa realidade reflete o problema da *desconexão*: uma forma de ensino jurídico no qual debates sobre justiça social largamente restringem a explicação das disparidades raciais a problemas de classe social, ou então caracterizam esse tipo de discussão como um problema cuja solução só pode ocorrer no espaço político. Essa postura acadêmica impede a construção da consciência de que o sistema jurídico também opera como um sistema político, de que o processo de interpretação de normas jurídicas é muitas vezes influenciado por interesses na manutenção da organização social, mesmo que esta seja responsável pela permanência de desigualdades de toda ordem. Um projeto de uma educação jurídica antirracista não pode partir do pressuposto de que a neutralidade deve marcar o raciocínio jurídico porque nosso texto constitucional possui um projeto de transformação social comprometido com a justiça racial, *o que é um projeto político*. Seus pressupostos devem guiar a interpretação de normas legais e operar como parâmetros para o próprio ensino jurídico, instância que deve criar meios para a efetivação desse projeto.[211] Professores e professoras comprometidos com uma pedagogia jurídica antirracista devem estar cientes do problema da injustiça epistêmica e como esta se manifesta na própria construção do conhecimento jurídico, uma vez que ele tem sido produzido ao longo do tempo pelos membros de um mesmo grupo social.

---

211 Ver, nesse sentido: KLARE, Karl. "Legal culture and transformative constitutionalism". *South African Journal of Human Rights*, vol. 146, nº 1, 1998, pp. 146-188 (classificando o atual paradigma constitucional como uma filosofia política que tem o objetivo de promover a transformação social por meio da transformação da cultura jurídica de democracias liberais).

CAPÍTULO VI – A EDUCAÇÃO JURÍDICA MULTICULTURAL

6.2.4 A sala de aula como uma situação comunicacional

Profissionais da educação também precisam estar atentos a algo muito relevante. Professores e professoras geralmente não prestam a atenção devida a um aspecto particularmente importante da atividade de ensino: a sala de aula é uma situação comunicacional. Os que estão ali presentes estão engajados em uma atividade na qual sentidos culturais são transmitidos, o que ocorre a partir de uma determinada lente. Muitos veriam esse ato de comunicação como algo marcado pelo ideal de neutralidade, mas estamos bem longe disso. A educação jurídica antirracista exige que os professores se expressem politicamente e falem em nome dos grupos que sofrem processos contínuos de discriminação. Professores e professoras engajadas nesse processo devem se posicionar politicamente, não apenas em nome de grupos raciais subalternizados, mas para assumir um compromisso com a construção de uma sociedade democrática, ideal que não pode ser atingido sem a devida inclusão de grupos subordinados. Os que se recusam a abordar esse assunto também estão se posicionando politicamente; eles escolhem uma prática que pensam ser neutra, mas que, por deixar de problematizar a realidade, contribui para a preservação de sistemas de dominação. Como tem sido afirmado por certos autores contemporâneos, a reflexão jurídica deve ser politicamente engajada para que as pessoas possam tomar conhecimento de que precisam atuar para a maior efetividade do sistema protetivo de direitos presente em nosso ordenamento jurídico.[212]

Esse projeto de educação antirracista está baseado em um compromisso com a ideia de que todos os alunos e todas as alunas membros de diferentes grupos sociais deverão ter a oportunidade

---

[212] Ver, nesse sentido: MILNER, H. Richard. "But good intentions are not enough: theoretical and philosophical relevance in teaching students of color". *In*: LANDSMAN, Julie; LEWIS, Chance. *White teachers, diverse classrooms*. Sterling: Stylus, 2006, pp. 87/88.

de participar do debate sobre a justiça racial. Mas ele também encontra fundamento no direito de todos eles e de todas elas terem as mesmas oportunidades, de poderem contar com o mesmo empenho dos educadores. Isso significa que professores e professoras devem demonstrar o mesmo empenho no processo de aprendizagem de todos: ter baixas expectativas em relação à capacidade intelectual de membros de grupos sociais subalternizados é uma forma perniciosa de racismo. Não permitir que estes falem ou permitir apenas que pessoas brancas falem em sala de aula, desconsiderar os argumentos apresentados por membros de grupos subalternizados, priorizar oportunidades educacionais para alunos e alunas brancos são formas de demonstração que certos grupos não têm lugar no espaço acadêmico. A necessidade de questionamento do lugar do professor dentro das estruturas de poder se mostra essencial neste momento porque profissionais da educação precisam se questionar sobre a influência de estereótipos raciais e sexuais na sua percepção da capacidade acadêmica de alunos de grupos subalternizados. Ter baixa expectativa em relação a membros desses segmentos sociais decorre da influência de estereótipos que circulam dentro do mundo cultural, sendo que eles podem afetar nossa percepção de forma consciente ou inconsciente. Por esse motivo, profissionais de ensino devem estar empenhados em um processo de exame contínuo dos seus comportamentos em sala de aula. Eles precisam garantir que sua atuação nesse espaço não seja vista como mais uma manifestação de intolerância ou indiferença, pois isso comprometerá o propósito de se construir um espaço seguro para o debate sobre justiça racial.[213]

6.2.5 Comprometimento institucional

Tendo em vista o caráter transversal de uma educação antirracista, certos aspectos institucionais precisam ser considerados. Ele

---

[213] HOLBROOK, Carolyn. "Low expectations are the worst form of racism". *In*: LANDSMAN, Julie; LEWIS, Chance. *White teachers, diverse classrooms*. Sterling: Stylus, 2006, pp. 110-118.

CAPÍTULO VI – A EDUCAÇÃO JURÍDICA MULTICULTURAL

não pode se resumir aos debates entre docentes e alunos em sala de aula ou às reuniões de orientação de supervisão de pesquisa. Seu sucesso depende também de um comprometimento institucional com a justiça racial, o que implica um suporte pedagógico contínuo para os professores. Eles devem ter a possibilidade de discutir com seus colegas, mas também com indivíduos especializados a forma como o tema da justiça racial pode ser abordado no conteúdo de suas disciplinas. Esse tópico não tem uma natureza estática; abordagens precisam ser sempre revistas em função da natureza dinâmica dos sistemas de dominação social. Por exemplo, a discriminação direta ainda é um parâmetro relevante para identificarmos processos de exclusão racial, mas vemos, hoje, que temas como a discriminação algorítmica exigem a devida compreensão de seus impactos no debate sobre justiça racial. Ser capaz de modular o programa das disciplinas para atender as necessidades de discussão sobre temas referentes à justiça racial é algo de grande importância para que as instituições sejam capazes de acompanhar desenvolvimentos sociais diversos. Programas de preparação para os professores devem apresentar diferentes técnicas pedagógicas capazes de abordar tópicos referentes à justiça racial, um recurso necessário para que eles possam ajustar as particularidades de desenvolvimentos sociais com a natureza específica das disciplinas que lecionam. Essas técnicas pedagógicas precisam também auxiliá-los a tratar o tema do multiculturalismo em sala de aula, de forma que eles possam entender os vários fatores que influenciam as expectativas e os problemas enfrentados por esses alunos na formação superior. Não podemos esquecer que uma educação jurídica antirracista não poderá alcançar seus objetivos se não houver uma ampla harmonização entre o conhecimento do conteúdo específico de uma disciplina jurídico com o conteúdo social sobre o tema da justiça racial.[214]

---

[214] Ver, nesse sentido: ISHII-JORDAN, Sharon. "Preparing teachers to develop inclusive communities". LANDSMAN, Julie; LEWIS, Chance. *White teachers, diverse classrooms*. Sterling: Stylus, 2006, pp. 250-264.

Como afirmado acima, o projeto de uma educação jurídica antirracista requer um compromisso institucional significativo. Alguns passos são necessários para que esse projeto possa alcançar seus objetivos.[215]

Primeiro, os dirigentes da instituição devem estar comprometidos com a construção de uma cultura acadêmica baseada na prática da discussão sobre objetivos educacionais. Isso se mostra extremamente relevante porque o projeto de uma educação jurídica antirracista requer uma série de iniciativas que incluem a articulação desse tema no conteúdo das várias disciplinas, treinamento de professores e funcionários, a criação de linhas de pesquisa e de clínicas voltadas para a solução dos diversos problemas jurídicos enfrentados por grupos raciais subalternizados. Esse amplo debate deve ter a diversidade como um fator de grande relevância para a educação jurídica, ponto de partida para a construção de uma prática profissional voltada para a promoção da justiça racial.

Segundo, os dirigentes da instituição devem criar um comitê pedagógico especial, um órgão que desempenhará funções essenciais no projeto que estamos discutindo. Ele deverá ser composto por especialistas no estudo de temas relacionados às relações raciais na sociedade brasileira, sendo que o conhecimento do Direito Antidiscriminatório e do Direito das Relações Raciais se mostra especialmente relevante. Idealmente formado por pessoas de diferentes grupos raciais, esse comitê conduzirá o debate sobre práticas pedagógicas e guiará os professores na elaboração de suas ementas, na condução de técnicas para a discussão sobre a justiça racial, no estabelecimento de linhas de pesquisa e na criação de clínicas sobre direitos de minorias raciais. Esse comitê também estará em constante contato com discentes para que eles possam avaliar a experiência de alunos e alunas que são membros de

---

215 Cf. HAWLEY, Willis D. "Spearheading school-wide reform". *In*: POLLOCK, Mica. *Everyday antiracism*: getting real about race in school. Nova York: Norton & Company, 2008, pp. 267-271.

CAPÍTULO VI – A EDUCAÇÃO JURÍDICA MULTICULTURAL

grupos raciais subalternizados na instituição, conhecimento que pode ser um elemento importante para convencer os professores resistentes à discussão dessa questão em sala de aula. Esse comitê será responsável ainda por iniciativas que procuram desenvolver a consciência entre professores e funcionários sobre a importância da discussão sobre justiça racial; criar meios de construção conjunta de solução de problemas que podem surgir em função de conflitos baseados em questões raciais; elaborar parâmetros coletivos para a discussão sobre a questão racial nas diferentes disciplinas; e estruturar, a partir de um debate coletivo, formas de criar meios para que estudantes desenvolvam maior competência intercultural. Os membros desse comitê também conduzirão grupos de estudo sobre a questão racial, algo importante para que docentes não reproduzam compreensões tradicionais sobre raça que negam a relevância desse tema em nossa sociedade.

Terceiro, bibliotecários e bibliotecárias desempenharão um papel muito importante nesse processo. Ao lado dos membros do conselho pedagógico especial, eles deverão criar um setor exclusivo na biblioteca sobre os mais diversos temas relacionados à questão racial. Os livros selecionados, cuja aquisição será feita por meio de uma porcentagem do orçamento destinada para a compra de obras sobre esse tema, deverão fazer parte de uma coleção especial a fim de facilitar o acesso de aluno/as e professores/as. Essa coleção deve incluir obras jurídicas sobre o tema, mas também livros que possam servir de base para reflexões de caráter histórico, sociológico e filosófico sobre relações raciais na sociedade brasileira. Certamente, estudos teóricos sobre racismo ao longo da história são essenciais, sendo que essa bibliografia também deve observar uma perspectiva crítica.

Quarto, os dirigentes deverão sempre estar comprometidos com a criação de uma cultura institucional voltada para o desenvolvimento de relações de confiança entre docentes e discentes. Esse esforço inclui vários elementos, desde a criação de espaços nos quais docentes e discentes possam interagir para desenvolver atividades acadêmicas *e* recreativas, até grupos responsáveis pela reflexão sobre como relações raciais podem ser melhoradas na instituição. Tensões raciais, sejam abertas ou encobertas, fazem parte da dinâmica das interações entre as pessoas em nossa sociedade, sendo que elas geram uma série de problemas que comprometem a *performance* de alunos e alunas membros de grupos raciais subalternizados, outro fator que contribui para lhes interditar o mesmo sucesso acadêmico e profissional.

Quinto, uma educação jurídica antirracista requer o comprometimento institucional com a promoção da diversidade racial do corpo docente. Essa estratégia se justifica porque o projeto de educação jurídica antirracista requer a produção de conhecimento sobre diversos aspectos relacionados ao tema da justiça racial, um tema de pesquisa geralmente desenvolvido por pessoas afetadas pela discriminação racial. A presença de membros de grupos racialmente subordinados no quadro docente também se justifica pela importância do contato com quem pode ser fonte de inspiração profissional. Embora todos possam desempenhar essa função, a experiência social racializada faz com que laços identificatórios sejam construídos de forma mais direta com pessoas que pertencem ao mesmo grupo racial.

Sexto, dirigentes também devem estar sempre atentos às possíveis causas de diferenças de desempenho acadêmico entre alunos e alunas que pertencem a diferentes grupos raciais. É importante que essas diferenças não sejam explicadas a partir de estereótipos raciais ou de classe, uma vez que os motivos podem decorrer da cultura da instituição. Todos os alunos e alunas querem alcançar objetivos pessoais, mas eles enfrentam vários obstáculos que podem estar dentro ou fora da escola. Expectativas sociais relacionadas à raça, classe, gênero e sexualidade podem pressionar alunos e alunas a não darem a devida importância para a escolarização, problema que pode afetar especialmente pessoas negras do sexo masculino, como tem sido extensivamente documentado. O desempenho escolar de alunos e alunas de grupos raciais subalternizados pode ser

CAPÍTULO VI – A EDUCAÇÃO JURÍDICA MULTICULTURAL

afetado pelo fato de serem membros de duplas minorias, o que pode promover uma alienação institucional ainda maior. Por esse motivo, o comitê pedagógico especial deve treinar os professores para que identifiquem os motivos reais pelos quais esse problema pode ocorrer.

Sétimo, dirigentes precisam manter uma atitude permanente de otimismo em relação ao sucesso desse processo. Mesmo com a implementação de todos os passos anteriores e mesmo que eles alcancem seus propósitos, conflitos raciais ocorrerão, porque as pessoas que circulam dentro do meio acadêmico também estão integradas a outros instâncias da vida social, as quais não reconhecem a validade desse tipo de iniciativa. Estereótipos e preconceitos continuarão a motivar comportamentos conscientes e inconscientes, o que poderá sempre causar conflitos raciais. Entretanto, dirigentes não podem esquecer que docentes e discentes que participam desse projeto serão também agentes multiplicadores: eles desenvolverão as habilidades intelectuais necessárias para transformar as formas como pessoas e instituições operam. Todo esse projeto de transformação institucional tem o potencial de impactar a vida social de maneira significativa porque alunos e alunas desempenharão posições de poder e prestígio em instituições públicas e privadas.

6.3 O papel do professor/a branco/a na educação multicultural

Devemos estar atentos ao fato de que uma educação antirracista é uma educação multicultural, o que exige a consideração dos modos pelos quais se formam os lugares sociais das pessoas em interação na sala de aula. A construção de uma relação de confiança entre os participantes de um debate contínuo sobre justiça racial requer que o professor problematize o lugar que ele ocupa e como ele determina sua percepção do mundo. Um professor universitário não é apenas uma pessoa que transmite conhecimento: ele é um veículo por meio do qual diversas formas de compreensão do mundo são reproduzidas e institucionalizadas, porque seus alunos abordarão o mundo a partir dos pressupostos epistemológicos que aprendem com seus professores. Assim, a educação multirracial parte da discussão sobre a natureza política dos lugares ocupados nas diversas relações de poder presentes em uma dada sociedade. A problematização desse ponto se torna relevante na medida em que permite conhecer o lugar de fala dos diversos indivíduos envolvidos na discussão sobre a justiça racial. Em resumo, uma pedagogia politicamente engajada está baseada na necessidade de uma reflexão pessoal sobre como somos formados a partir das relações de poder presentes em nossa sociedade. Saber como nos tornamos agentes sociais nos permite entender como somos atravessados por diferentes relações de poder, conhecimento necessário para que possamos atuar de modo a criar formas de interação social mais transparentes. *Não estamos dizendo que as pessoas são naturalmente racistas. Estamos afirmando que fazemos parte de um conjunto de sistemas sociais organizados por processos que, muitas vezes, operam de forma independente da nossa consciência e intenção. Não podemos partir do pressuposto de que somos senhores da nossa existência porque a possibilidade e a forma de ação no mundo estão amplamente baseadas na posição que ocupamos nas diferentes hierarquias de poder.*[216]

O/a professor/a branco/a deve ter alguns propósitos particulares na formação de uma educação multicultural, aspecto central para a construção de uma pedagogia antirracista. Esse professor precisa estar atento ao lugar social que ocupa dentro das representações culturais sobre lugares de poder e prestígio, motivo pelo qual uma de suas preocupações primordiais deve ser a indagação dos cânones adotados na formação. Estar em posições de poder e prestígio significa, na maior parte das vezes, ocupar uma posição

---

[216] POWERS, Peter Kerry. "A ghost in the collaborative machine: the white male teacher in the multicultural classroom". *In*: TUSMITH, Bonnie; REDDY, Maureen. *Race the in the college classroom*. New Brunswick: Rutgers University Press, 2002, pp. 28-30; RIBEIRO, Djamila. *Lugar de fala*. São Paulo: Jandaíra, 2017.

CAPÍTULO VI – A EDUCAÇÃO JURÍDICA MULTICULTURAL

social na qual privilégios são invisíveis para esse indivíduo. Esses privilégios se manifestam também na possibilidade de criação de um programa de disciplina formado a partir de autores que pertencem ao grupo racial dominante e que são culturalmente apresentados como referências universais. Estar em uma posição de poder e prestígio significa ocupar um lugar social na qual as relações de poder que a constituem se mostram invisíveis para o sujeito. Assim como professores de outros grupos raciais, professores brancos e professoras brancas devem estar especialmente preocupados em construir um programa de disciplina que reflita uma pluralidade de epistemologias sociais, pois, dessa forma, não correrão o risco de servirem como instrumentos para a universalização de racionalidades que se mostram alienantes. Isso significa que o debate em torno da justiça racial não pode ser um lugar marcado pelo silenciamento sobre a dinâmica de sistemas de dominação, não pode ser um debate no qual seus participantes não questionam o lugar que ocupam nas estruturas de poder.[217]

Essa reflexão implica o reconhecimento de que ele também possui diversas identidades, o que pode ser algo novo para os pertencentes a grupos hegemônicos. A raça não é um elemento que faz parte da forma como pessoas brancas se classificam na maior parte do tempo; a raça é um marcador social utilizado para classificar membros de outros grupos. Esse é um dos motivos pelos quais ela deve ser entendida como um efeito de relações de poder, o que situa negros e brancos em posições sociais distintas. A questão do gênero opera da mesma forma: é uma categoria utilizada para classificar indivíduos, é um tipo de identidade responsável por um processo de subjetivação e de organização das relações sociais. Essas categorias permeiam as relações humanas de diversas maneiras, legitimando estruturas de poder que atribuem lugares e valores sociais distintos para as pessoas, inclusive para as experiências

---

217 FOX, Helen. *When race breaks out*: conversations about race and racism in college classrooms. Nova York: Peter Lang, 2009, pp. 15-25.

e referências dos grupos. Os profissionais brancos devem, então, problematizar o caráter universal do tipo de conhecimento associado ao grupo racial ao qual pertencem. A educação multicultural parte do pressuposto de que um problema social pode e deve ser interpretado a partir das diversas perspectivas daqueles que são, direta e indiretamente, afetados por ele, aspecto que também deve fazer parte da perspectiva de professores de outros grupos raciais.[218]

Uma educação multicultural e antirracista não requer que o professor ou professora seja uma pessoa negra, mas exige que esses profissionais adquiram competência discursiva sobre outras perspectivas epistemológicas relevantes para o debate sobre justiça racial em sala de aula. A aquisição dela implica o estudo sistemático de diversos temas referentes à questão racial, pois um debate baseado em um conhecimento superficial sobre a realidade não será capaz de produzir uma consciência crítica nos alunos e alunas. Embora esse conselho também seja importante para professores negros e para professoras negras, é provável que pessoas brancas tenham sido menos expostas à necessidade de reflexão sistemática sobre a questão racial, tanto na vida pessoal quanto na vida acadêmica. O profissional engajado com uma educação multicultural precisa adquirir competência discursiva para que o lugar por ele ocupado não seja uma posição a partir da qual velhas epistemologias sejam indefinidamente repetidas. Esse conhecimento é adquirido por meio da leitura de autores que utilizam uma epistemologia capaz de relevar o funcionamento das diversas hierarquias de poder presentes dentro de uma sociedade. Ele não deve utilizar seu lugar de privilégio para reproduzir uma cultura institucional que reconhece apenas autores brancos como autoridades sobre o tema da justiça racial. Criar um programa de uma disciplina que

---

[218] ELIAS, Karen; JONES, Judith. "Two voices from the front lines: a conversation about race in the classroom". *In*: TUSMITH, Bonnie; REDDY, Maureen. *Race the in the college classroom*. New Brunswick: Rutgers University Press, 2002, pp. 7-19.

CAPÍTULO VI – A EDUCAÇÃO JURÍDICA MULTICULTURAL

não oferece uma pluralidade de perspectivas ou que utiliza apenas autores canônicos serve apenas para repetir a forma como o tema do racismo é reproduzido em nossa sociedade.

O/a professor/a branco/a tem um papel de grande importância em sala de aula: discutir o privilégio branco. Deve fazer isso, em primeiro lugar, por meio de um processo de conscientização da sua posição dentro das estruturas de poder, mas também por meio da escolha dos autores e das perspectivas a partir das quais temas relacionados com a justiça racial serão discutidos. Isso requer que esse profissional não lide apenas com autores brancos hegemônicos em sala de aula; isso requer que ele também garanta que a sala de aula seja um lugar no qual as opiniões de pessoas negras e brancas sejam igualmente ouvidas; e isso exige que ele corrija aquelas posições incompatíveis com os pressupostos teóricos que devem guiar esse debate. O professor branco deve fazer todo o possível para evitar criar, entre as pessoas brancas, a percepção de que elas devem defender uma mesma posição, uma posição das pessoas brancas, porque só há um lado dentro desse debate, que é o da justiça racial. O professor branco deve estar atento aos discursos culturais que procuram promover o apagamento da questão racial e aos mecanismos que garantem a prevalência da posição dos membros desse grupo porque só eles se manifestam. Ele precisa estar atento ao fato de que o sistema de dominação racial presente em nossa sociedade faz com que muitas pessoas brancas desenvolvam a noção de que possuem uma prioridade na discussão sobre todo e qualquer assunto, inclusive e principalmente, no debate sobre a questão racial. Estamos falando aqui de um fenômeno cultural presente na realidade brasileira, que é o problema da transparência branca: a noção de que toda a realidade social pode ser explicada a partir da perspectiva de indivíduos brancos, pois seriam eles os responsáveis por criarem a possibilidade de conhecimento adequado do mundo.[219]

---

[219] REDDY, Maureen. "Smashing the rules of racial standing". *In*: TUSMITH, Bonnie; REDDY, Maureen. *Race the in the college classroom*. New

6.4 O papel do/a professor/a negro/a na educação multicultural

O professor negro e a professora negra enfrentam algumas questões específicas que também precisam ser analisadas. Uma delas decorre do fato de que pessoas brancas nunca são convidadas a discutir temas relacionados com raça e racismo. Além disso, elas não se categorizam racialmente, uma vez que a raça sempre é utilizada para classificar membros de outros grupos. Outro desafio diz respeito ao fato de que a maioria de alunos brancos e alunas brancas não está acostumada com a presença de pessoas negras em posições de poder. O alto nível de segregação racial presente na sociedade brasileira faz com que pessoas brancas de classe média e de classe alta tenham pouco ou nenhum contato social com negros. Muitos demorarão algum tempo para ajustar os esquemas mentais que carregam para essa nova situação. Assim, professores e professoras negras devem estar cientes de que poderão enfrentar resistências à sua presença e uma resistência ainda maior à proposta de discussão sobre questões raciais. Mas devemos estar cientes também do fato de que uma educação multirracial requer a exposição dos alunos a uma diversidade de perspectivas que professores negros podem trazer, pois esse pertencimento racial encoraja muitos deles a desenvolverem pesquisas sobre questões raciais com maior frequência do que ocorre com professores brancos. A maior presença de professores/as negros/as em nossas faculdades de Direito possui imensa importância para esse processo porque a diversidade racial do corpo docente pode trazer novas perspectivas para a sala de aula. Um corpo docente racialmente diversificado significa também maior possibilidade de pessoas propondo e elaborando pesquisas sobre o tema da discriminação racial nas suas diferentes dimensões. Esse corpo docente pode operar como uma criação de novos parâmetros para alunos e alunas brancas e como

---

Brunswick: Rutgers University Press, 2002, pp. 55-57.

CAPÍTULO VI – A EDUCAÇÃO JURÍDICA MULTICULTURAL

uma referência positiva para alunos e alunas negras. Ter referências sociais positivas pode ter um impacto significativo no aprendizado de pessoas negras, ao funcionar como uma afirmação de que elas podem alcançar seus objetivos e contribuir para a eliminação de estereótipos sobre a sua capacidade profissional.[220]

Embora professores/as negros/as não tenham obrigação moral de elaborar pesquisas sobre esse tema, eles fazem parte do grupo que mais propõem pesquisas sobre questões relacionadas com a justiça racial. Essa realidade tem grande relevância para o projeto de uma educação jurídica politicamente engajada porque a maior presença de membros de grupos raciais subalternizados nos corpos docentes significa que eles vão impulsionar o conhecimento jurídico para outras áreas que não eram objeto de pesquisa científica. A maior presença de docentes negros e indígenas voltados para esse tipo de pesquisa é algo muito relevante, pois eles podem expandir o conhecimento de todos ao discutirem temas que professoras brancas e professores brancos geralmente não adotam como objeto de pesquisa. Isso permite algo importante para instituições de ensino superior: maior engajamento com a comunidade externa porque poderão oferecer a ela mais elementos para a transformação de diversos problemas que afetam as populações negras e indígenas. Além disso, os profissionais brancos e negros envolvidos em pesquisas sobre diferentes aspectos sobre a questão racial poderão formar comitês acadêmicos capazes de auxiliar outros colegas que não estão envolvidos nesse tipo de pesquisa.

Mas embora o professor negro e a professora negra sejam agentes institucionais de grande importância para a construção de

---

220 Uma ampla análise desse tema pode ser encontrada em ADDIS, Adeno. "Role models and the politics of recognition". *University of Pensylvania Law Review*, vol. 144, nº 5, 1996, pp. 1377-1423; SMITH, Virginia Whatley. "The question of comfort: the impact of race on/in the college classroom". *In*: TUSMITH, Bonnie; REDDY, Maureen. *Race the in the college classroom*. New Brunswick: Rutgers University Press, 2002, pp. 153-174.

uma educação multicultural, sabemos que eles enfrentam obstáculos. Muitos podem evitar o assunto da justiça racial por receio da reação de docentes e discentes brancos, tendo em vista a resistência a esse tema em um ambiente reconhecidamente conservador. Eles podem preferir abordar conteúdos jurídicos a partir de perspectivas tradicionais para evitar o estigma do professor problemático. O professor negro pode ainda querer evitar esse tema porque ele não sabe como tratar resistências ou reações negativas dos alunos a esse assunto. Alunas e alunos negros também podem expressar desinteresse nesse debate porque não querem replicar experiências emocionalmente dolorosas no espaço acadêmico. Abordaremos esses temas de forma mais detalhada em breve, mas não podemos deixar de considerar o fato de que a própria experiência do professor negro com a questão racial lhe fornece elementos que podem ser pontos de partida para a reflexão científica sobre esse tópico. Não podemos esquecer que o tema do racismo faz parte de um debate mais amplo sobre justiça social, e isso significa que o professor negro deve procurar tratar o assunto a partir de uma perspectiva integrada, ou seja, não deve discutir o racismo como um tópico distinto dos debates sobre justiça social, direitos fundamentais, teoria democrática e outros princípios que regulam uma área jurídica específica. O professor negro abrirá, então, meios para que alunos e alunas possam compreender o mundo a partir de outra perspectiva, o que resultará na formação de profissionais aptos a transformar a realidade social. O professor negro e a professora negra estão em uma posição privilegiada para debater essa questão, porque são agentes que sofrem as consequências do racismo em suas vidas diárias.

Apesar das resistências que alunos e alunas brancas poderão expressar em sala de aula, não podemos também ignorar o fato de que muitos deles almejam ter um conhecimento maior sobre a realidade na qual vivem e vários deles demandam uma maior diversidade do corpo docente. A proposta de uma educação jurídica antirracista não é apenas um interesse de pessoas negras, mas

CAPÍTULO VI – A EDUCAÇÃO JURÍDICA MULTICULTURAL

também de muitas pessoas brancas que compreendem a centralidade da questão racial no debate sobre justiça nas mais diversas disciplinas jurídicas. Isso significa que a presença de docentes negros elaborando pesquisas sobre o racismo nos mais diversos campos do Direito atende a uma demanda social cuja relevância se torna mais clara para todos. Assim, o docente negro pode desempenhar um papel de grande importância na transformação de uma cultura jurídica que ainda opera de acordo com parâmetros arcaicos. A presença e a divulgação de pesquisas elaboradas por professores e professoras negras cumprem uma função essencial para a cultura de uma instituição de ensino superior à medida que criam parâmetros para um debate abalizado da questão racial pelo corpo docente como um todo. O compromisso com a diversidade racial deste é, então, um elemento central para a construção de uma cultura institucional e de uma formação acadêmica baseada em uma pluralidade de perspectivas, condição essencial para a formação de operadores que, a partir de uma consciência crítica, poderão operar de forma mais condizente com os ditames da justiça racial.

O docente negro precisa estar atento a certos fatores que podem também comprometer o objetivo de transformação da sala de aula em um espaço de debate sobre temas de justiça racial. A discriminação possui ainda uma dimensão reflexiva: membros de grupos subalternizados também internalizam estereótipos negativos sobre membros de diversos segmentos, o que pode influenciar a interação entre eles e alunos e alunas que fazem parte desses segmentos. A influência dessas falsas generalizações pode fazer com que professores/as negros/as presumam que estudantes negros sejam menos capazes, ou pode motivar microagressões, as quais se manifestam por meio de invalidações das opiniões expressas por eles. A experiência constante de discriminação sofrida pelas pessoas em todos os espaços sociais pode fazer com que o professor e a professora negra também pensem que seus alunos e alunas não são capazes de desenvolver um sentimento de admiração por eles, situação que pode levá-los a se retraírem afetivamente nesse espaço no qual o afeto positivo cumpre papel fundamental. Muitos alunos e alunas brancas de classe média e de classe alta têm pouco ou nenhum contato com negros, uma das razões pelas quais a transformação da aula em um espaço de afeto se mostra muito importante. É importante que alunos e alunas conheçam a história do professor e vejam nele uma referência pessoal e intelectual importante. Por esse motivo, o semestre letivo deve ter início com a apresentação dos professores, o que deve conter informações genéricas sobre suas trajetórias pessoais e um histórico dos motivos pelos quais foram levados a desenvolver interesse por uma área jurídica específica. Isso deve ser seguido por apresentações individuais de cada aluno, o que permitirá maior conhecimento dos seus propósitos pessoais, informação importante para esse projeto educacional.

É certo que estereótipos raciais são profundamente resistentes, e isso poderá influenciar a percepção que alunos e alunas têm do profissional negro. O letramento racial cumpre um papel importante aqui, porque apresenta elementos para que as pessoas criem meios para questionar suas percepções de membros de outros grupos. Muitos dessas percepções são o produto da ausência de contato com pessoas negras, motivo pelo qual muitos membros do grupo racial dominante percebem negros como uma massa indiferenciada. Essa é uma das razões pelos quais a crescente diversidade racial de nossas instituições de ensino superior contribui para que pessoas brancas comecem a individualizar as pessoas negras, o mesmo processo que guia a percepção delas sobre membros do próprio grupo racial. Professores negros e professoras negras certamente encontrarão oportunidades, dentro dos casos analisados sobre justiça racial nas diversas áreas, para discutir como falsas percepções sobre membros de grupos vulneráveis motivam práticas discriminatórias. Eles sempre devem examinar detalhadamente a influência desses processos mentais para que alunos e alunas de todas as raças possam ter consciência de como eles operam, referência importante para que todos possam examinar suas próprias ações.

É importante insistir em um ponto de enorme relevância aqui. O comprometimento institucional com um projeto de educação

CAPÍTULO VI – A EDUCAÇÃO JURÍDICA MULTICULTURAL

antirracista requer a criação de linhas de pesquisa sobre o tema da justiça racial, um complemento essencial à contratação de professores que são membros de grupos raciais subalternizados. Instituições de ensino superior devem criar linhas de pesquisa e linhas de financiamento para essas investigações, uma vez que seus resultados fornecem elementos para essa discussão em sala de aula. Embora trabalhos em outras áreas do conhecimento sejam relevantes, a ausência de pesquisas sistemáticas no campo do Direito compromete o avanço das discussões jurídicas e políticas sobre esse tema e a criação de soluções para os problemas presentes em nossa sociedade. Não haverá avanço sobre essa questão enquanto nossas instituições de ensino jurídico não adotarem ou ampliarem linhas de pesquisas sobre os diversos aspectos relacionados à questão da justiça racial e do Direito Antidiscriminatório como um todo.

O/a professor/a negro/a pode ainda desempenhar outro papel importante. Devido à intensa discriminação sofrida ao longo de toda a vida e em todas as suas dimensões, alunos e alunas negras podem perceber o ambiente universitário como outro lugar no qual enfrentarão problemas dessa natureza. A probabilidade de que isso ocorra é alta e pode motivar muitos alunos e alunas que pertencem a grupos raciais subalternizados a abandonarem o ensino superior. Instituições comprometidas com um projeto de educação antirracista devem formar comitês compostos por professores de diferentes grupos raciais, pessoas que devem ser treinadas para conduzir estudantes nesse processo. Ter a possibilidade de conversar com alguém sobre a experiência racial no ambiente acadêmico é algo muito relevante, porque permite que a pessoa possa ter uma referência profissional e afetiva dentro das instituições.

Obviamente, todas essas sugestões partem do pressuposto de que professores e professoras pertencentes a grupos minoritários também precisam passar por um processo de letramento racial. O pertencimento a grupos raciais subalternizados não garante conhecimento intelectual sobre a operação de mecanismos discriminatórios, não faz com que a pessoa tenha compreensão de toda a complexidade de um projeto de educação antirracista. O projeto de uma educação politicamente engajada é de natureza política e exige a articulação do conhecimento de diversas áreas, bem como a preparação de todos os docentes engajados nesse processo.

6.5 Preparando a discussão sobre justiça racial

Como afirmarmos anteriormente, a educação antirracista é um projeto de educação multicultural que procura, entre outras coisas, estabelecer parâmetros a partir dos quais o tema da justiça racial deve ser debatido nas salas de aula. Devemos agora discutir a forma como professoras e professores poderão atingir esse objetivo, sendo que não podemos deixar de observar que mencionaremos apenas alguns parâmetros mínimos. Aqueles envolvidos nesse processo certamente poderão também incluir outros elementos que contribuirão ainda mais para a discussão sobre o tema aqui proposto. Apontaremos questões de ordem prática e teórica ne-cessárias para o planejamento dessa tarefa cujo objetivo é tornar a educação jurídica um tipo de formação que permita a construção de uma sensibilidade crítica e de uma postura prática em relação à realidade social brasileira. Esses parâmetros serão desenvolvidos de forma ainda mais detalhada nos capítulos posteriores quando falarmos sobre como professores devem abordar o tema da justiça racial nas diferentes disciplinas jurídicas. Apresentaremos, por ora, algumas orientações gerais que consideramos ter importân-cia central para o projeto elaborado nesta obra, orientações que deverão ser complementadas com aspectos dos marcos teóricos a serem explorados no capítulo seguinte.

O debate sobre justiça racial em sala de aula precisa seguir alguns preceitos importantes. *Primeiro*, ele deve estar estruturado sobre uma compreensão profunda dos sentidos de justiça, ponto de partida para que as pessoas possam estabelecer um parâmetro de racionalidade jurídica que deve guiar as discussões sobre esse assunto. *Segundo*, ele requer que todos os alunos e alunas tenham

CAPÍTULO VI – A EDUCAÇÃO JURÍDICA MULTICULTURAL

consciência das articulações entre o ideal de justiça com outros parâmetros do nosso sistema constitucional, notoriamente com princípios estruturantes, normas programáticas e direitos fundamentais. *Terceiro*, esse arcabouço teórico opera como uma referência para o debate sobre o tema da justiça racial, tópico cuja dinâmica social deve ser detalhadamente estudada, inclusive o papel de normas jurídicas na reprodução dos sistemas de dominação. *Quarto*, conversas sobre justiça racial devem estar centradas nos princípios do Direito Antidiscriminatório, campo de estudo necessário para entendermos a dinâmica dos meios responsáveis pela reprodução da opressão racial, bem como das várias dimensões da igualdade. *Quinto*, esse debate deve incluir uma explanação de como normas da área do Direito na qual se pretende discutir esse tema podem contribuir para a construção de uma sociedade mais justa. *Sexto*, os pressupostos anteriores servem como ponto de partida para a análise da questão da justiça racial em áreas específicas do Direito, aspectos a serem analisados a partir da realidade sociológica subjacente à discussão sobre a questão racial. Assim, docentes empenhados nesse projeto deverão estar prontos para articular argumentos políticos, preceitos jurídicos e análises sociológicas para uma análise adequada dos pontos propostos.

6.5.1 A questão da transversalidade

O projeto de uma educação jurídica antirracista tem necessariamente um caráter transversal. Embora professores possam seguir as orientações aqui presentes nas disciplinas que lecionam, elas só alcançarão seu pleno potencial transformador quando fizerem parte de uma iniciativa institucional. Uma educação jurídica antirracista requer que o tema da justiça racial seja parte integrante dos eixos que perpassam o conteúdo de todas as disciplinas jurídicas. Por ter um caráter convergente, o tema deve ser explorado pelas diversas disciplinas, sendo elas propedêuticas ou dogmáticas. Isso requer um planejamento coletivo da forma como os diferentes conteúdos das disciplinas deverão ser ministrados, planejamento no qual todos os professores e professoras poderão refletir coletivamente sobre como esse assunto poderá ser discutido nas suas respectivas disciplinas. Nesse sentido, é importante ter em mente que o tema em questão não se limita a discussões sobre direitos humanos ou sociologia jurídica, uma vez que questões de injustiça racial afetam todas as dimensões das vidas de pessoas negras e indígenas. Esse planejamento requer, então, que seja feita uma análise das relações entre os diferentes conteúdos da disciplina com o conteúdo de justiça e a partir dessa análise dos temas dela com a questão da justiça racial. Como todas as dimensões da vida dos seres humanos são mediadas de uma forma ou outra por normas jurídicas, as relações entre elas e questões de justiça social estão certamente presentes. Ao entendermos o termo justiça como tipos de tratamento que facilitam a integração dos indivíduos, podemos, então, identificar, nos diversos conteúdos das disciplinas jurídicas, elementos que podem ser tomados como base para a discussão sobre justiça racial.

Essa recomendação sugere, portanto, que a discussão sobre justiça em sentido genérico seja apresentada como um eixo norteador de todas as disciplinas jurídicas. Esse caminho se torna mais fácil para aquelas instituições que já possuem uma disciplina sobre teorias da justiça; nesse caso, os professores teriam apenas de demonstrar como o tema da justiça deve ser visto como um problema que articula o estudo da disciplina em questão. Os professores de instituições que não possuem uma disciplina dessa natureza devem, por sua vez, afirmar, logo no início do semestre, que os tópicos de estudo serão abordados a partir do tema da justiça. Essa estratégia será extremamente importante por dois motivos principais. Em primeiro lugar, porque permite que os alunos e alunas possam compreender o caráter transversal das diferentes dimensões da discussão sobre justiça social, inclusive sobre justiça racial. Eles e elas terão meios para desenvolver uma compreensão integrada não apenas dos debates sobre justiça, mas dos diversos conteúdos do nosso ordenamento jurídico. Em segundo lugar, porque essa estratégia possivelmente atenua possíveis reações que alunos e

CAPÍTULO VI – A EDUCAÇÃO JURÍDICA MULTICULTURAL

alunas de grupos hegemônicos teriam a esse tipo de discussão. O interesse em debater a temática racial em sala de aula nas diversas disciplinas acaba sendo superado pelo temor que um debate dessa natureza poderia causar entre os alunos. Por esse motivo, é muito importante que ele seja inserido dentro de um programa de disciplina que enfatize as relações entre seu conteúdo com princípios constitucionais estruturantes. Isso permitirá que alunos e alunas tenham uma compreensão da necessidade e da lógica da inserção desse tema em disciplinas que aparentemente não estariam relacionadas com a questão racial. Vemos, desse modo, que a inserção do tema da justiça racial como uma discussão transversal concorre para uma melhor formação acadêmica e possibilita a criação de uma consciência crítica daqueles que vão atuar como operadores do Direito em suas vidas profissionais.

6.5.2 Promovendo o engajamento

O sucesso desse projeto depende também da forma como essa discussão será desenvolvida em sala de aula. A discussão sobre justiça social e sobre justiça racial pode ser enriquecida de maneira considerável quando teorias sobre justiça e teorias de relações raciais podem ser abordadas ao lado das experiências daqueles que pertencem a grupos vulneráveis. Por estarem expostos a diferentes tipos de violência social, eles podem ser um referencial relevante para debates dessa natureza. Essas pessoas também poderão demonstrar para outros alunos a complexidade das questões que elas enfrentam no seu cotidiano, desde que estejam dispostas a falar sobre o tema. Esse exercício pode mostrar para alunos e alunas como conteúdos teóricos podem ser utilizados para a análise de situações concretas. Isso significa que criar um ambiente no qual membros de minorias se sintam confortáveis para se manifestarem é algo muito importante, uma vez que o pluralismo e a exposição a outras formas de experiência potencializam a compreensão dos temas envolvidos no debate sobre justiça racial. O professor ou a professora deverá ter a sensibilidade para colocar as questões que permitam aos alunos e alunas explorarem as diversas correlações entre os temas da discriminação racial e da discriminação sexual, da discriminação racial e da marginalização econômica etc. Obviamente, ele ou ela precisa fazer um esforço para que esses relatos não se tornem apenas falas que podem emocionar os indivíduos, mas que não acrescentam elementos a partir dos quais discussões teóricas sejam desenvolvidas. Em resumo, o pluralismo da sala de aula deve ser visto como um fator facilitador e enriquecedor das discussões sobre o tema da justiça racial por proporcionar meios para que as pessoas tenham diferentes referências para o entendimento de problemas sociais e para que as soluções encontradas possam abarcar a pluralidade das discriminações enfrentadas por grupos subalternizados.

Para que esse projeto seja bem-sucedido, as escolas precisam estar centradas no protagonismo estudantil. Os programas das disciplinas não devem ser um conjunto de conteúdos destinados à mera introjeção e reprodução, mas, sim, o ponto de partida para análises reflexivas sobre os vários temas que normas jurídicas pretendem regular. Promover o protagonismo estudantil significa estar atento às origens dos alunos e alunas para que as atitudes dos professores tenham como parâmetro a realidade concreta na qual os estudantes vivem, para oferecer-lhes respostas dos problemas jurídicos enfrentados por membros dos grupos aos quais eles pertencem. O espaço acadêmico precisa ser visto, então, como um lugar de intercâmbio de experiências direcionado por teorias relevantes para a compreensão da complexidade de questões jurídicas, o que deve ser complementado com as experiências reais dos indivíduos. Enfim, o processo educativo deve ser pautado em um tipo de *realismo social*: teorias devem ser discutidas a partir da realidade na qual as pessoas vivem concretamente. Essa perspectiva procura ser um ponto de partida para afirmar o protagonismo acadêmico *e* social de membros de grupos subalternizados, uma vez que eles têm poucas oportunidades de experiências nas quais se reconheçam como atores sociais competentes. O debate sobre

CAPÍTULO VI – A EDUCAÇÃO JURÍDICA MULTICULTURAL

a justiça racial não precisa estar necessariamente baseado na experiência de alunos e alunas; ele pode também ter como ponto de partida a discussão de casos reais que permitam a identificação das diversas manifestações das dimensões do racismo no cotidiano.

A promoção do engajamento de alunas e alunos exige, então, o estabelecimento de preceitos básicos que devem balizar a discussão sobre questões de justiça racial, tema tratado na parte anterior deste capítulo. É preciso que todos estejam cientes das consequências nocivas que as diferentes formas de racismo trazem para o funcionamento do regime democrático, uma forma de organização social baseada na igualdade moral, jurídica e política entre os indivíduos. Uma vez que esses parâmetros mínimos sejam amplamente compreendidos por todos, o debate sobre a justiça racial poderá ter resultados positivos. Docentes podem enfrentar um obstáculo importante nesse processo: a questão do engajamento. Estudantes brancos podem recorrer ao silêncio por pensarem que suas posições serão classificadas como racistas; estudantes negros e asiáticos, por sua vez, podem achar que expressar opiniões seja algo inútil, porque não acreditam que essa discussão promova transformações reais. Muitos membros desse último grupo também podem não querer participar, por interpretarem essa discussão como outro momento no qual serão racializados, e não tratados como indivíduos particulares. O professor precisa questionar os motivos desses silêncios e encorajar a participação. Mais uma vez, a apresentação desse assunto como um tema político (cuja solução depende de uma ação coletiva) pode ser um meio para evitar esse problema específico.

O debate certamente causará desconforto nos docentes e nos discentes, o que pode provocar a perda imediata do interesse na discussão. Os participantes do debate devem, no entanto, reconhecer que essa reação ocorrerá porque ela expõe uma realidade que muitos desconhecem ou procuram ativamente ignorar. Mas os que estão engajados em conversas abertas sobre o tema da justiça racial não podem ignorar o fato de que grande parte desse desconforto decorre da ausência de conhecimento adequado sobre o assunto – ele ocorre porque as pessoas pautam seus comportamentos em premissas que elas perceberão serem falsas. Esse debate será marcado por discordâncias significativas entre os participantes, motivo pelo qual as diferentes posições devem ser avaliadas a partir do propósito geral de promoção da justiça racial. Isso significa que a educação jurídica antirracista também precisa ser um exercício sobre como participar no debate público; *ela deve ser um exercício por meio do qual as pessoas deverão estar preparadas para poderem defender posições a partir das premissas que regulam a moralidade pública presente na Constituição Federal.*[221]

Mais uma vez, para que essa discussão seja produtiva, os professores precisam, em primeiro lugar, criar um ambiente de segurança emocional para os estudantes. É necessário que todas e todos estejam cientes de que esse debate tem o propósito de aprendizado coletivo sobre um tema que deve ser abordado de forma sistemática. Dessa forma, a mesma lógica que pauta discussões sobre outros temas também será adotada durante as análises desenvolvidas em sala de aula. As pessoas precisam defender suas posições a partir de princípios que podem ser entendidos por todos. Por esse motivo, elas devem ser convidadas a explicar seus argumentos, de modo que as demais possam avaliar a adequação deles com os princípios reguladores de nossa ordem jurídica, com os pressupostos do Direito Antidiscriminatório e com o conhecimento produzido pelos especialistas em relações raciais. É também muito importante que os indivíduos se sintam seguros para reconhecer as premissas equivocadas de suas posições sobre racismo e que a discussão do tema permitiu o conhecimento adequado da realidade. Isso é algo que pode ocorrer com membros do grupo racial dominante e dos grupos raciais subalternizados, pois pessoas dos dois lados têm

---

221 Cf. SINGLETON, Glenn E.; HAYS, Cyndie. "Beginning courageous conversations about race". *In*: POLLOCK, Mica. *Everyday antiracism*: getting real about race in school. Nova York: Norton & Company, 2008, pp. 18-23.

CAPÍTULO VI – A EDUCAÇÃO JURÍDICA MULTICULTURAL

pouco conhecimento sobre a ampla complexidade do funcionamento do racismo enquanto sistema de dominação racial.

A ansiedade também pode ser desencadeada a partir da discussão desse tema porque talvez não apresente respostas definitivas e diretas para os problemas postos. Esse fato pode levar muitas pessoas a considerarem que toda essa discussão carece de sentido, porque nada poderá ser feito para a transformação da realidade. Esse é um motivo pelo qual o debate sobre justiça racial deve incluir também propostas para ação coletiva. É o motivo pelo qual as instituições de ensino jurídico devem estar comprometidas com a criação de clínicas nas quais docentes e discentes poderão discutir e implementar propostas para a solução dos diversos problemas enfrentados por grupos raciais subalternizados. Essas clínicas cumprem um papel muito importante, porque são laboratórios que ensinam alunas e alunos a utilizarem o seu próprio conhecimento nos debates sobre justiça racial, conhecimento de grande relevância para a sua prática futura como operadores do Direito. Acreditamos que essa seja uma maneira importante para conseguirmos uma transformação real do cenário jurídico brasileiro, algo necessário para a construção de uma cultura democrática em nossa sociedade.

Dissemos, anteriormente, que professores e professoras precisam estar atentos a algumas reações, de alunos e alunas brancas, que podem ocorrer durante esse processo, mas uma delas merece uma análise separada. Muitos estudantes podem achar que essa discussão seja uma reação social contra eles; muitos deles e muitas delas também podem pensar que não guardam qualquer tipo de responsabilidade sobre a questão; muitos deles e muitas delas podem achar que o simples tratamento cordial entre pessoas de diferentes raças pode resolver todos os problemas decorrentes da discriminação racial sistêmica enfrentada pelos não brancos. Mais uma vez, o conhecimento de temas centrais do Direito Antidiscriminatório se mostra extremamente relevante. As pessoas precisam considerar o aspecto estrutural do racismo, elas precisam saber que estruturas de dominação operam de forma independente da ação de indivíduos específicos e que as consequências do racismo repercutem nas diversas esferas da vida. Embora a cordialidade seja relevante, ela não pode ser vista como algo suficiente para a transformação social. A transformação moral necessária para a promoção da inclusão racial depende da mudança da operação de instituições públicas e privadas, depende da eliminação de padrões culturais responsáveis pela percepção de membros de grupos raciais subalternizados como inerentemente inferiores. É certo que a cordialidade pessoal faz parte desse processo, uma vez que o racismo incita as pessoas a não se relacionarem umas com as outras. De qualquer modo, ela se mostra insuficiente para promover a mudança devida, embora a cordialidade possa ter um papel específico nesse processo de transformação social. O debate sobre a lógica das relações raciais, o conhecimento de como as diversas formas de estereótipos contribuem para a reprodução do racismo, a análise dos meios a partir dos quais esses estereótipos descritivos e prescritivos motivam práticas discriminatórias são tópicos importantes para que se possa entender como os membros de grupos raciais são desumanizados. A construção de uma sociedade racialmente justa realmente depende de um tipo específico de cordialidade: o comprometimento coletivo com a eliminação de representações culturais negativas que motivam o racismo interpessoal.[222]

6.5.3 Letramento racial

Como temos o objetivo de formar pessoas que poderão compreender a complexidade do tema da justiça racial nas diversas áreas de atuação profissional, o alcance desse objetivo depende de um letramento racial mínimo. O sucesso desse debate requer que

---

[222] Cf. DANCE, L. Janelle. "Helping students see each other's humanity". *In*: POLLOCK, Mica. *Everyday antiracism*: getting real about race in school. Nova York: Norton & Company, 2008, pp. 56-61; NIETO, Sonia. "Nice is not enough: defining caring for students of color". *In*: POLLOCK, Mica. *Everyday antiracism*: getting real about race in school. Nova York: Norton & Company, 2008, pp. 28-33.

CAPÍTULO VI – A EDUCAÇÃO JURÍDICA MULTICULTURAL

professores, professoras, alunos e alunas tenham conhecimento de conceitos centrais das discussões acadêmicas sobre justiça racial, e esse conhecimento não pode ser mais uma reprodução de concepções erradas que têm sido historicamente utilizadas para impedir a mobilização política em torno da questão racial. Esse cuidado é muito relevante para que a discussão sobre justiça racial não desperte emoções que impeçam uma conversa produtiva, nem seja mais uma forma de esvaziamento de um assunto de imensa relevância. Esse processo de letramento racial deve começar com discussões sobre os sentidos biológicos, culturais, políticos e jurídicos dos conceitos de raça e etnia. É importante que todos e todas saibam diferenciar a raça como uma categoria biológica e a raça como categoria investida de sentidos culturais que determinam os diferentes lugares nas hierarquias de poder. É também muito relevante que todos tenham um entendimento sobre o que é racismo e suas diferentes manifestações para que o debate sobre justiça racial seja o mais adequado possível. As pessoas envolvidas nessa discussão precisam estar cientes das distinções entre racismo, discriminação, dominação racial, projeto raciais, entre outros tópicos, todos necessários para a compreensão da dinâmica social de poder que gira em torno desse tema.

A questão do letramento racial envolve também uma reflexão sobre outro tema invisível para muitos: os termos que devemos utilizar parar nomear as pessoas. É importante que tenhamos conhecimento do âmbito semântico do significado das palavras comumente usadas para designar minorias raciais e étnicas. Isso se torna relevante porque a discussão pode deixar de ser produtiva quando um membro do grupo racial hegemônico faz uso de uma expressão que pode ser vista como derrogatória. Assim, é importante explorar os significados de palavras que podem ser corriqueiras para alguns, mas que reproduzem conteúdos simbólicos percebidos como expressão de preconceito. Uma pessoa branca pode achar que palavras como *negão* ou *índio* são apenas expressões corriqueiras, mas negros e indígenas não as interpretam dessa forma. Por esse motivo, eles devem escolher a maneira como serão tratados. As pessoas precisam também compreender o significado de termos como *minoria, vulnerabilidade, identidade, desigualdade, desvantagem, discriminação, preconceito e estereótipo*. Isso se torna muito necessário porque docentes e discentes precisam estar certos de que serão tratados com a devida respeitabilidade no ambiente acadêmico. Membros de grupos subalternizados já contam com a discriminação diária; precisam ter garantias de que não terão de enfrentar isso no local onde estudam. Esse é um requisito central para o sucesso desse projeto de uma educação jurídica antirracista. Isso só será alcançado se se tiver um mínimo de competência discursiva sobre tópicos que sempre estarão presentes em debates sobre justiça racial.

6.5.4 Como tratar resistências ao debate sobre justiça racial

Docentes envolvidos no projeto de uma educação jurídica antirracista terão que enfrentar o problema do questionamento da existência do racismo e da relevância desse debate em sala de aula. Eles não podem ignorar o fato de que o reconhecimento da existência do racismo implica a consciência da relação entre privilégio branco e opressão negra, o que a maioria das pessoas brancas resiste reconhecer. Essa realidade levanta duas questões: uma possível recusa do reconhecimento da importância dessa discussão ou um debate aparentemente civilizado, mas que esconde a ausência de compromisso real com o seu entendimento. Conversas sobre esse tema tendem a seguir um roteiro bastante conhecido, o qual começa com a classificação do racismo como um problema meramente comportamental e chega à conclusão de que precisamos identificar os indivíduos racistas e convencê-los de que estão errados. As resistências de alunos e alunas brancas começam quando demonstramos o caráter institucional e sistêmico do racismo, quando afirmamos que ele é um sistema de dominação social que procura garantir vantagens competitivas para pessoas brancas.

CAPÍTULO VI – A EDUCAÇÃO JURÍDICA MULTICULTURAL

Algumas estratégias devem ser adotadas para que debates sobre esse tema sejam frutíferos e possam realmente provocar mobilização. Mais uma vez, a primeira delas está relacionada com a necessidade do letramento racial dos participantes. O entendimento da complexidade desse problema não pode ser alcançado, e as pessoas não conseguirão perceber todas as suas implicações, sem o conhecimento de termos básicos e da relação entre eles. Essa discussão requer, assim, o conhecimento não apenas de um aparato intelectual mínimo, mas também a criação de uma clara correlação entre seus elementos. Como a justiça e a democracia formam o arcabouço intelectual para essa discussão, a conversa sobre questões relacionadas ao racismo deve ter início com questionamentos sobre como ele impede a criação de uma cultura democrática, como cria obstáculos para que negros e indígenas sejam vistos como atores sociais competentes, como ele impossibilita a construção de uma cultura pública baseada na cooperação entre pessoas que se veem como livres e iguais. É então muito relevante demonstrar, para todos os membros da turma, que o racismo não é um problema de minorias raciais, mas é um problema coletivo cuja solução requer a mobilização de todos os grupos raciais.

Outra técnica importante para evitar as confrontações decorrentes da utilização de argumentos do senso comum é a discussão baseada em evidências. Conversas em torno desse tópico são especialmente difíceis porque muitos estão aferrados a um consenso cultural sobre relações raciais em nossa sociedade, uma série de ideias sempre reproduzidas por aqueles que ocupam posições de prestígio, o que as torna não apenas plausíveis, mas uma expressão da realidade. Essas noções têm cumprido um papel muito relevante ao longo da história: a luta para que a raça não se torne uma categoria de análise moral, sociológica e política. Por esse motivo, conversas sobre justiça racial devem ter início com a apresentação de teses sociológicas tradicionais sobre relações raciais em nossa sociedade e com uma crítica a elas. É importante que os participantes desse debate entendam que os pressupostos epistemológicos delas são equivocados, bem como os motivos pelos quais elas não são mais vistas como expressão da realidade brasileira. O debate sobre justiça racial deve ser mediado por estudos sociológicos e dados estatísticos que fundamentam a defesa da necessidade de discussão sobre esse tema nas diferentes disciplinas jurídicas. Muitos estudos quantitativos sobre desigualdades raciais foram publicados ao longo das últimas décadas e eles são um bom ponto de partida para uma discussão baseada em evidência.[223]

A prática de uma educação jurídica antirracista constrói-se, então, a partir da noção de que todas as pessoas precisam estar engajadas no debate sobre justiça racial, o que começa com reflexões sobre as relações entre justiça e Direito, continua com análises das relações entre Direito e democracia e atinge seu ponto principal com o exame das formas como o racismo impede a construção da integração social, objetivo central do nosso sistema jurídico. A educação jurídica multicultural procura engajar alunos de todos os grupos raciais porque eles podem colocar diferentes perspectivas sobre o tema, sendo que elas serão debatidas a partir dos parâmetros da justiça racial. Essa dinâmica procura trazer concretude para os problemas a serem discutidos, sem que caiamos na ideia de que membros de grupos subalternizados podem dar respostas concretas a todos os problemas enfrentados apenas por serem negros ou indígenas. Nesse sentido, o conceito de lugar de fala se mostra importante, pois ele aponta para o seguinte fato: as pessoas concebem o mundo a partir de determinadas posições, motivo pelo qual elas devem estar cientes de que as posições ideológicas por elas defendidas são informadas pelas vivências sociais características daqueles que possuem esse tipo de pertencimento. Esse conceito nos convida a considerar as posições de outros, porque

---

223 Cf. HASENBALG, Carlos. *Discriminação e desigualdades raciais no Brasil.* Belo Horizonte: UFMG, 2005; TELLES, Edward. *Racismo à brasileira*: uma nova perspectiva sociológica. Rio de Janeiro: Relume-Dumará, 2003; BAILEY, Stanley. *Legacies of race.* Stanford: Stanford University Press, 2009.

CAPÍTULO VI – A EDUCAÇÃO JURÍDICA MULTICULTURAL

não podemos partir do pressuposto de que as perspectivas dos membros dos grupos hegemônicos sejam universais, o que seria um obstáculo para o nosso projeto.[224]

A escolha do material utilizado para as discussões acerca de questões de justiça deve obedecer a uma estratégia importante. Embora a diversidade racial nas instituições de ensino superior seja cada vez maior, esses espaços ainda são compostos majoritariamente por pessoas brancas de classe média e de classe alta. Elas têm pouco contato social com negros e indígenas; vivem em uma sociedade que sempre procura invisibilizar a desigualdade racial, motivo pelo qual a maioria de alunas e alunos brancos têm pouco ou nenhum conhecimento das formas como sistemas de opressão impactam as vidas de grupos raciais subalternizados. É importante, então, que discussões sobre justiça sejam sempre precedidas de casos a partir dos quais alunos e alunas possam tomar conhecimento da realidade e compreender os mecanismos pela reprodução de disparidades entre grupos sociais. Portanto, discussões sobre conceitos sociológicos básicos que permitam o reconhecimento da operação desses processos de estratificação social são de extrema importância. Assim, ao lado do debate sobre as formas a partir das quais diferentes práticas racistas afetam a vida de membros de grupos subalternizados, a discussão sobre justiça racial deve incluir ainda análises de normas jurídicas e decisões judiciais que, direta ou indiretamente, envolvem desvantagens raciais. A apresentação e a análise desses casos devem ser feitas de tal maneira que as pessoas possam identificar, de forma bastante clara, como o tema da discriminação deve ser abordado como uma questão de justiça; elas precisam compreender a dinâmica de processos discriminatórios para que possam identificar os remédios necessários para a solução desse problema. Por esse motivo, a justiça surge como o primeiro tópico a ser discutido no semestre letivo; o professor ou a professora deve deixar claro que,

---

[224] Ver, nesse sentido: RIBEIRO, Djamila. *Lugar de fala*. São Paulo: Jandaíra, 2018.

além das discussões sobre princípios que regulam uma determinada área jurídica, a disciplina incluirá exames sobre práticas sociais e normas jurídicas que podem ter um impacto negativo na vida de muitos. A educação jurídica antirracista pressupõe, então, que os indivíduos sejam capazes de compreender como normas jurídicas são criadas para regular situações que causam impactos discriminatórios, o que requer uma análise sempre estrutural do sistema jurídico enquanto instrumento de regulação, mas também como um meio de construção de uma sociedade mais justa. O projeto de uma educação jurídica antirracista implica, portanto, a consideração do caráter do potencial transformador do Direito, uma vez que o atual paradigma constitucional atribui às instituições estatais a função de atuarem como agentes de transformação, uma etapa fundamental para a justiça racial.[225]

O projeto que estamos defendendo neste livro pressupõe algo muito importante. A construção de uma prática pedagógica politicamente engajada exige um esforço dos profissionais para conhecerem seus alunos, o que se torna possível na medida em que todos percebem a sala de aula como um lugar de pertencimento e acolhimento. Por esse motivo, a participação em sala de aula deve ser sempre encorajada. Isso pode ser feito a partir das maneiras que nós já mencionamos anteriormente, mas também por outros meios. É importante que os professores solicitem mensagens de seus alunos nas quais estes digam as questões sociais que esperam ver discutidas em sala de aula, parâmetro importante para moldar o conteúdo e os autores trabalhados. Esse é um meio para os profissionais de ensino tomarem ciência de quais tipos de expectativa e de problemas precisam ser discutidos, a fim de que as pessoas sintam que os debates desenvolvidos são relevantes para os propósitos delas e para o conhecimento da realidade na qual vivem. Saber a história dos alunos é um meio importante para a construção de um ambiente

---

225 MOREIRA, Adilson José. *Pensando como um negro*: ensaio de hermenêutica jurídica. São Paulo: Contracorrente, 2019, pp. 261-284.

CAPÍTULO VI – A EDUCAÇÃO JURÍDICA MULTICULTURAL

de confiança; é uma forma de saber qual é a realidade deles e o lugar de onde falam, bem como de observar o seu nível de reflexão sobre temas que serão debatidos em sala de aula. Não podemos deixar de considerar que esse contato mais próximo com os alunos também permitirá o conhecimento de outros temas correlatos ao debate sobre justiça racial. Como vimos, sistemas de estratificação nunca operam de forma isolada, motivo pelo qual discussões sobre gênero, classe e sexualidade também precisam ser adequadamente compreendidos. Podemos perceber, por meio da fala dos alunos e alunas, a necessidade de outras formas de letramento, as quais terão um papel importante nas reflexões sobre temas referentes à justiça social. Tópicos relacionados com tratamento discriminatório baseados no gênero e na sexualidade farão parte dessas discussões, razão pela qual se deve estar ciente de como operam a interseccionalidade e a multidimensionalidade de opressões.[226]

O letramento sobre essas diversas questões não impedirá confrontações dentro da sala de aula. Debates sobre questões raciais podem ser inflamatórios, especialmente por conta da ação daqueles que não querem reconhecer que a posição ocupada por eles decorre também de práticas discriminatórias sistemáticas contra membros de outros grupos. Essa discussão passa pelo reconhecimento desse fato, o que é algo emocionalmente doloroso para muitas pessoas. Alguns indivíduos podem também resistir a reconhecer a validade dos temas e das perspectivas utilizadas para examiná-los por pensarem que questões de injustiça social podem ser resolvidas se todos seguirem os mesmos princípios religiosos. Por esses motivos, os profissionais engajados em um projeto de educação antirracista devem estar também preocupados em construir, ao lado de uma noção de justiça racial, uma ideia do que seja uma democracia substantiva pautada em uma razão pública. Se, no

---

[226] Cf. HUTCHINSON, Darren Lenard. "Ignoring the sexualization of race: heteronormativity, critical race theory, and anti-racist politics". *Buffalo Law Review*, vol. 47, nº 1, 1999, pp. 1-116.

início de um semestre, as pessoas podem expressar suas posições ainda pouco informadas, elas deverão ser encorajadas a sustentar suas falas a partir da racionalidade jurídica que caracteriza nosso paradigma constitucional. Estimular debates ou exercícios que instiguem alunos e alunas a utilizarem parâmetros intelectuais propostos permite-lhes desenvolver uma consciência crítica, mas também garante a eles a possibilidade de identificar argumentos que são altamente emocionais, mas carentes de legitimidade política, sociológica ou jurídica. Mais uma vez, é importante que todos estejam atentos ao fato de que não há lados na discussão sobre justiça racial, uma vez que esse é um objetivo político a ser alcançado pelo nosso sistema jurídico. Esse procedimento permite que os alunos discorram sobre suas experiências, mas desde que seja a partir de argumentos passíveis de serem reconhecidos como legítimos pelos demais.

6.5.5 Aprendendo novos códigos culturais

A necessidade de construção de um ambiente de confiança dentro de sala de aula produz inúmeros benefícios para o processo de aprendizado e pode ainda prevenir o aparecimento de outros problemas. Membros de grupos raciais subalternizados enfrentam expressões diárias de preconceitos, o que pode causar em muitos deles a impressão de que estão sendo tratados de forma discriminatória, mesmo quando um ato ou fala de um professor não está motivada por estereótipos raciais. Esses alunos e alunas, cientes da prevalência de estereótipos raciais no espaço cultural, podem presumir que o trabalho intelectual não é suficientemente valorizado pelos professores, o que tem sido chamado pela literatura de *stereotype threat*. Essa expressão designa um comportamento reativo ou uma presunção de que uma pessoa será discriminada por pertencer a um determinado grupo subordinado. Ao contrário de membros do grupo racial dominante, pessoas negras, asiáticas e indígenas podem não perceber interações sociais como racialmente neutras. Em função disso, esse problema pode não apenas desmotivar a

CAPÍTULO VI – A EDUCAÇÃO JURÍDICA MULTICULTURAL

participação em sala de aula, mas também comprometer o aproveitamento acadêmico. Dessa forma, os professores devem deixar claro para os estudantes quais são os critérios utilizados para analisar o conteúdo da intervenção deles nas discussões sobre justiça racial, sendo que a mesma coisa deve ser feita para a correção de todas as outras atividades acadêmicas.[227]

A presença crescente de diferentes grupos raciais nas salas de aula de nossas instituições de ensino superior também impõe a necessidade de os envolvidos no processo educativo adquirirem competência para navegar em diferentes códigos culturais. Afinal, professoras e professores, alunas e alunos pertencem a diferentes classes sociais, são afiliados a diferentes religiões, fazem parte de diferentes grupos raciais, têm diferentes origens étnicas, seguem diferentes tradições, vivem em diferentes regiões. A sala de aula é o lugar de encontro de todas essas pessoas, mas esse fato pode gerar uma série de problemas, uma vez que as várias dimensões da identidade cultural do grupo racial hegemônico são parâmetros tidos como modos universais de ser. O letramento racial se mostra relevante nesse momento. Docentes precisam incluir, dentro das discussões dos casos de discriminação, informações sobre aspectos culturais referentes a diferentes grupos raciais e étnicos, o que possibilitará maior entendimento do tema em questão para a identidade cultural de um grupo. Assim, por exemplo, ao discutir um caso sobre discriminação estética sofrido por mulheres negras, docentes devem falar sobre os significados culturais de uma determinada forma de apresentação do cabelo para esse grupo. Essas informações são raramente disponibilizadas para pessoas brancas, o que pode gerar problemas na comunicação entre os indivíduos.

Membros de grupos minoritários, frequentemente afetados por injustiças sociais que provocam marginalização econômica,

---

[227] COHEN, Geoffrey. "Providing supportive feedback". *In*: POLLOCK, Mica. *Everyday antiracism*: getting real about race in school. Nova York: Norton & Company, 2008, pp. 82-84.

também podem encontrar dificuldades em circular em ambientes distintos da sua experiência cotidiana. Desse modo, alunos e alunas podem ter dificuldades em saber se expressar em ambientes formados majoritariamente por pessoas de classes mais abastadas, o que certamente ocorrerá ao longo do desempenho de atividades profissionais relacionadas com o Direito. Assim, professores também devem, talvez em encontros privados, conversar com esses alunos sobre os códigos culturais implícitos presentes em suas instituições. Essa ajuda tem relevância significativa, uma vez que certos temas e certas situações podem gerar ansiedade em alunos e alunas. Por exemplo, alunos de baixa renda podem se sentir alienados diante de conversas sobre atividades que refletem alto *status* econômico, motivo pelo qual alguns podem associar esse estilo de vida como requisito algo necessário para o sucesso profissional.

6.6 Parâmetros para a condução do debate sobre racismo

6.6.1 Raça ou classe?

Muitas questões podem surgir em um debate sobre raça e racismo em sala de aula, motivo pelo qual docentes devem desenvolver certas habilidades para poderem conduzir conversas sobre esse assunto, além daquelas mencionadas nas partes anteriores deste capítulo. Em uma sociedade que ainda cultiva a narrativa da democracia racial, muitos alunos e alunas alegarão que os problemas enfrentados por pessoas negras estão relacionados com disparidades de classe, e não com discriminação racial. Essa tese tem um papel importante no imaginário de sociedades com passado escravagista: afastar o reconhecimento de que muitas pessoas brancas e instituições por elas controladas continuam comprometidas com a subordinação de negros e indígenas. Por esse motivo, algumas questões precisam ser feitas assim que esse argumento aparece para não ocorrer um desvio da questão racial,

CAPÍTULO VI – A EDUCAÇÃO JURÍDICA MULTICULTURAL

comportamento sempre presente nesse tipo de discussão. Portanto, docentes também precisam estar atentos às estratégias que podem ser utilizadas por alunos brancos e alunas brancas para manter a percepção de que eles não possuem responsabilidade direta ou indireta pela opressão negra, nem que se beneficiam desse grave problema social.

Algumas perguntas podem ser feitas quando se questiona se as desvantagens enfrentadas por pessoas negras decorrem da discriminação racial ou de desvantagens de classe, sendo que elas estão associadas ao caráter multidimensional do racismo. É muito importante ter em mente que essas colocações não devem ser apresentadas como afirmações; elas devem ser um convite a uma reflexão mais profunda sobre esse tópico. Por exemplo, perguntar se pessoas brancas são pobres pelos mesmos motivos que pessoas negras é um ponto de partida para que alunos e alunas reflitam de forma mais cuidadosa sobre as relações entre raça e classe. Sugerir explicações para os motivos pelos quais pessoas negras pobres ganham metade do salário de pessoas brancas pobres pode ser outro ponto de partida para a percepção de que o racismo e o classismo operam de forma paralela. Demonstrar para alunos e alunas que disparidades salarias entre grupos raciais estão presentes em todas as classes sociais, inclusive entre formados nas mesmas instituições, seria outro ponto importante para que os participantes possam compreender a relevância social do racismo. Essas perguntas são relevantes para que notem um aspecto importante do racismo: ele sempre procura garantir vantagens sociais para pessoas brancas.[228]

A resposta a esse questionamento que sempre aparece em discussões sobre a questão racial precisa, então, ser conduzida a partir dos parâmetros elaborados no capítulo sobre racismos. Podemos dizer que os problemas enfrentados por pessoas negras estão

---

[228] Ver, nesse sentido: OLUO, Ijeoma. *Então você quer conversar sobre raça*. Rio de Janeiro: Bestseller, 2020, pp. 25-43.

fundamentalmente relacionados com a raça quando disparidades sociais afetam negros de forma desproporcional, quando fazem parte de práticas sociais que se reproduzem ao longo do tempo e que provocam a sua subordinação material. Os depoimentos de membros de grupos raciais subalternizados se mostram importantes nesse momento porque eles estão cientes de que a identidade racial está em jogo em quase todas as situações importantes para a possibilidade de ascensão social, em quase todas as interações entre eles e diferentes representantes do poder público, nas formas diferentes de como são tratados por pessoas brancas comparativamente a outras pessoas também brancas. A raça é uma categoria social a partir da qual são feitos julgamentos morais sobre grupos de indivíduos, o que afeta as possibilidades de sobrevivência social deles. O depoimento de membros de grupos raciais subalternizados, ou o exame de casos de situações cotidianas de racismo, se mostra relevante para que se possa ter compreensão intelectual e também emocional do impacto do racismo na vida de muitos indivíduos.

Muitos dirão que esses questionamentos não podem ser verdadeiros porque conhecem uma pessoa negra que conseguiu superar dificuldades financeiras e se tornou um profissional muito bem-sucedido. Esse argumento deve ser seguido de outros questionamentos sobre o número de pessoas negras que estão nessa situação comparado ao número de pessoas brancas de origem periférica que alcançaram o mesmo nível de sucesso sem enfrentarem barreiras raciais. É importante perguntar se o fato de que uma pessoa negra conseguiu superar desvantagens cumulativas significa que todas as outras também estão aptas a conseguirem a mesma coisa. Mais do que isso, devemos inquirir as razões pelas quais pessoas brancas não enfrentam essas dificuldades cumulativas, nem mesmo as que são pobres. Docentes devem estimular uma reflexão crítica sobre esse ponto para que alunos e alunas não pensem que demandas de justiça racial sejam infundadas e para que relativizem a ideia

CAPÍTULO VI – A EDUCAÇÃO JURÍDICA MULTICULTURAL

segundo a qual medidas de caráter universal podem igualmente promover a inclusão de pessoas brancas e negras.[229]

6.6.2 Racismo ou discriminação?

A condução de um debate sobre raça e racismo requer que estejamos atentos às diferenças entre racismo enquanto sistema de dominação social, enquanto ideologia social e enquanto conjunto de mecanismos discriminatórios. Dizer que o racismo é um sistema de dominação social significa afirmar que faz parte da operação normal de grande parte de instituições públicas e privadas; ele não pode adquirir a significação que tem em nossa sociedade sem a manifestação institucional das ideologias criadas e reproduzidas por indivíduos interessados em justificar a dominação branca. Ele também existe na forma de ideologias sociais porque representa um conjunto de ideias que procura afirmar a seguinte noção: apenas pessoas brancas podem operar de forma competente no espaço público, motivo pelo qual elas devem ter acesso privilegiado a oportunidades materiais. O racismo se manifesta concretamente na forma de atos que, direta ou indiretamente, de maneira consciente ou inconsciente, impõem vários tipos de desvantagens a membros de grupos raciais subalternizados. Portanto, ele se realiza na forma de discriminação direta, de discriminação indireta, de discriminação interseccional, ou por meio da discriminação estrutural.[230]

O debate sobre esse tema não pode fugir de uma pergunta importante. Afinal, qual é o propósito fundamental desse sistema de dominação? Ele expressa apenas antipatia em relação a grupos raciais subalternizados? Docentes que pretendem conduzir

---

229 Cf. ACHO, Emmanuel. *Uncomfortable conversations with a black man.* Nova York: Flatiron Books, 2020, pp. 71-83; OLUO, Ijeoma. *Então você quer conversar sobre raça.* Rio de Janeiro: Bestseller, 2020, pp. 59-77.

230 Todos esses temas são analisados de forma sistemática em MOREIRA, Adilson José. *Tratado de Direito Antidiscriminatório.* São Paulo: Contracorrente, 2020, pp. 554-594.

esse debate precisam estar aptos a criar meios para que todos os alunos e alunas, principalmente alunos brancos e alunas brancas, reconheçam que o racismo procura criar vantagens competitivas para pessoas brancas, ou melhor, procura criar *vantagens indevidas* para elas. Para que essa constatação não provoque reações emocionais a ponto de impedir a continuidade da conversa, é importante que ela seja abordada como um déficit político que compromete o funcionamento adequado da nossa sociedade. O regime democrático pressupõe o tratamento simétrico entre todos, motivo pelo qual devemos identificar os mecanismos responsáveis por esse problema e encontrar soluções para eles. Pautar esse debate a partir de uma reflexão bastante profunda sobre princípios jurídicos é uma forma eficaz de diminuir a tensão emocional que certamente surgirá nas discussões sobre o tema. Por esse motivo, docentes devem iniciar o debate a partir das diversas dimensões da justiça racial, notoriamente da ideia de gramática da igualdade anteriormente apresentada, embora essa estratégia não impeça por completo o surgimento de emoções.

6.6.3 O que é privilégio branco?

Mais uma vez, essa orientação não eliminará a resistência emocional de pessoas brancas em reconhecer que elas são sistematicamente beneficiadas por práticas discriminatórias. Portanto, docentes devem apresentar exemplos bastante claros de como esses privilégios se manifestam e de como eles permitem acesso a oportunidades *sem ação direta do indivíduo*. Então, devemos propor perguntas tais como: todas as pessoas podem circular em todos os espaços sem terem que explicar o motivo de sua presença nesses lugares? Por que brancos são submetidos a condenações mais brandas quando cometem os mesmos crimes nas mesmas condições? O debate sobre o tema do privilégio branco tem o propósito de mostrar que os indivíduos *não* estão na mesma linha de partida na disputa por oportunidades sociais. Pelo contrário, a realidade de uma sociedade racista garante vantagens permanentes, o que se

CAPÍTULO VI – A EDUCAÇÃO JURÍDICA MULTICULTURAL

mostra pelo simples fato de que a raça nunca será um empecilho para pessoas brancas alcançarem seus objetivos.

O debate sobre esse tema deve partir da análise das formas como um sistema democrático deveria funcionar idealmente; a partir do fato de que ele pressupõe a noção de que todos deveriam ter os mesmos meios para atingirem seus objetivos e o mesmo nível de respeitabilidade em uma sociedade verdadeiramente democrática. O privilégio ocorre quando práticas discriminatórias, diretas e indiretas, conscientes e inconscientes, transferem sistematicamente ganhos de grupos raciais subalternizados para o grupo racial hegemônico. Isso permite que os membros do último grupo alcancem seus objetivos à custa da exclusão de membros de outros segmentos sociais, por meio de práticas e ideologias que reputam pessoas brancas como as únicas capazes de atuar no espaço público de forma competente. A dominação racial ocorre quando sistemas sociais operam de forma a excluir de maneira sistemática grupos estigmatizados para que pessoas brancas possam ter acesso prioritário ou exclusivo a oportunidades sociais, o que beneficia todas as pessoas brancas, independentemente da participação delas nesses processos.[231] Algumas perguntas devem ser feitas para que todos possam refletir sobre os meios a partir dos quais privilégios raciais operam. Por exemplo, todos podem ligar a televisão ou folhear jornais e verem representações culturais positivas de seu grupo racial? Todos os membros de todos os grupos raciais podem dirigir qualquer tipo de carro sem serem parados sistematicamente pela polícia? Pessoas brancas precisam educar os seus filhos sobre as formas como a discriminação racial os afetarão cotidianamente? Pais e mães de pessoas brancas precisam se preocupar com os efeitos da discriminação sistemática na construção da autoestima de seus filhos? Pessoas brancas precisam se preocupar com avaliações

---

[231] Para uma análise desse assunto, ver, sobretudo: SAAD, Layla F. *Eu e a supremacia branca*: como reconhecer seu privilégio, combater o racismo e mudar o mundo. Rio de Janeiro: Rocco, 2020.

estéticas sobre o tipo de cabelo delas em entrevistas de emprego? Ou precisam se preocupar com o papel que a raça pode ter no tipo de atendimento médico que elas receberão?[232] É estrategicamente importante que esses questionamentos sejam feitos depois de uma reflexão sobre algumas formas de igualdade, tais como a noção de igualdade de procedimento e igualdade de *status* moral, de forma que se possa compreender como esses fatos afastam nossa sociedade desses princípios.

A explicação dessa realidade não deve ser feita em tom acusatório; ela deve, sim, apontar incompatibilidade dessa realidade com o funcionamento de uma sociedade que quer criar uma cultura e uma prática democrática. Esse debate deve ser pautado também pela discussão sobre os conceitos de igualdade de oportunidades e de igualdade de resultados, nos seguintes termos: quais dessas duas formas de igualdade é a mais adequada a uma sociedade historicamente marcada por tremendas disparidades raciais? Isso permite a diminuição de tensões emocionais entre as pessoas, uma vez que as convida a entenderem racionalmente esses processos sociais. Além disso, essa estratégia abre espaço para que alunas e alunos compreendam um ponto central desse debate: a ação das instituições estatais em uma sociedade democrática deve estar voltada para a correção de processos que permitem a atribuição de privilégios sistemáticos para um grupo e a imposição de desvantagens permanentes para outros. Mais uma vez, o projeto de uma educação jurídica antirracista encontra fundamento no princípio da justiça, motivo pelo qual a sua lógica deve ser detalhadamente explorada durante todas as conversas sobre esses temas referentes ao tratamento desigual entre membros dos diversos grupos raciais e étnicos existentes em nossa sociedade.[233]

---

[232] ACHO, Emmanuel. *Uncomfortable conversations with a black man*. Nova York: Flatiron Books, 2020, pp. 33-37.

[233] ACHO, Emmanuel. *Uncomfortable conversations with a black man*. Nova York: Flatiron Books, 2020, pp. 31-41.

CAPÍTULO VI – A EDUCAÇÃO JURÍDICA MULTICULTURAL

6.6.4 Minhas ideias sobre o mundo são racistas?

Muitos alunos brancos e muitas alunas brancas se absterão de expressar suas opiniões porque pensam que suas posições poderão ser interpretadas como racistas, receio que se apresenta como um problema para o projeto de uma educação jurídica politicamente engajada. A participação de todos deve ser sempre encorajada; o debate de vários argumentos deve, então, ser objeto de discussão para que falsas compreensões sobre a realidade possam ser refutadas. Como alguém pode saber que suas posições não estão baseadas em teses racistas? Seguem alguns parâmetros básicos. Refutar a existência do racismo e a forma como ele afeta a vida de pessoas negras é um ato racista. A invisibilização do racismo tem sido um dos traços característicos desse sistema de dominação na sociedade brasileira; sempre se procurou impedir que ele se tornasse um fator de mobilização política. Negar a legitimidade de demandas de pessoas negras sem ter qualquer tipo de estudo sobre o racismo é um ato racista. As ideias de que a raça não tem significação social; a escravidão não estava baseada no racismo; supostamente temos uma cultura pública baseada na cordialidade racial; brancos precisam ser protegidos contra o racismo reverso; políticas universais podem melhorar as condições de todas as pessoas; mulheres brancas não seguram suas bolsas porque estão diante de homens negros, mas, sim, porque estão diante de pobres; todos esses argumentos devem ser refutados porque são racistas. Para que o debate sobre a justiça racial seja uma discussão baseada em evidências, docentes devem apresentar em sala de aula todos os argumentos comuns sobre relações raciais em nossa sociedade e devem demonstrar porque eles são falsos.

A resposta ao receio de estar sendo racista também requer que os participantes dessa discussão tenham uma compreensão mínima sobre a psicologia social da discriminação. Afirmamos anteriormente que o racismo é uma ideologia social que tem por objetivo reproduzir a noção de que apenas pessoas brancas podem atuar de forma competente no espaço público. Esse objetivo é alcançado pela contínua representação estereotipada de membros de grupos raciais subalternizados, motivo pelo qual devemos fazer uma rápida incursão pelo tema dos estereótipos. Práticas racistas são motivadas por falsas representações de membros de outros grupos vistos como inferiores ou diferentes, sem a mesma estatura moral de membros de grupos hegemônicos. Essas percepções não surgem espontaneamente na cabeça das pessoas; elas são culturalmente produzidas para que diferenças de tratamento sejam legitimadas de forma que oportunidades sociais estejam sempre concentradas nas mãos de alguns e retiradas das mãos de outros. Estereótipos são falsas generalizações usadas de forma estratégica para a manutenção de relações assimétricas de poder. Eles possuem diferentes dimensões, a saber: a descritiva, a prescritiva, a relacional e a política. Essas dimensões atuam, respectivamente, do seguinte modo: designam supostas características de membros de determinados grupos, apontam as funções que eles podem ocupar na sociedade, indicam características opostas às dos membros de grupos dominantes e legitimam uma variedade de arranjos políticos. Para que todos os participantes dessa conversa possam compreender como sentimentos racistas surgem na mente das pessoas, eles devem entender os esquemas mentais determinantes da percepção de membros de grupos subalternizados. Esse será outro conhecimento que permitirá, aos alunos brancos e alunas brancas, identificarem se suas falas expressam ideias com conotações ou conteúdos abertamente racistas. Informações dessa natureza são importantes para que todos os presentes tomem conhecimento de um elemento central da operação de todos os sistemas de opressão. *Minhas ideias sobre o mundo serão racistas se elas estiverem baseadas em falsas percepções que legitimam a marginalização de membros de grupos subalternizados. Se eu tenho pouco ou nenhum contato com pessoas indígenas, eu não tenho parâmetros adequados para me manifestar sobre elas; possíveis opiniões que eu desenvolvi sobre essas pessoas estão baseadas em estereótipos que não correspondem à realidade.*

CAPÍTULO VI – A EDUCAÇÃO JURÍDICA MULTICULTURAL

6.6.5 O problema das microagressões

A educação jurídica antirracista se torna possível em um ambiente no qual todos se sentem integrados. Por esse motivo, professores e professoras devem estar preocupados com a questão das microagressões. Falas corriqueiras podem carregar sentidos que expressam desprezo por membros de minorias raciais, o que pode significar que elas não são bem-vindas em sala de aula. Dar prioridade sempre a alunos demonstra que as opiniões de mulheres não serão consideradas; dar prioridade sempre para pessoas brancas significa que as participações de pessoas indígenas, negras e asiáticas não têm relevância. Por esse motivo, professores e professoras devem ter uma preocupação significativa com palavras que podem ser um microinsulto ou uma microinvalidação: o uso de termos derrogatórios para classificar membros de grupos minoritários ou a desconsideração das experiências de grupos minoritários. Práticas sociais como o racismo recreativo, tão comum na sociedade brasileira, precisam ser evitadas; é importante que as pessoas tenham ciência dos danos psicológicos que esse tipo de comportamento pode causar.[234]

A importância dos efeitos desses atos deve ser discutida por todos, uma vez que ele pode comprometer o engajamento de alunos e alunas que pertencem a grupos subalternizados, um problema para o tipo de projeto pedagógico aqui descrito e defendido. Microagressões podem se manifestar pela desvalorização das vivências e das posições de membros de minorias raciais, o que os desencoraja a participar em sala de aula e em outros ambientes acadêmicos e profissionais. Elas também podem ocorrer por meio de microinsultos expressos pela utilização de termos racialmente ofensivos em sala de aula, o que manifesta a ausência de sensibilidade para com membros de tais grupos. É também importante questionar

---

[234] Cf. MOREIRA, Adilson José. *O que é discriminação?* Belo Horizonte: Casa do Direito, 2017, pp. 155-165; YOSSO, Tara *et al.* "Critical race theory, racial microaggressions, and campus racial climate for Latino/a undergraduates". *Harvard Education Review*, vol. 79, n° 4, 2009, pp. 659-651.

os estudantes sobre os motivos pelos quais não cumprimentam quem faz parte de outros segmentos sociais, uma expressão do que tem sido chamado de microassalto. As pessoas também precisam, enfim, estar cientes do fato de que menções a características físicas de grupos subalternizados podem expressar desprezo e ausência de sensibilidade, além de serem vistas como uma tentativa de imposição de padrões culturais e estéticos de pessoas brancas a todos os demais grupos raciais.

6.6.6 Como podemos combater o racismo?

O debate sobre uma educação jurídica antirracista precisa responder a uma questão fundamental: *como combater o racismo agora que eu compreendo seus modos de operação?* Obviamente, o alcance desse objetivo requer mudanças estruturais em nossa sociedade, mas todos podem cumprir um papel importante nesse processo. Uma simples conversa sobre injustiças raciais tem um papel muito relevante, uma vez que um dos meios de sua reprodução é o silenciamento sobre esse tema. A luta contra o racismo implica uma prática na qual pessoas de todos os grupos raciais precisam estar engajadas para que o objetivo da criação de uma sociedade democrática possa ser alcançado. Esse propósito enfrenta alguns desafios, entre os quais o interesse de boa parte dos membros do grupo racial hegemônico em manter seus privilégios. Mas ele possui uma complexidade significativa, motivo pelo qual precisamos explorar alguns de seus vários aspectos para que sua compreensão seja mais evidente para todos e todas.

O engajamento em uma luta antirracista requer, em primeiro lugar, que saibamos fazer algumas diferenciações muito importantes, motivo pelo qual ele precisa começar com um processo de letramento racial. Precisamos saber a diferenciação entre racismo, um sistema de dominação baseado na correlação entre práticas e ideias racistas, e a ideia de discriminação, práticas que geram desvantagens para grupos raciais subalternizados. Os

CAPÍTULO VI – A EDUCAÇÃO JURÍDICA MULTICULTURAL

interessados na luta antirracista precisam saber fazer distinções entre desigualdade racial, o fato de que grupos raciais estão longe de uma situação de equidade social, e políticas racistas, iniciativas que, direta ou indiretamente, contribuem para a manutenção da desigualdade entre grupos raciais. Todas as pessoas que querem construir uma sociedade igualitária devem ser capazes de entender que a solução para a discriminação racial é a implementação de medidas antirracistas, com o intuito de se garantir, aos grupos raciais subalternizados, acesso a condições mínimas de existência e de respeitabilidade social. Isso inclui a necessidade da análise minuciosa das possíveis consequências que propostas políticas poderão ter no *status* coletivo dos vários grupos raciais. Todos aqueles e aquelas comprometidos com a criação de uma sociedade melhor precisam saber o que torna uma ideia racista: todos os preceitos que, de uma forma ou de outra, reproduzem a noção de superioridade branca e inferioridade negra. A prática antirracista precisa considerar os efeitos que processos históricos de discriminação possuem na vida de pessoas não brancas, motivo pelo qual uma proposta pedagógica antirracista deve oferecer os meios para que se possa identificar esses problemas. Quanto maior for o conhecimento delas sobre o Direito Antidiscriminatório, maior será a possibilidade de desenvolverem um aparato crítico capaz de orientar a sua prática política.[235]

O que são, afinal, ideias e práticas antirracistas? São aquelas baseadas na noção da igual humanidade de todas as pessoas; são aqueles preceitos que permitem o reconhecimento da dignidade entre todos os indivíduos; são aqueles conceitos capazes de promover a solidariedade entre grupos raciais, principalmente o reconhecimento de que a raça não deveria ser um ponto de partida para práticas arbitrárias, o que requer o engajamento com a eliminação das consequências do racismo. Ideias racistas reproduzem a noção de que

---

[235] KENDI, Ibram X. *How to be an antiracist.* Nova York: One World, 2019, pp. 13-20.

a raça é um padrão legítimo para a diferenciação entre as pessoas e para a atribuição de direitos. Nossos conteúdos mentais são racistas quando operam para fazermos diferenciações morais que imputam características naturais a grupos racializados de uma forma ou de outra, o que inclui a permanente atribuição de traços positivos a pessoas brancas e de traços negativos a pessoas não brancas. Práticas antirracistas são aquelas iniciativas pessoais e medidas institucionais destinadas a promover a inclusão de grupos raciais subalternizados, de forma que o *status* cultural e o *status* material deles possam ser alterados. São aqueles procedimentos que procuram garantir, às pessoas de todas as raças, paridade de participação nas diferentes esferas da vida social para que os processos decisórios reflitam os interesses de todos os grupos sociais. Ter um comprometimento com a respeitabilidade social de todos os grupos raciais significa combater, individual e politicamente, práticas que procuram reproduzir estrategicamente a noção de que só pessoas brancas podem atuar de forma competente no espaço público. Indivíduos engajados em uma prática antirracista devem defender de maneira intransigente os direitos fundamentais, porque o desrespeito deles quase sempre afetam pessoas negras de forma desproporcional.[236]

Aqueles e aquelas que querem criar uma sociedade mais racialmente igualitária também precisam rejeitar narrativas culturais dominantes que procuram impedir o reconhecimento da relação direta entre opressão negra e privilégio branco. Devem estar cientes de dois aspectos centrais da retórica da democracia racial: a noção da inocência branca e o assimilacionismo cultural. O primeiro pretende encobrir as relações entre práticas discriminatórias sistemáticas de pessoas brancas, bem como de instituições controladas por elas, e os processos de subordinação de membros de outros grupos raciais. O mito da democracia racial sempre teve o objetivo de impedir a

---

[236] Ver, nesse sentido: FREDMAN, Sandra. "Redistribution, and recognition: reconciling inequalities". *South African Journal of Human Rights*, vol. 23, nº 2, 2007, pp. 214-234.

CAPÍTULO VI – A EDUCAÇÃO JURÍDICA MULTICULTURAL

mobilização política em torno da raça por meio da reprodução constante da ideia de que pessoas brancas brasileiras são comprometidas com a igualdade racial. Essa narrativa implica outro problema sério na vida de pessoas negras e indígenas: a pressuposição de que a inclusão social delas depende da completa internalização da cultura dominante para que sejam consideradas como seres humanos, o que implica abandonar todas as suas tradições em nome de algo que supostamente lhes garantiria respeitabilidade. Assimilar para progredir é uma prática racista cuja implicação é o apagamento cultural de grupos raciais subalternizados, algo, portanto, incompatível com um projeto antirracista. Promover o respeito pela diversidade cultural dos grupos raciais é um elemento central de qualquer projeto antirracista, porque precisamos lutar contra o imperialismo cultural, que sempre pressupõe a superioridade branca. Esse imperialismo cultural faz com que os traços culturais do grupo racial dominante sejam transformados em critérios para o julgamento da humanidade de pessoas de todos os grupos raciais, um dos mecanismos responsáveis pela preservação do racismo em grande parte das sociedades liberais.[237]

O sucesso de um projeto antirracista pode ser medido pelo nível de igualdade entre grupos raciais, o que pode ser observado pelo nível de participação deles nos espaços de poder. Antirracistas devem defender políticas de ações afirmativas, porque estas facilitam a presença de membros de diferentes grupos raciais em lugares nos quais são tomadas decisões que afetam indivíduos de todos os grupos raciais. Uma vez que as disparidades raciais podem ser reproduzidas por medidas que não falam nada sobre a questão racial, mas impactam negativamente grupos raciais subalternizados, quanto maior for a presença de negros e indígenas nas universidades, maiores serão as chances de eles produzirem conhecimento capaz de proporcionar base para iniciativas que promovam a inclusão racial. Estar em espaços de poder é muito importante para que decisões possam ser tomadas a

---

[237] RIBEIRO, Djamila. *Pequeno manual antirracista*. São Paulo: Companhia das Letras, 2019, pp. 68-83.

partir de um processo de deliberação que considera os interesses de membros de todos os segmentos sociais. A luta antirracista requer, então, que procuremos promover a diversificação racial dos círculos do poder; assim, vários processos responsáveis pela reprodução da desigualdade racial serão substituídos por medidas que expressem os interesses de todos os grupos. É preciso reconhecer que o tema do racismo está fundamentalmente ligado à questão do poder, motivo pelo qual aqueles e aquelas comprometidos com a dominação racial fazem todo o possível para excluir grupos raciais subalternizados desses espaços.

6.7 Recapitulando!

O projeto de uma pedagogia politicamente engajada deve observar os seguintes passos:

1 – Uma reflexão coletiva entre docentes e dirigentes sobre a importância do comprometimento institucional com a formulação de um projeto pedagógico voltado para uma educação emancipatória;

2 – Formação de um comitê pedagógico especial constituído por especialistas na discussão sobre temas relacionados ao Direito Antidiscriminatório e Direito das Relações Raciais;

3 – Reuniões com os membros de comitê pedagógico especial sobre como a discussão concernente à justiça racial pode ser incluída nos programas das disciplinas ministradas;

4 – Desenvolvimento de um estudo sistemático das disciplinas de Direito Antidiscriminatório e Direito das Relações Raciais, bem como de estudos sociológicos e históricos sobre relações raciais, passo essencial para o letramento racial;

5 – Preocupação com a inclusão de autores e autoras que expressam uma pluralidade de perspectivas sobre os conteúdos trabalhados nas disciplinas, especialmente aqueles e aquelas

CAPÍTULO VI – A EDUCAÇÃO JURÍDICA MULTICULTURAL

cujos estudos interdisciplinares facilitem a discussão sobre o tema da justiça racial;

6 – Preocupação com o engajamento dos alunos e alunas de todos os grupos raciais e étnicos, o que depende da construção de um ambiente de confiança mútua em sala de aula;

7 – Divisão do programa da disciplina nas seguintes partes:

A. Princípios constitucionais reguladores da disciplina jurídica;

B. Papel desses princípios na construção da justiça social;

C. Análise das dimensões das relações humanas reguladas pelo campo do Direito;

D. Discussão sobre os possíveis impactos positivos e negativos que essas normas podem ter no *status* de grupos sociais a partir da discussão sobre casos concretos;

E. Atenção para que essa discussão possa englobar a maior pluralidade possível de aspectos da vida de grupos sociais, tendo em vista a pluralidade interna desses grupos;

F. Preocupação com a discussão de casos complexos de discriminação que permitam alunos e alunas entenderem como mecanismos de opressão racial operam;

G. Apresentação do conteúdo da disciplina a partir de uma pluralidade de perspectivas teóricas;

H. Discussão sobre meios a partir dos quais normas que regulam esse campo do Direito possam promover a emancipação social;

8 – Indicação de tópicos que podem ser utilizados na formulação de projetos de pesquisa sobre temas relacionados com a justiça racial;

9 – Desenvolvimento de programas de estágio na forma de clínicas dedicadas à identificação e eliminação dos diferentes tipos de discriminação sofridos por grupos raciais subalternizados nas diversas esferas da vida social;

10 – Estabelecimento de linhas de pesquisa sobre Direito Antidiscriminatório e Direito das Relações Raciais, passo relevante para que seja produzido conhecimento relevante na formação de profissionais que ocuparão cargos de destaque em instituições públicas e privadas;

11 – Adoção de políticas de diversidade que procurem estimular (por meio, por exemplo, de ações afirmativas) a contratação de professores e colaboradores não brancos por parte das instituições, de sorte a garantir a representatividade nos quadros funcionais.

CAPÍTULO VII

O DEBATE SOBRE JUSTIÇA RACIAL NAS DISCIPLINAS JURÍDICAS

Uma das tarefas mais difíceis para estudiosos do Direito tem sido traduzir o pensamento crítico para o campo da dogmática jurídica. Tentamos demonstrar, até este capítulo, a necessidade de desenvolvermos uma educação jurídica multicultural, aberta às discussões teóricas críticas sob diversas perspectivas – sexualidade, gênero, decolonialismo, feminismo – e centrada na análise dos racismos e na justiça racial como um problema do Direito. Mas isso é Direito, com "D" maiúsculo? Para muitos professores e alunos, não. Como já mencionamos, ainda predomina, no corpo discente de nossas instituições de ensino jurídico, uma leitura que diferencia as disciplinas tidas por verdadeiramente jurídicas (dogmáticas) – o Direito Civil, o Direito Constitucional, o Direito Penal, o Direito Administrativo e outros – das disciplinas críticas (zetéticas), como podem ser a Filosofia do Direito, a Sociologia Jurídica e outras. Essa postura não é exclusiva de quem não tem apreço às disciplinas tidas como críticas – muitos alunos e alunas sentem-se fortemente atraídos por essas perspectivas, mas não as compreendem como jurídicas (o que, muitas vezes, leva esses estudantes a se desiludirem com o curso e mesmo a abandoná-lo).

O cenário não é diferente quando falamos do corpo docente. Há, por vezes, uma hierarquização tácita entre professores – fomentada também por alunas e alunos, os quais fazem parte dessa cultura – que diferencia os doutrinadores (em geral, professores brancos e homens com funções paralelas ao magistério) daqueles que são "só professores", dedicando-se integralmente ao magistério – em geral, um magistério crítico que, muitas vezes, é posto de lado pelo primeiro grupo.

Nossa tarefa, neste capítulo, será a de superar essa dicotomia que acreditamos ser falsa e perniciosa. Queremos promover um reencontro entre a crítica e a normatividade. É importante ter em mente que o projeto de educação antirracista defendido neste livro também se afasta de uma tradição fortemente presente em nossa cultura jurídica: ensinar o Direito a partir da lógica que organiza as disposições legislativas sobre uma determinada disciplina. Essa prática marginaliza a discussão sobre o tema da justiça ao ensinar alunos e alunas que o sistema jurídico opera segundo uma lógica própria para a qual discussões teóricas são irrelevantes. O impacto discriminatório de normas jurídicas e de práticas institucionais nela baseadas se torna invisível para pessoas que desenvolvem a ideia segundo a qual os indivíduos estão sempre operando enquanto agentes racionais. Seguiremos uma proposta bastante distinta. Pensaremos o Direito como produto das relações políticas que estruturam as relações humanas dentro de uma sociedade e como um sistema normativo que, por sua vez, regula essa mesma realidade social. Tendo em vista essa perspectiva, as propostas a serem apresentadas nas páginas seguintes não operam a partir de uma separação entre aspectos teóricos e aspectos regulatórios do Direito. Estamos interessados em entender o papel que uma análise crítica de temas jurídicos pode ter na construção de arranjos normativos capazes de promover a justiça racial na sociedade brasileira. O projeto de uma pedagogia engajada não pode reduzir a educação jurídica ao ensino das relações lógicas entre normas jurídicas, nem reproduzir a noção de que questões

CAPÍTULO VII – O DEBATE SOBRE JUSTIÇA RACIAL NAS...

sobre justiça social não são relevantes para a análise da realidade na qual normas legais incidem. Partimos do pressuposto de que o racismo, enquanto sistema de dominação social, é responsável por uma série de problemas estruturais que precisam ser reconhecidos e debatidos. Entretanto, eles permanecem invisíveis em função do tipo de prática pedagógica baseada na ideia de que o Direito é um sistema social que não guarda qualquer tipo de relação com as estruturas de poder presentes na sociedade. Por ser um sistema de dominação social, o racismo tem um papel central na produção de normas legais, uma vez que elas espelham, direta e indiretamente, relações de poder; ele se reproduz por meio da forma como o Direito é ensinado, porque o corpo docente das nossas instituições é composto fundamentalmente por pessoas brancas que tornam invisíveis as relações entre Direito e poder; ele está presente na forma como as normas jurídicas são interpretadas, pois a vasta maioria dos membros do Judiciário são membros do grupo racial dominante, os quais nunca sofreram discriminação em suas vidas e, por isso, pensam que a justiça decorre da aplicação natural das normas jurídicas.

Evidentemente, cada tópico que abordaremos a seguir poderia dar ensejo a um novo manual integralmente dedicado às interseções entre justiça racial e cada um dos diversos ramos do Direito. Demonstraremos, nas páginas a seguir, que a divisão entre os diversos ramos do Direito é, em algum grau, uma ficção. É certo que o Direito Constitucional, o Direito Penal, o Direito Administrativo e o Direito Societário tratam de diferentes espécies de relações jurídicas, por vezes regidas por princípios setoriais que não se comunicam entre si. Apesar disso, esses ramos compartilham a característica básica do Direito como reflexo de disputas sociais – embates que ora refletem pressões por avanços (como no caso do sentido da justiça racial), ora por retrocessos (ou pela manutenção de um *status quo* de injustiça racial). Sendo assim, não é porque trataremos da seletividade penal no item dedicado ao Direito Penal que esse problema não seja revelador de uma categoria própria também ao Direito Constitucional – por exemplo, a partir do conceito de estado de coisas inconstitucional. Da mesma forma, a discussão acerca da titularidade dos direitos fundamentais, a exigir uma análise dos sujeitos de direito enquanto seres que têm uma existência concreta, será travada no âmbito do mesmo subitem acerca do Direito Constitucional. Mas essa mesma discussão produz efeitos sobre o Direito Civil, fortemente marcado pela figura do sujeito abstrato de direito, que exclui grupos sociais vulnerabilizados. Enquanto passamos por cada um dos ramos do Direito, lembremo-nos, então, de que o problema analisado nesta oportunidade é uno – é a injustiça racial em suas várias manifestações. Daí que a segmentação analítica, aqui, nos serve para facilitar a compreensão e avançar reflexões – mas jamais para impedir a transdisciplinaridade necessária ao enfrentamento da discriminação em suas múltiplas variações.

Como dissemos anteriormente, o projeto de uma educação jurídica antirracista implica uma forma específica de apresentar o conteúdo de disciplinas jurídicas, uma vez que ele pretende contribuir para a construção de uma consciência crítica. As disciplinas devem ser organizadas a partir de alguns *eixos de análise* que incorporam elementos dos marcos teóricos mencionados anteriormente, sendo que essa estratégia pode ser utilizada por especialistas dos diferentes campos do Direito. Eles cumprirão uma função muito importante: articular a dimensão crítica e a dimensão normativa de maneira que as pessoas possam entender que os processos de produção, aplicação e interpretação de normas jurídicas precisam ser examinados a partir de arranjos sociais responsáveis pela reprodução de relação de poder dentro de nossa sociedade. Docentes engajados nesse projeto de uma educação antirracista poderão, a partir da organização do material bibliográfico inspirado nesses eixos de análise, encontrar os meios para poderem construir um programa de disciplina capaz de suscitar questões centrais para o debate sobre justiça racial em sala de aula, o que poderá ter consequências imensamente positivas ao longo do tempo.

CAPÍTULO VII – O DEBATE SOBRE JUSTIÇA RACIAL NAS...

O primeiro eixo de análise a ser utilizado para a organização das ementas das disciplinas e para a condução do debate sobre justiça racial em sala de aula está relacionado com o tema do *sujeito social*. É preciso entender o papel que a promulgação e aplicação das normas jurídicas desempenham na formação de identidades sociais, além do papel desse processo na construção de práticas institucionais que impactam a forma como os seres humanos são representados no discurso jurídico. Assim, algumas questões centrais precisam ser respondidas. De que modo normas legais e práticas institucionais que regulam certa esfera da vida social contribuem para a construção de sujeitos sociais, para a construção e reprodução de identidades individuais e coletivas? Podemos dizer que há uma correspondência estrita entre a concepção abstrata dos indivíduos como sujeitos de direito e as identidades sociais deles? Como normas jurídicas e práticas institucionais supostamente neutras encobrem estratégias por meio das quais categorias de direitos são identificadas com grupos sociais específicos? De que maneira práticas institucionais são construídas para que certos sujeitos sociais possam sempre obter *status* privilegiado, embora eles recorram ao discurso da neutralidade para sustentar a ideia de que normas jurídicas operam de acordo com princípios abstratos? Que papel tem o Direito na construção de identidades raciais sobre as quais práticas jurídicas arbitrárias são legitimadas? Em que medida podemos dizer que normas jurídicas servem de base para práticas institucionais que promovem a reprodução de arranjos sociais de marginalização de identidades raciais?

O segundo eixo de análise que deve guiar esse projeto de educação antirracista está relacionado com o tema do *status social*. Normas jurídicas incidem em uma realidade organizada a partir de hierarquias de poder que situam grupos raciais em posições distintas na sociedade. Devemos, então, questionar se normas jurídicas e práticas institucionais descritas de forma genérica podem afetar de modo negativo o *status* social de grupos raciais. O caráter estrutural do racismo causa desvantagens sistêmicas para os membros de minorias raciais, motivo pelo qual a análise da norma jurídica não pode ser examinada fora da realidade em que ela incide; ignorar esse detalhe pode contribuir para a reprodução do lugar de marginalização no qual pessoas negras se encontram. O tema do *status* social deve ser um parâmetro para o processo de interpretação e aplicação de normas jurídicas, sendo que considerações sobre o contexto social dos grupos afetados por elas operam como um ponto de análise essencial. A atenção a essa dimensão se mostra central para o projeto de uma educação jurídica antirracista, uma vez que nos interessa entender como normas jurídicas e arranjos institucionais podem *prejudicar* ou *melhorar* o *status* coletivo de grupos raciais subalternizados.

Os temas da *igualdade* e da *discriminação* correspondem ao terceiro eixo de análise que deve guiar a discussão sobre justiça racial. Como nos interessa entender as maneiras como normas jurídicas e práticas institucionais afetam o *status* de grupos raciais, temos que avaliar as consequências delas para a afirmação ou negação da igualdade, termo entendido aqui fundamentalmente como igualdade de *status*. A ênfase na igualdade de *status* entre grupos requer a investigação do impacto da legislação nas condições de vida de grupos raciais subalternizados. Isso nos permitirá identificar o tipo de efeito discriminatório que ela pode ter na vida dos membros desses segmentos. Normas legais podem provocar a discriminação indireta por influenciar de forma negativa o *status* de grupos raciais; elas podem operar como base para arranjos institucionais que assumem a forma de discriminação institucional; podem também contribuir para a preservação de hierarquias raciais, o que caracteriza a discriminação estrutural e a discriminação intergeracional. Assim, o projeto de uma educação jurídica antirracista caminha ao lado do diálogo constante entre o Direito Antidiscriminatório, o Direito das Relações Raciais e as diversas áreas jurídicas.

Outro eixo teórico relevante para a consolidação de um projeto pedagógico politicamente engajado diz respeito às *possibilidades emancipatórias e reconstrutivas* do Direito. As análises anteriores servem como parâmetro para que possamos identificar as mudanças necessárias na cultura jurídica e na legislação para a promoção da justiça racial em nossa sociedade. Docentes envolvidos nesse projeto devem utilizar a sala de aula como um laboratório no qual se debate o potencial de normas jurídicas na transformação da realidade social. A atenção deles deve estar voltada para a reflexão sobre meios necessários para que práticas institucionais responsáveis pela reprodução de hierarquias possam ser eliminadas; docentes também devem sempre incentivar os alunos a encontrarem meios para que práticas discriminatórias que afetam o *status* de grupos raciais subalternizados possam ser combatidas da maneira mais eficaz possível. Docentes e discentes devem estar engajados em projetos de extensão capazes de promover maiores níveis de integração de grupos raciais subalternizados, experiência que certamente terá um impacto significativo na formação profissional de alunos e alunas, uma vez que eles e elas contribuirão de forma direta para a promoção da justiça racial.

7.1 Direito Constitucional e justiça racial

Acreditamos que o Direito Constitucional é um excelente ponto de partida para a discussão sobre justiça racial, uma vez que é possível demonstrar de forma bastante clara a maneira como os eixos de análise antes mencionados podem ser utilizados no ensino dessa disciplina. Temas centrais desse campo de estudo como o poder constituinte, a interpretação jurídica e os direitos fundamentais são assuntos que podem ser amplamente explorados para entendermos como a questão da subjetividade, da diferença de *status*, da igualdade e da discriminação, bem como o caráter reconstrutivo do Direito, podem ser articulados no debate sobre justiça racial. Acreditamos que iniciar essa análise a partir do Direito Constitucional tem grande relevância, em função do caráter paradigmático desse ramo do pensamento para discussões sobre justiça racial em outras disciplinas jurídicas.

No Brasil, o Direito Constitucional se tornou central, teórica e dogmaticamente, com a promulgação da Constituição de 1988. A mais democrática, republicana e igualitária de nossas Constituições coroou o processo de redemocratização, trazendo os direitos fundamentais para o centro do Estado brasileiro. Um centro que, sabemos, tem sido muito mais uma promessa do que uma realidade. Apesar da distância persistente entre as normas emancipatórias da Constituição e a realidade, o fato é que, no Direito, avançaram teorias de interpretação que buscaram conferir uma crescente efetividade às promessas constitucionais.[238] Por diversos mecanismos, teóricos buscaram interpretar a Constituição de modo que seu texto deixasse de ser um conjunto de palavras sem sentido, convertendo-se em instrumento de transformação social.[239] Esse movimento se associou, ainda, ao fenômeno da constitucionalização do Direito, a ser sentido por todos os ramos jurídicos. Falar em Direito Civil, Administrativo, Penal, Tributário ou Trabalhista não é mais possível sem tratar da Constituição – seja porque normas atribuídas a cada um desses ramos passaram a ser previstas no texto constitucional, seja porque a interpretação de cada uma das diversas normas exige uma análise à luz da Constituição.[240]

---

[238] RIBEIRO, Djamila. *Pequeno manual antirracista*. São Paulo: Companhia das Letras, 2019. No Direito Comparado, são especificamente relevantes as teorias de LOEWENSTEIN, Karl. *Teoría de la constitución*. Barcelona: Ariel, 2018; e de HESSE, Konrad. "A Força Normativa da Constituição". *In*: _____. *Temas fundamentais do Direito Constitucional*. São Paulo: Saraiva, 2009, pp. 2-15.

[239] A chamada doutrina brasileira da efetividade representa bem esse movimento. Para conhecer o pensamento de seus principais expoentes, confira-se: CLÈVE, Clèmerson Merlin. *Para uma dogmática constitucional emancipatória*. Belo Horizonte: Fórum, 2012 e BARROSO, Luís Roberto. *O Direito Constitucional e a efetividade de suas normas*: limites e possibilidades da Constituição brasileira. Rio de Janeiro: Renovar, 2009.

[240] BARROSO, Luís Roberto. "Neoconstitucionalismo e constitucionalização do Direito". *Revista Quaestio Iuris*, vol. 2, nº 1, 2006, pp. 1-48.

CAPÍTULO VII – O DEBATE SOBRE JUSTIÇA RACIAL NAS...

Essas modificações são muito relevantes para a discussão desenvolvida nesta obra. Observamos o aparecimento de teóricos que formulam propostas interpretativas críticas aos princípios da neutralidade e da objetividade; eles apresentam propostas preocupadas com a dimensão ideológica da interpretação, questão de grande importância quando consideramos o fato de que as pessoas falam a partir de lugares sociais específicos que determinam a forma como elas percebem a realidade.[241] O interesse no aspecto narrativo do Direito se mostra muito importante para que possamos identificar os mecanismos retóricos utilizados para a reprodução de relações hierárquicas de poder em uma dada sociedade. Assim, as contribuições de membros de minorias possuem imensa relevância para um projeto de educação jurídica antirracista porque nos permitem elaborar uma forma de exposição crítica do conteúdo das disciplinas jurídicas, uma exposição que se afasta da ideia de que normas jurídicas possuem uma racionalidade própria impermeável à realidade social.[242] A centralidade da Constituição em nosso ordenamento jurídico, sua pretensão emancipatória inequívoca e o fenômeno da constitucionalização do Direito fazem com que qualquer pretensão de formular um ensino jurídico antirracista exija, em primeiro lugar, pensar um Direito Constitucional antirracista – cujos efeitos se farão sentir, dada a centralidade normativa da Constituição, em todas as esferas do Direito. O que significa, então, pensar esse Direito Constitucional antirracista? Significa colocar a análise sobre justiça racial no centro de cada um dos temas em que tradicionalmente se divide o estudo do Direito Constitucional, entre eles: a Teoria da Constituição, a História Constitucional, a Interpretação Constitucional e os Direitos Fundamentais.

---

[241] CORBO, Wallace. "Fazendo as perguntas certas: os excluídos, o Direito e a promoção de reconhecimento". *Revista Publicum*, vol. 2, nº 5, 2017.

[242] Conforme vimos acima, no Capítulo I.

7.1.1 Teoria da Constituição: poder constituinte e justiça racial

A Teoria da Constituição engloba um conjunto de temas que tratam descritivamente do fenômeno constitucional. O que é uma Constituição? Quem elabora a Constituição? Que espécies de Constituição encontramos no mundo? O que são normas constitucionais e como podemos classificá-las? Para cada uma dessas perguntas, juristas têm mobilizado um amplo arsenal teórico elaborado predominantemente a partir da perspectiva epistêmica do homem branco, europeu ou americano. Para se atingir um constitucionalismo antirracista, essas perspectivas precisam ser complementadas (ou, no que forem irresponsivas, até mesmo substituídas) a partir das lentes multirraciais e diversas que temos proposto aqui. Tomemos como exemplo paradigmático de nossa reflexão o debate acerca do poder constituinte – o poder de elaborar uma Constituição. Acreditamos que poucos tópicos exemplificam de forma mais clara a importância de temas debatidos pela teoria decolonial: os mecanismos a partir dos quais arranjos institucionais permitem a reprodução da condição de subordinação de certos grupos sociais ao longo da história, motivo pelo qual a análise desse tema se mostra necessária. Dessa forma, esse tópico tem importância central para pensarmos a forma como sujeitos sociais são pensados no Direito Constitucional.

O poder constituinte originário é um poder intrinsecamente associado à ideia de soberania. Trata-se de um poder fundacional – ou seja, de fundar o Estado por meio da elaboração de uma Constituição que rompe com o passado e cujos termos são em tese ilimitados. Por isso, costuma-se dizer que o poder constituinte é ilimitado – um constituinte pode fazer tudo, sem dever atenção a qualquer limitação externa – e incontrastável – não há outro poder que possa se sobrepor ao poder constituinte ou com ele conflitar (contrastar).[243]

---

[243] A teoria do poder constituinte, como hoje ministrada, tem suas bases no pensamento de Carl Schmitt e vem sendo contestada e reformulada

CAPÍTULO VII – O DEBATE SOBRE JUSTIÇA RACIAL NAS...

Com a ascensão do pensamento democrático, a Teoria da Constituição foi afastando leituras autoritárias acerca do poder constituinte, relativizando as concepções mais clássicas sobre esse fenômeno político e jurídico. Assim, passou-se a reconhecer que o poder constituinte deve respeito a certas limitações – como o dever de respeitar os direitos humanos. Além disso, o pensamento democrático transformou a teoria sobre a titularidade do poder constituinte – enquanto, no passado, diversos autores atribuíam esse poder fundacional a órgãos e pessoas distintas (desde o chefe do Poder Executivo, como na teoria totalitária adotada pelo nazi-fascismo, até diversas manifestações mais ou menos representativas de Assembleias Constituintes), hoje, se reconhece crescentemente que o poder constituinte não é detido por qualquer pessoa ou órgão estatal em específico. Ele é titularizado por um sujeito coletivo: o povo. E, nesse sentido, é um poder indivisível – o povo o exerce em sua totalidade, nos momentos constitucionais que assim exigem – e um poder permanente – que não desaparece após a elaboração da Constituição, mantendo um processo vivo de transformação e readequação do pacto constitucional.

Para pensar esse complexo fenômeno à luz do problema da injustiça racial, precisamos trazer a discussão para cada um dos temas associados a esse conceito político-jurídico, analisando, por exemplo, as características do poder constituinte.

Os autores que trabalham na vertente do decolonialismo e da Teoria Crítica Racial nos convidariam, em primeiro lugar, a pensar sobre a sua titularidade. Pensemos nessa questão. Quem é, afinal, esse sujeito constitucional coletivo (o povo) que exerce o poder fundacional de elaborar uma Constituição? Para se elaborar uma resposta a essa pergunta, é preciso visualizar a exclusão histórica

---

– notadamente à luz de ideias de democracia e igualdade ausentes no autor. Cf. SCHMITT, Carl. *Teoría de la Constitución*. Madrid: Alianza, 1992 e SARMENTO, Daniel; SOUZA NETO, Cláudio. *Direito Constitucional*: teoria, história e métodos de trabalho. 1ª ed. Belo Horizonte: Fórum, 2012.

que grupos raciais marginalizados sofreram não só no Brasil, como no constitucionalismo global. Quando os constituintes americanos fizeram referência a "Nós, o Povo" (*We the people*), não falavam nos povos originários, nem na população negra cuja escravização fora mantida. Quando as Constituições brasileiras, desde a República Velha até a Ditadura Militar, referenciavam o povo, deixavam de esclarecer quem eram os efetivos autores e participes do processo que formava as palavras do texto constitucional. Afinal, como podemos pensar o povo como titular do poder constituinte se, na realidade prática, parte relevante desse mesmo povo é alijado dos processos de formação da vontade constitucional? No contexto constitucional de 1988, em que os movimentos negros e indígenas participaram ativamente no processo constituinte (com represen-tantes ou pelos mecanismos de participação utilizados em 1987), pensar a titularidade do poder constituinte na chave da justiça racial nos leva também a reconhecer que a Constituição de 1988 foi a primeira Constituição brasileira elaborada pelo autêntico poder constituinte – embora seja necessário admitir também que, mesmo em 1987, a participação de grupos raciais subalternizados poderia ter sido ainda mais destacada.

Nosso interesse na questão do papel do Direito na produção e transformação de *status* social nos leva a pensar, em segundo lugar, no processo constituinte. Muitas vezes, quando estudamos o poder constituinte, deixamos de lado considerações procedi-mentais acerca de como uma Assembleia Constituinte – ou outro órgão com essa função – funciona ou deve funcionar.[244] Como se o exercício do poder constituinte fosse um ato unitário e simples (como alguns atos administrativos), e não um processo político e

---

[244] Destaca-se que há estudos quantitativos apontando a ausência de uma relação de causalidade necessária entre determinados desenhos de consti-tuinte e o resultado da Constituição elaborada. A esse respeito, confira-se: GINSBURG, Tom; ELKINS, Zachary; BLOUNT, Justin. "Does the process of Constitution-making matter?" *Annual Review of Law and Social Science*, vol. 5, nº 1, 2009, pp. 201-223.

CAPÍTULO VII – O DEBATE SOBRE JUSTIÇA RACIAL NAS...

social que se desenvolve a partir de vários atos, falas e vontades. Quando pensamos esse processo, nossas reflexões sobre quem é o povo titular do poder constituinte são novamente postas em xeque. Como as palavras da Constituição chegam ou devem chegar aonde estão? Que espécies de procedimentos foram desenhados para assegurar que não apenas os constituintes eleitos participem do processo, mas também a sociedade como um todo seja ouvida?

O caso da Constituição de 1988 é emblemático dessa reflexão. Como mencionamos, até há pouco tempo, o povo brasileiro esteve alijado do poder constituinte. As Constituições que antecederam a Nova República foram elaboradas por notáveis, ditadores ou representantes eleitos por diminutas parcelas da população. Anteprojetos e textos pré-fabricados substituíram a voz de grupos sociais e calaram, assim, as reivindicações de marginalizados – como os grupos raciais de que estamos falando – no contexto constitucional.[245] É importante notar as estratégias discursivas utilizadas pelos vários representantes dos grupos hegemônicos para encobrir essa realidade: quase todos elas fazem referência à homogeneidade cultural brasileira, um tipo de narrativa que tem sido amplamente instrumentalizada para silenciar os processos a partir dos quais normas e procedimentos são construídos, processos para institucionalizar interesses e identidades dos grupos hegemônicos. A referência a essa homogeneidade procura apagar a relevância da discussão da justiça racial e da justiça sexual como problemas de natureza política que precisam ser debatidos.

A Constituinte de 1987-1988 mudou esse cenário: pela primeira vez, viu-se um processo constituinte que não partia de texto pré-fabricado.[246] Mais importante, entre os deputados e senadores constituintes, vimos, de forma inédita até então, pessoas negras

---

[245] SARMENTO, Daniel; SOUZA NETO, Cláudio. *Direito Constitucional*: teoria, história e métodos de trabalho. 1ª ed. Belo Horizonte: Fórum, 2012.

[246] PILATTI, Adriano. *A Constituinte de 1987-1988*: progressistas, conservadores, ordem econômica e regras do jogo. 2ª ed. Rio de Janeiro: Lumen Juris, 2016.

que buscaram, de maneira incisiva, o compromisso constitucional com a luta antirracista.[247] A isso, somou-se a escuta da sociedade civil, o que abriu a Assembleia Constituinte a movimentos negros, indígenas e tantos outros grupos sociais, os quais, levando diretamente suas reivindicações, viabilizaram a elaboração de um texto plural no reconhecimento e proteção do povo – povo que, efetivamente, titulariza o poder constituinte, abrindo espaço para que membros de diferentes grupos se tornem, então, sujeitos políticos e históricos. Não bastasse, a própria organização do processo constituinte a partir de subcomissões temáticas – inclusive com a criação de uma subcomissão voltada para direitos de minorias – permitiu dar vazão constitucional a pautas que, submetidas a grupos de deliberação mais amplos, poderiam ter sido suprimidas. O resultado desse processo foi paradigmático na perspectiva da justiça racial constitucional. A Constituição de 1988 nos trouxe a criminalização do racismo, o compromisso com o combate à discriminação, a denúncia do *apartheid*, além de ter incluído uma série de mecanismos que abriram acesso, embora restrito, da população ao controle concentrado de constitucionalidade. Oportunidades de emancipação social foram abertas a grupos raciais subalternizados por meio de normas constitucionais que não surgiram do nada, tampouco foram fruto de alguns poucos pensadores iluminados. Ao contrário, elas foram possíveis a partir de um processo constituinte amplamente participativo, o qual, dessa forma, ampliou o conceito de povo – antes tão restrito pelas circunstâncias da realidade.

Por fim, pensemos o poder constituinte a partir de suas limitações. Tradicionalmente, a teoria constitucional não conhecia limites à manifestação do poder constituinte. O constituinte tudo pode – como antes se dizia do soberano. Hoje, o reconhecimento

---

247 PIRES, Thula. *Criminalização do racismo*: entre política de reconhecimento e meio de legitimação do controle social dos não reconhecidos. Rio de Janeiro: Pontifícia Universidade Católica, 2013. Tese (Doutorado em Direito).

CAPÍTULO VII – O DEBATE SOBRE JUSTIÇA RACIAL NAS...

crescente de que os processos constituintes, para serem legítimos, devem atentar a normas internacionais de proteção de direitos humanos, acaba por alterar essa perspectiva. Em nosso debate – o da justiça racial –, isso significa trazer para o processo constituinte (e, portanto, para o povo no exercício desse poder) as imposições normativas de combate à discriminação e de proteção de minorias e grupos sociais e raciais marginalizados. Poderia uma nova Constituição brasileira ignorar o racismo existente em nossas instituições? Poderia ela proscrever medidas de combate à discriminação racial, propagando o aprofundamento de nossas desigualdades e da marginalização de grupos raciais historicamente excluídos e marginalizados em nosso país? Sob uma perspectiva político-jurídica que busca a legitimidade do poder constituinte a partir de parâmetros supranacionais (sejam eles o Direito Internacional dos Direitos Humanos, sejam eles concepções de natureza jusnaturalista que se abram para o problema da justiça racial), a resposta só pode ser negativa.[248]

Essas três reflexões sobre a abertura da Teoria da Constituição ao debate da justiça racial, no campo específico do poder constituinte, não esgotam as múltiplas formas pelas quais essa área de estudo do Direito Constitucional pode ser pluralizado em sala de aula. Elas ajudam, sim, a buscar novas direções, novas reflexões, novos referenciais para além das teorias europeias, masculinas e brancas que ainda pautam nosso estudo e estão distantes da realidade e das exigências trazidas por nossa sociedade. Pensar o poder constituinte a partir do pluralismo, do multiculturalismo e da justiça racial significa pensar mecanismos pelos quais podemos incluir de maneira crescente, em nosso projeto constitucional (que se renova a cada dia), aqueles autores e autoras a quem antes nossa história negou lápis e caneta, apesar de todas as palavras que eles tinham a escrever.

---

[248] SARMENTO, Daniel; SOUZA NETO, Cláudio. *Direito Constitucional*: teoria, história e métodos de trabalho. 1ª ed. Belo Horizonte: Fórum, 2012.

7.1.2 História constitucional: revelando os capítulos escondidos da injustiça racial constitucional

Outro campo em que a discussão sobre injustiça racial se revela, em geral, ausente é o da história constitucional. Parece, a princípio, difícil compreender essa omissão. Afinal, o racismo e a escravidão são marcas indeléveis de nossa trajetória histórica social – por que não o seriam de nossa trajetória constitucional? É preciso reconhecer, com pensadoras como Cida Bento,[249] que o silêncio de nossos relatos da história constitucional, quando o tema é a injustiça racial, é eloquente e revelador do que a autora chamou de "pacto narcísico da branquitude" – um acordo de não falar, de não reconhecer e de não endereçar, reforçando, assim, privilégios e hierarquias. Por esse motivo, devemos buscar, nas teses elaboradas por feministas negras, elementos para examinarmos os motivos pelos quais esse silêncio se mostra extremamente problemático.[250]

A forma como normas jurídicas constroem identidades sociais que promovem diferenciações de *status* entre grupos sociais deve guiar esse debate. Veja, em geral, encontrar-se-á apenas uma referência à escravidão nos debates acerca da Constituição de 1824 – em sua contraditória defesa da liberdade e silêncio sobre o contingente populacional escravizado que compunha a maior parte de nossa demografia.[251] A discussão da cidadania feminina não será abordada. Daí em diante, o tema (da escravidão e do racismo) parece desaparecer na maior parte dos relatos de história

---

[249] BENTO, Maria Aparecida da Silva. *Pactos narcísicos no racismo*: branquitude e poder nas organizações empresariais e no poder público. São Paulo: Universidade de São Paulo, 2002. Tese (Doutorado em Psicologia).

[250] Cf. CRENSHAW, Kimberlé. "Race liberalism and the deradicalization of racial reform". *Harvard Law Review*, vol. 130, nº 6, 2017, pp. 1299-2319.

[251] QUEIROZ, Marcos Vinícius Lustosa. *Constitucionalismo brasileiro e o Atlântico Negro*: a experiência constitucional de 1823 diante da Revolução Haitiana. Brasília: Universidade de Brasília, 2017. Dissertação (Mestrado em Direito).

CAPÍTULO VII – O DEBATE SOBRE JUSTIÇA RACIAL NAS...

constitucional. Será mesmo possível que tenhamos uma história social do racismo tão evidente e, paralelamente, não tenhamos também uma história constitucional do racismo? Ou será que, mesmo nos silêncios, a história constitucional grita? Por que a história constitucional brasileira se mantém inteiramente silente em relação às formas a partir das quais o patriarcalismo marcou a história do desenvolvimento da legislação brasileira?

A verdade é que a história das Constituições modernas é marcada profundamente por silêncios e pronunciamentos reveladores de conflitos raciais e impositivos de estruturas de hierarquização racial. Dois exemplos muito bem ilustram esse fato a partir dos marcos do constitucionalismo moderno: o modelo americano e o modelo francês.

No campo americano, basta ver, como já mencionamos, que a própria fundação dos Estados Unidos e de seu modelo federativo constitucional se dá com a exclusão da população negra (que, vale destacar, lutou na Guerra de Independência em vão), com a manutenção da escravidão no primeiro século de existência daquele país e com o aprofundamento do racismo nos séculos seguintes. É comum, em discursos um tanto anacrônicos, nos referirmos aos federalistas americanos para fundamentar, entre outras ideias, a tese de que o Poder Judiciário é uma instituição contramajoritária – ou seja, protetiva de minorias. Mas, como bem demonstrado por Roberto Gargarella, a proteção de minorias no século XVIII nada tinha a ver com a proteção do que hoje concebemos como minorias raciais – minorias, no contexto revolucionário americano, eram apenas as elites econômicas e políticas (minorias numéricas). E nem as maiorias compreendiam os grupos raciais marginalizados – estes sequer eram efetivamente considerados nos debates constituintes, os quais eram tomados por escravocratas que seguem pautando o pensamento constitucional moderno.[252]

---

[252] GARGARELLA, Roberto. *La justicia frente al gobierno*: sobre el carácter contramayoritario del poder judicial. Quito: Corte Constitucional del Ecuador para el Período de Transición, 2012.

A mesma situação se aplica à questão das mulheres: a existência delas estava inteiramente relegada ao espaço privado, motivo pelo qual não eram consideradas como sujeitos jurídicos ou políticos. Isso significa dizer que, em seu movimento fundador, o constitucionalismo moderno já representava um modelo de hierarquização racial de maneira que, apesar de haver vozes dissonantes quanto à escravidão nos EUA do século XVIII, o que prevalece até hoje em termos de memória, teoria e, em algum grau, até mesmo norma é precisamente o pensamento daqueles que estabeleceram algumas das bases racistas e sexistas da sociedade americana.

O problema da injustiça racial marcou não apenas a fundação, mas também a trajetória do constitucionalismo estadunidense. E não foi mera nota de rodapé ou capítulo setorial daquela tradição constitucional – a hierarquização racial representou, desde a fundação dos EUA, um tema central ao tecido social daquele país. Um tema que marcou, portanto, os institutos de Direito Constitucional que se espalharam, a partir dali, pelo mundo. Exemplo disso é a própria ideia de controle de constitucionalidade de leis pelo Poder Judiciário, o *judicial review*. É costumeiro celebrarmos *Madison v Marbury* como o caso fundador dessa instituição, e não é sem razão que a decisão seja, até os dias de hoje, estudada de maneira pormenorizada diante da relevância da sua "criação" jurisprudencial do Juiz Marshall, em 1803. Ignoramos, no entanto, que a Suprema Corte dos Estados Unidos tomou aquela decisão em um contexto político extremamente instável. Para encurtar uma história longa, podemos dizer que, ao exercer o controle de constitucionalidade naquele caso e julgar a favor dos interesses do então presidente Thomas Jefferson, a Suprema Corte foi salva de uma intervenção pelo Poder Executivo.[253] Controlar a constitucionalidade das leis no século XIX (e ainda hoje) não é tarefa fácil precisamente porque

---

253 BINENBOJM, Gustavo. "Duzentos anos de jurisdição constitucional: as lições de Marbury v. Madison". *Revista Eletrônica de Direito do Estado*, Salvador, vol. 2, nº 11, 2011, p. 17.

CAPÍTULO VII – O DEBATE SOBRE JUSTIÇA RACIAL NAS...

contrapõe uma instituição relativamente fraca – o Poder Judiciário –, o qual, como afirmava Alexander Hamilton, não possui nem a força da espada do Poder Executivo, nem as chaves do cofre do Poder Legislativo, as instituições representativas e majoritárias. Uma decisão que invalide atos dos poderes eleitos, então, exige que uma suprema corte ou esteja muito bem alinhada com interesses majoritários identificáveis, ou possua um capital social que, a poucas décadas da fundação dos Estados Unidos, provavelmente nenhuma instituição possuía.

A representatividade de interesses majoritários e a construção de um capital social são precisamente os fatores que nos ajudam a compreender o primeiro caso em que a Suprema Corte dos EUA realizou o controle de constitucionalidade de leis depois de Madison – e novamente nos revelando como o constitucionalismo e o racismo caminharam lado a lado na história. Foi apenas em 1857 que aquele tribunal voltou ao tema da inconstitucionalidade de leis, ao proferir a infame decisão de *Dred Scott v Sanford*. Dred Scott era um negro escravizado que buscou ver reconhecida sua liberdade judicialmente. Nessa decisão, na qual pode ser vista a forma como o discurso jurídico institucionaliza e naturaliza identidades sociais para a manutenção de diferenciação de *status*, a questão de fundo envolvia definir se obtinha ou não a liberdade uma pessoa escravizada transportada de um estado do país em que a escravidão era legal para outro em que era ilegal. A Suprema Corte foi além dessa questão: na opinião do então Ministro Chefe (*Chief Justice*), o conceito de "cidadãos" contido na Constituição dos Estados Unidos não se estendia a pessoas de descendência africana, libertas ou não, de tal maneira que estas não gozariam dos direitos e prerrogativas previstos no texto constitucional – incluindo o acesso a um tribunal federal. Do ponto de vista processual, essa conclusão bastaria para extinguir a ação – um tribunal que não tem competência para julgar um caso (porque o autor não possui legitimidade como tal) não deve analisar o mérito do caso. Mas a corte não parou por aí: a maioria de sete juízes avançou para

255

declarar inconstitucional o chamado Compromisso de Missouri – a legislação federal que, com o objetivo de impedir a expansão da escravidão, declarava livres os negros que cruzassem determinada longitude no território americano.[254]

Do ponto de vista jurídico, uma decisão como a de *Dred Scott* poderia gerar, à época, grande crítica e revolta das instituições. Em primeiro lugar, por se tratar do segundo caso em que a Suprema Corte declarava uma norma como inconstitucional, o que já geraria estranhamento. Em segundo lugar, porque essa declaração era desnecessária, pois a corte entendeu que *Dred Scott* nem sequer poderia ter ajuizado aquela ação. Por fim, em razão do próprio mérito da decisão, que contrariava impulsos abolicionistas já firmados em algumas partes dos Estados Unidos. Em um cálculo institucional, a maioria os juízes da Suprema Corte poderiam ficar receosos – como ficou o Juiz Marshall meio século antes – de proferirem a decisão nesses termos. Ainda assim, o fizeram, talvez por convicção, talvez pela crença de que gozavam do apoio substancial da população, especialmente dos estados sulistas. Quaisquer que sejam os motivos para essa conclusão, o fato é que a decisão em *Dred Scott* deixa claro, para nossa análise, é como o modelo americano de constitucionalismo é marcado de maneira profunda pelos debates raciais – não apenas de maneira setorizada, como mais um capítulo das discussões constitucionais cotidianas, mas como marca constante de seus institutos.

Agora, olhemos para o Velho Mundo. O modelo francês de constitucionalismo é conhecido por ter se fundado, em sua origem, no princípio de soberania do Poder Legislativo, a quem se atribuiu o exercício da soberania nacional. Nesse modelo, portanto, rechaçou-se a possibilidade de controle de constitucionalidade de atos do Poder Legislativo, representando, assim, os ideais revolucionários. A

---

[254] Uma análise da questão racial na história do Direito norte-americano pode ser encontrada em ARTHUR, John. *Race, equality, and the burdens of history*. Cambridge: Cambridge University Press, 2007; GOLDBERG, David Theo. *The racial state*. Malden: Blackwell, 2001.

CAPÍTULO VII – O DEBATE SOBRE JUSTIÇA RACIAL NAS...

liberdade, a igualdade e a fraternidade ressoavam como princípios tão cristalinos à razão que não surpreendeu o "mal-entendido" por parte dos haitianos, os quais acreditaram que esses direitos também deviam se aplicar aos escravizados. Em 1791, irrompe na colônia um processo revolucionário que combina uma crença nos ideais de liberdade com uma notícia – falsa – de que teria sido abolida a escravidão. Os escravizados revolucionários rapidamente descobriram que não havia acordo moral ou ideológico com a metrópole, o que levou a uma sangrenta guerra de independência.[255]

Longe de significar o atingimento de algum tipo de acordo iluminado sobre os ideais revolucionários burgueses – um consenso sobre as luzes da razão, as quais indicariam, por óbvio, que liberdade, igualdade e fraternidade impunham o reconhecimento de direitos às populações antes escravizadas –, a revolução haitiana produziu, como reação global, um verdadeiro temor, denominado *haitianismo*. Trata-se do temor do surgimento de uma Constituição que, como a Constituição do Haiti de 1805, reconhecesse uma radical igualdade entre as raças. Não à toa, as experiências constituintes nas Américas que se seguiram à independência do Haiti, já marcadas pelos temores internos quanto às revoltas de escravizados, tivessem passado, então, a vislumbrar a concretização, no Haiti, do terror que poderia cobrir uma nação na qual se alastrasse a perigosa ideia de que uma pessoa escravizada deveria ser dotada de dignidade. Daí que, como ensina Marcos Lustosa, a própria Assembleia Constituinte brasileira de 1823, como tantas outras no continente, tenham sido permeadas pelo medo das revoltas escravas. Daí que, como também aponta o autor, a experiência do Haiti não mereça sequer uma nota de rodapé nos relatos acerca da história constitucional global.[256]

---

[255] Cf. SANTOS, Maria do Carmo Rebouças dos. *Constitucionalismo e justiça epistêmica*: o lugar do movimento constitucionalista haitiano de 1801 a 1805. Rio de Janeiro: Telha. 2021.

[256] Cf. QUEIROZ, Marcos. *Constitucionalismo brasileiro e o Atlântico Negro*. Rio de Janeiro: Lumen Iuris, 2017.

No Velho e no Novo Mundo, portanto, o racismo e o medo das revoltas daquela parcela de pessoas – lidas juridicamente como coisas e submetidas às mais desumanas condições de vida – marcaram a origem do constitucionalismo. E o Brasil, por evidente, não fugiu a essa tendência.

Por aqui, a Assembleia Constituinte de 1823 ("atropelada" por Dom Pedro I, que outorgou a Carta de 1824) já discutia a (im)possibilidade de reconhecer os negros, escravizados e livres, como titulares de direitos civis e políticos. Tensionado entre o direito de liberdade (reconhecido, em tese, a todos os seres humanos) e o direito de propriedade (reivindicado pelos senhores de escravos, que temiam perder suas possessões), o constitucionalismo liberal pátrio sempre se negou a conferir à população afro-brasileira os direitos individuais garantidos aos brancos. A Constituição Imperial conciliava liberalismo e escravidão, o reconhecimento de garantias básicas (para os brancos proprietários) e a brutalidade das senzalas (para os negros cativos).[257] Mesmo após a Abolição da Escravatura, os afrodescendentes foram sistematicamente alijados dos "direitos de primeira geração" (para recorremos à categorização proposta por Karel Vasak e desenvolvida por Norberto Bobbio).[258] À diferença dos EUA, o Brasil não adotou políticas explícitas de segregação racial (como as *Leis Jim Crow*). Não houve, aqui, um "Código Negro" que, como o *Code Noir* francês e os *Black Codes* norte-americanos, instituísse um ordenamento jurídico diverso para brancos e não brancos. Contudo, inúmeras medidas "incidentais" impediram, no curso das décadas, que os negros exercessem direitos civis e políticos.

Mesmo após a Abolição da Escravatura, a já instituída proibição do voto dos analfabetos (abandonada em definitivo apenas

---

257 Ver CARVALHO, Daniel. *O juízo dos libertos*: escravidão e campo jurídico no Brasil Imperial (1850-1871). Belo Horizonte: Editora Lafayette, 2020.

258 Cf. BOBBIO, Norberto. *A Era dos direitos*. Trad. Carlos Nelson Coutinho. Rio de Janeiro: Elsevier, 2004.

CAPÍTULO VII – O DEBATE SOBRE JUSTIÇA RACIAL NAS...

com a Constituição de 1988) impossibilitou que parcela significativa dos afro-brasileiros – privados do acesso à educação formal – participassem do sistema eleitoral e materializassem seus direitos políticos. Similarmente, a criminalização da capoeira, do samba e das religiões de matriz africana (bem como, mais recentemente, a perseguição policial ao *funk*, alicerçada nos tipos penais genéricos do "desacato à autoridade" e da "apologia ao crime") tolheu a liberdade de associação, a liberdade de expressão e a liberdade de crença dos negros.[259] A Guerra às Drogas – que serve, ainda hoje, como justificativa retórica para a "militarização do cotidiano" no Brasil – permite que a polícia detenha despoticamente "suspeitos" (majoritariamente pretos e pardos), invada casas, em morros e favelas, sem mandado judicial e execute (acobertados pelos "autos de resistência") inúmeras pessoas negras, todos os dias. A liberdade de locomoção, a inviolabilidade de domicílio e a integridade pessoal são alguns dos direitos individuais interditados aos afro-brasileiros pelo poder público.[260]

É preciso, portanto, retomar para a história constitucional esses fatos, ora ocultados, ora esquecidos, no discurso idealizado sobre o constitucionalismo como uma marcha em direção à razão, ao Direito e aos direitos. O constitucionalismo pode, sim, representar ideais emancipatórios – mas esse *dever ser* não se confunde com uma história real, em que esse movimento foi fortemente marcado pela exclusão e pela subalternização violenta de povos negros. Olhar, então, para a construção do constitucionalismo moderno

---

259 Sobre o tema, recomendamos a leitura de: CUNHA, Rafaela Cardoso Bezerra; TEIXEIRA, Ricardo Augusto de Araújo. "Rótulos no samba: crime e etiquetamento na cultura pop carioca do século XX". *REPATS*, Brasília, vol. 4, nº 1, 2017, pp. 263-285; AMARAL, Augusto Jobim do; NAZÁRIO, Ana Luiza Teixeira. "Cultura e criminalização: um estudo de caso sobre o funk na cidade de Porto Alegre". *Revista Direito da Cidade*, Rio de Janeiro, vol. 9, nº 1, 2017, pp. 50-77.

260 Cf. FLAUZINA, Ana Luiza. *Corpo negro caído no chão*: o sistema penal e o projeto genocida do Estado brasileiro. Rio de Janeiro: Contraponto, 2008.

como mecanismo de manutenção de diferentes formas do racismo e retomar as experiências do constitucionalismo que romperam com essa tendência – como no caso do Haiti – são tarefas essenciais se quisermos efetivamente analisar o Direito Constitucional sob as lentes da justiça racial.

7.1.3 Interpretação constitucional: fazendo a pergunta do excluído

Um segundo tópico da disciplina de Direito Constitucional que merece ampla revisão pela perspectiva racial consiste na própria ideia de interpretação constitucional, objetivo que se mostra relevante em função do nosso interesse na análise do potencial emancipatório do Direito. Importa, aqui, articular os eixos da igualdade e da discriminação, bem como o da emancipação, para abordarmos de forma adequada esse tema. Sabemos que a hermenêutica jurídica tem sido estruturada, como um todo, a partir de uma perspectiva pretensamente universal e que, em realidade, reproduz premissas e padrões dominantes na sociedade – nomeadamente aqueles compartilhados por sujeitos dominantes (brancos, masculinos, cisgênero, heterossexuais, para ficarmos com algumas categorias). É preciso romper e expandir essas perspectivas para assegurar que, em todas as áreas do Direito, também as perspectivas historicamente marginalizadas e invisibilizadas ganhem vazão. Ocorre que o Direito Constitucional, quer por suas particularidades, quer por sua trajetória teórica, desenvolveu teorias de interpretação próprias que incorporam os métodos clássicos de interpretação jurídica, mas somam considerações próprias da filosofia analítica, da filosofia política e até mesmo da filosofia moral. Olhemos, então, para a interpretação constitucional com um fenômeno relativamente autônomo da interpretação das normas jurídicas para pensar como o debate sobre justiça racial pode e deve ser trazido também para esse campo do pensamento. Três perguntas devem ser colocadas a respeito da interpretação constitucional em uma perspectiva permeável ao debate sobre racismo: quem interpreta a Constituição,

CAPÍTULO VII – O DEBATE SOBRE JUSTIÇA RACIAL NAS...

que teorias fundamentam essa interpretação e que instrumentos específicos de interpretação constitucional são empregados.

A questão envolvendo os intérpretes nos gera uma primeira preocupação no campo das estruturas racialmente hierarquizadas da sociedade. Isso porque há dois grupos de respostas possíveis (e não necessariamente autoexcludentes) à pergunta quanto a quem interpreta a Constituição: pode-se adotar uma perspectiva institucional, para afirmar que a sua interpretação é atribuída a uma ou mais instituições organizadas da sociedade;[261] e pode-se adotar uma perspectiva social e política, para afirmar a ideia de uma interpretação capitaneada por uma sociedade aberta de intérpretes. Na primeira perspectiva, os constitucionalistas inserem teorias de supremacia judicial, legislativa ou até mesmo executiva de interpretação da Constituição – cada uma atribuindo a um desses poderes a tarefa de dar a última palavra sobre o sentido correto da interpretação constitucional. Também nessa perspectiva se inserem teorias dialógicas, as quais a identificam como fruto de diálogos ou confrontos entre os diversos poderes, por mecanismos múltiplos. Na segunda perspectiva, falamos de uma interpretação que é capitaneada pela sociedade em geral, por meio de mecanismos formais e informais a partir dos quais pessoas, grupos de interesse e movimentos sociais vão transformando e reconstruindo os sentidos do texto constitucional.[262] Seja na primeira perspectiva, seja na segunda perspectiva, o debate sobre injustiça racial é inafastável.

Adotando-se uma perspectiva institucional, temos um primeiro problema: independentemente do poder (ou poderes) que elejamos

---

261 Cf. MENDES, Conrado Hübner. *Direitos fundamentais, separação de poderes e deliberação*. São Paulo: Universidade de São Paulo, 2008. Tese (Doutorado em Ciência Política).

262 Cf. HÄBERLE, Peter. *El Estado constitucional*. Ciudad de México: Universidad Nacional Autónoma de México, 2003; POST, Robert C.; SIEGEL, Reva B. "Roe Rage: democratic constitutionalism and backlash". *Harvard Civil Rights-Civil Liberties Law Review*, vol. 42, n° 2, 2007, pp. 373-433.

como verdadeiro e autêntico intérprete da Constituição, os déficits de representação de grupos raciais subalternizados serão gritantes. Sabemos, como afirma Jane Reis,[263] que a representação da sociedade pode se dar por múltiplas formas, de tal maneira que a ausência de membros de um grupo nos espaços decisórios não implica necessariamente uma completa impossibilidade de consideração de suas pautas. É isso que tem acontecido no Brasil, contudo. Múltiplas razões contribuem para isso – e se pensarmos em termos de Poder Judiciário, o problema que enfrentamos nessa obriga é decisivo: a ausência de um pensamento jurídico que enfrente os silenciamentos teóricos e dogmáticos referentes ao racismo. Temos, então, na burocracia do Poder Executivo, no Poder Judiciário e mesmo no Poder Legislativo (por força de processos eleitorais que perpetuam a exclusão política da população negra e indígena), agentes que querem, mas não estão preparados para enfrentar, de maneira decisiva, o problema do racismo; agentes que não querem enfrentar esse problema; e agentes que deliberadamente buscam mecanismos diretos ou indiretos para aprofundar o problema. Pessoas erradas nos lugares errados ou pessoas certas sem os instrumentos adequados dificilmente encontrarão as respostas necessárias para, interpretando a Constituição, conferir soluções adequadas às múltiplas consequências do racismo.

Na perspectiva social e política, também os silenciamentos se fazem sentir. É claro que precisamos reconhecer, sob pena de incorrermos no mesmo erro da invisibilização, que os movimentos negros se organizaram ao longo dos anos, disputando os sentidos da Constituição. Estiveram presentes, como visto, desde antes da Constituinte e durante ela. No período da Nova República, sob a Constituição de 1988, foram esses movimentos que avançaram, pela via legislativa, uma interpretação do princípio da igualdade cujo resultado foi a implementação das políticas de ações afirmativas nas universidades e no

---

[263] Cf. PEREIRA, Jane Reis G. "Representação democrática do Judiciário: reflexões preliminares sobre os riscos e dilemas de uma ideia em ascensão". *Revista Juris Poiesis*, vol. 17, 2014, pp. 343-359.

CAPÍTULO VII – O DEBATE SOBRE JUSTIÇA RACIAL NAS...

serviço público, referendadas pelo Supremo Tribunal Federal.[264] Apesar disso, o fato é que a disputa de narrativas conduzida por movimentos de grupos raciais subalternizados enfrenta múltiplos obstáculos: a concentração dos meios de imprensa de massa em oligopólios, a violência estatal e a exclusão de espaços ditos qualificados de debates (incluindo aqui as universidades, a despeito da crescente mudança do cenário). Todos esses fatores dificultam que as interpretações desses movimentos sociais passem por um processo de "ortodoxização" – ou seja, de transformação de ideias heterodoxas e inovadoras em ideias conhecidas, compartilhadas e assentadas pela sociedade civil e, em um segundo momento, pelas instituições.[265]

Nesse sentido, pensar a interpretação a partir dos seus intérpretes, na perspectiva racial, implica imaginar e desenvolver mecanismos de pluralização dos espaços de construção dos sentidos constitucionais. Nas instituições públicas, isso implica abrir os processos seletivos, seja por meio de reservas de vagas como as já existentes, seja pela redução de custos e obstáculos desnecessários que impedem o ingresso de grupos raciais marginalizados na burocracia estatal.[266] Significa também transformar o ensino – jurídico e não jurídico – nessas instituições, de modo a promover debates até hoje invisibilizados, confiando, assim, na capacidade de indivíduos – negros ou não negros – de compreenderem o fenômeno estrutural e sistêmico da injustiça racial. Na perspectiva social, é preciso também pensar

---

[264] Cf. CORBO, Wallace. *Identidade constitucional*: conceito, (trans)formação e crise. Rio de Janeiro: Universidade do Estado do Rio de Janeiro, 2020. Tese (Doutorado em Direito).

[265] CORBO, Wallace. *Identidade constitucional*: conceito, (trans)formação e crise. Rio de Janeiro: Universidade do Estado do Rio de Janeiro, 2020. Tese (Doutorado em Direito).

[266] CORBO, Wallace; ADAMI, Eduardo; AZEVEDO, Raphaela. *Memorial da Clínica de Direitos Fundamentais da Universidade do Estado do Rio de Janeiro*. Rio de Janeiro: Clínica UERJ Direitos, 2020. (Memorial elaborado pela Clínica UERJ Direitos com o objetivo de propor medidas de promoção da igualdade racial no Poder Judiciário, em complementação à apresentação oral realizada em 12.08.2020).

em mecanismos estatais e não estatais de pluralização das vozes e de sua disseminação na esfera pública qualificada. Mecanismos de pluralização da imprensa, do mercado, das universidades e das escolas podem contribuir para novas ideias, novos discursos que influenciam inexoravelmente os sentidos das normas constitucionais que costuram (ou pretendem costurar) nosso tecido social.

Além da perspectiva dos sujeitos que atribuem sentido à Constituição, a interpretação constitucional também abarca o estudo dos mecanismos e instrumentos específicos de interpretação das normas nela inseridas. A ideia de que o Direito Constitucional exige uma disciplina própria de interpretação está em geral associada às próprias características das normas constitucionais. Veja, as regras e princípios de Direito Civil, de Direito Administrativo, de Direito Tributário e outras em geral se fundamentam em critérios técnicos de dogmática jurídica ou de outra área igualmente técnica que se associe à matéria tratada por determinado ramo do Direito. Pela construção e história do pensamento jurídico, o que não precisamos aprofundar com maior detalhe, há, nesses ramos antigos e tradicionais do Direito, uma certa pretensão de cientificidade objetiva e racional que remonta a uma sequência de pensadores, conceitos e institutos de tempos tão longínquos quanto o da Roma Antiga. É claro que, se fôssemos nos aprofundar nesse tópico (e o faremos em alguma medida mais adiante), perceberíamos que essa racionalidade dos institutos do Direito Civil, para usar um exemplo, esconde premissas filosóficas, políticas e contemporâneas, não tendo a ver com um pretor romano. Mas o fato é que o Direito Constitucional, em parte pela sua juventude relativa em comparação com outros ramos,[267] tem sido espaço frutífero para criações que não pretendem um retorno ao Código de Hamurabi.[268]

---

[267] O Direito Administrativo e o Direito do Trabalho não são mais antigos que o constitucionalismo, mas bebem sobremodo das construções teóricas do Direito Civil na elaboração de sua própria disciplina.

[268] OLIVEIRA, Luciano. "Não me fale do Código de Hamurabi! A pesquisa sociojurídica na pós-graduação em Direito". *In*: _____. *Sua excelência o*

CAPÍTULO VII – O DEBATE SOBRE JUSTIÇA RACIAL NAS...

Mais importante do que a juventude da disciplina, o que parece certo é que a Constituição como um documento fundador de um sistema e uma comunidade políticos reflete um texto que é, ao mesmo tempo, muito mais aberto e muito mais permeado por considerações políticas do que outros ramos do Direito. Isso não é verdade para todo o texto constitucional. Na verdade, a maior parte do texto da Constituição de 1988 será bastante específica e até mesmo técnica nas suas disposições. Mas as suas normas fundamentais, aquelas que lhe dão diretriz, unidade e sentido, tendem a se revelar nesses termos. É o caso dos direitos fundamentais em geral, dos princípios fundamentais do Estado e das normas de combate à discriminação e promoção da igualdade. Para auxiliar os intérpretes na tarefa de atribuir sentido ao texto constitucional e dele extrair princípios e regras, os constitucionalistas vêm pensando teorias de interpretação constitucional, além de princípios de interpretação propriamente constitucionais.

Como, afinal, a interpretação constitucional no plano de sua instrumentalização pode e deve incorporar a perspectiva de grupos sociais subalternizados? A partir do que podemos denominar de um *princípio de interpretação constitucional antirracista*. Assim como as ideias de *máxima concretude* ou *máxima efetividade* constitucional, esse princípio põe, no cerne dos embates interpretativos acerca da Constituição, a chamada *pergunta do excluído*,[269] no plano racial. O Direito, como sustentamos em outras oportunidades, tem sido hermeneuticamente construído por meio da exclusão das perspectivas, posições e reivindicações e determinados agentes minorizados, de tal forma que sua interpretação e aplicação segue reproduzindo o ponto de vista masculino, branco, heterossexual – ou seja, o ponto de vista dominante. A ideia de fazer a *pergunta*

---

comissário e outros ensaios de Sociologia Jurídica. Rio de Janeiro: Letra Legal, 2004, pp. 137-167.

[269] CORBO, Wallace. "Fazendo as perguntas certas: os excluídos, o Direito e a promoção de reconhecimento". *Revista Publicum*, vol. 2, nº 5, 2017.

do excluído pressupõe indagar como uma determinada interpretação de normas constitucionais afeta grupos raciais minorizados – seja positiva, seja negativamente. A partir disso, o princípio de interpretação constitucional antirracista impõe a adoção, entre as interpretações possíveis, daquela que seja capaz de, em maior grau, reduzir as desigualdades raciais, incluir grupos raciais subalternizados ou promover direitos desses grupos.

Quanto a esse aspecto, vale destacar que não estamos rompendo com o método de interpretação constitucional como ele vem sendo construído ao longo das últimas três décadas. Pelo contrário, a ideia de um princípio de interpretação constitucional antirracista parte precisamente das preocupações teóricas e metodológicas que publicistas vêm apontando há tempos no que diz respeito às dificuldades da interpretação constitucional.[270] Com os positivistas, reconhecemos que é inerente ao Direito a existência de zonas de indeterminação que dão margem à discricionariedade judicial. Com os denominados pós-positivistas, apontamos que nem sempre a existência de duas ou mais interpretações possíveis à luz de um mesmo texto constitucional é indiferente para a Constituição.[271] Em outros termos: havendo uma interpretação que melhor beneficia um grupo racial subalternizado em comparação a outra, é aquela, e não a segunda, a resposta a ser tomada como correta, em um ordenamento constitucional igualmente antirracista.

Haveria muito mais a se dizer sobre a interpretação constitucional no contexto da justiça racial. Acreditamos, contudo, que as perspectivas aqui lançadas conferem a docentes e discentes os instrumentos necessários a aprofundar a experiência de aprendizado nesta linha: a adoção de uma perspectiva que mire diretamente a

---

270 KRELL, Andreas J. *Discricionariedade administrativa e conceitos legais indeterminados*. Porto Alegre: Livraria do Advogado Editora, 2018.

271 BARROSO, Luís Roberto. "Neoconstitucionalismo e constitucionalização do Direito: o triunfo tardio do Direito Constitucional no Brasil". *Revista de Direito Administrativo*, vol. 240, 2015, p. 1.

CAPÍTULO VII – O DEBATE SOBRE JUSTIÇA RACIAL NAS...

pluralização dos intérpretes da Constituição, de um lado, e considere os impactos raciais da intepretação constitucional, de outro.

Quem são esses grupos que podemos chamar de subordinados? Estamos, nesse caso, diante de todos aqueles segmentos submetidos ao longo da história a vários tipos de discriminação que geraram diferenças de *status* cultural e de *status* material. De um lado, os membros desses grupos sofrem as consequências da atribuição de traços negativos por parte daqueles que fazem parte das parcelas da sociedade em posições de poder. De outro lado, eles enfrentam obstáculos significativos para o acesso a oportunidades materiais por serem representados como pessoas incapazes de atuar como atores competentes no espaço público. Por estarem fora das estruturas de poder presentes em uma dada sociedade, as perspectivas desses grupos não operam como parâmetro para a compreensão da realidade ou para a discussão de problemas sociais. A subordinação cultural e material também implica uma injustiça de caráter epistemológico porque os membros dos grupos dominantes determinam as formas a partir das quais a realidade será interpretada. Por esse motivo, a necessidade de se criar uma hermenêutica dos subalternos se mostra premente, uma vez que opera como condição para que os problemas por eles enfrentados possam ser vistos por todos como questões jurídicas e políticas merecedoras de atenção especial.[272]

7.1.4 Direitos fundamentais: repensando o conteúdo e a eficácia dos direitos

No campo específico do estudo acerca dos direitos fundamentais, a leitura a partir das lentes da justiça racial traz o potencial dos grandes avanços. Isso, no entanto, só é possível quando estamos dispostos a descortinar as narrativas ilusórias que diversas gerações

---

[272] Cf. MOREIRA, Adilson José. *Tratado de Direito Antidiscriminatório*. São Paulo: Contracorrente, 2020.

de juristas – predominantemente homens brancos – cultivaram ao longo dos anos.

Como sabemos, os direitos fundamentais trazem estreita proximidade com direitos humanos (estes, no campo internacional), estando em geral vinculados ao conteúdo da dignidade da pessoa humana.[273] O deslocamento da *pessoa humana* para a centralidade do discurso jurídico tem sido associado pela literatura ao momento histórico que se seguiu à Segunda Guerra Mundial. Com o objetivo de superar a repetição da catástrofe humanitária do Holocausto, a dignidade humana passou a ser interpretada como o ponto de partida (e de chegada) de todos os ramos do Direito.[274] Tornou-se comum a remissão ao *princípio da dignidade da pessoa humana* na fundamentação de decisões judiciais acerca dos mais variados temas (da responsabilização civil por erro médico à proibição do sacrifício de animais).[275] A meta do Direito (e dos direitos) seria a salvaguarda do sujeito, em todas as dimensões de sua existência. Mas o discurso dos direitos fundamentais antecede em muito a virada kantiana do segundo pós-guerra. É a partir das revoluções liberais burguesas do século XVIII que os direitos dos homens, tidos como inalienáveis por sua natureza, passam a assumir papel central em textos constitucionais –tornando-se, inclusive, parte do conteúdo mínimo atribuído às Constituições. Entre os direitos dos homens e a dignidade humana há, contudo, um longo caminho negligenciado muitas vezes pela literatura dogmática. Isso fica claro quando analisamos diferentes categorias de direitos fundamentais.

---

[273] SARMENTO, Daniel. *Dignidade da pessoa humana*: conteúdo, trajetórias e metodologia. 2ª ed. Belo Horizonte: Fórum, 2016.

[274] Ver MATA-MACHADO, Edgar de Godoy da. *Contribuição ao personalismo jurídico*. Belo Horizonte: Del Rey, 2000.

[275] Sobre o tema, ver SALGADO, Karine. *Filosofia da Dignidade Humana*: a contribuição do Alto Medievo. Belo Horizonte: Mandamentos, 2009 e SARMENTO, Daniel. *Dignidade da pessoa humana*: conteúdo, trajetórias e metodologia. 2ª ed. Belo Horizonte: Fórum, 2016.

CAPÍTULO VII – O DEBATE SOBRE JUSTIÇA RACIAL NAS...

Pensemos nos chamados direitos de "primeira geração". Trata-se da categoria de direitos em que se inserem as garantias e liberdades civis e políticas que, desde as grandes revoluções modernas, pretendem tutelar o sujeito contra arbítrios do Estado e de terceiros. O constitucionalismo liberal – cuja máxima expressão se encontra na Declaração dos Direitos do Homem e do Cidadão de 1789 – entendia que o pleno desenvolvimento da sociedade de mercado pressupunha a construção de mecanismos capazes de refrear intromissões abusivas dos governantes sobre a vida de seus "súditos". Os homens poderiam conduzir, como bem lhes apetecesse, seus projetos biográficos individuais (celebrando contratos, iniciando empreendimentos comerciais, firmando vínculos trabalhistas...), sabendo-se protegidos de ingerências externas. Através de declarações de direitos, o poder comprometia-se a limitar-se a si mesmo – atuando, única e exclusivamente, para impedir que a liberdade do indivíduo (sobre seu corpo e seus bens) fosse violada por outrem. São esses os atributos que, no século XIX, caracterizarão o Estado Liberal (também conhecido como Estado Gendarme ou Estado Guarda-Noturno, por restringir seu campo de atuação à *segurança* dos cidadãos e de suas propriedades). No rol dos direitos individuais, os direitos civis constituem-se em instrumentos negativos, de não intervenção; os direitos políticos, por outro lado, configuram-se em ferramentas de participação que facultam aos sujeitos a possibilidade de atuar (notadamente por meio do pleito eleitoral, no qual votam e são votados) no processo de elaboração das normas que irão reger a vida da comunidade.[276]

Na teoria, os direitos civis e políticos assegurariam a igualdade formal entre os homens, superando o sistema estamental (de castas) que definia o Antigo Regime e consolidando uma cultura livre da opressão e da discriminação. Na prática, o Estado Liberal trabalhou para conservar aparatos de violência e exclusão calcados na raça,

---

[276] Cf. BICUDO, Hélio. *Direitos civis no Brasil existem?* São Paulo: Brasiliense, 1982.

no gênero, na orientação sexual e na classe social. A mesma França pós-revolucionária, que se notabilizou como símbolo dos direitos individuais no Oitocentos, lutou para que suas possessões ultramarinas – o caso do Haiti é emblemático! – continuassem atadas a um paradigma colonial e escravista.[277] Os mesmos intelectuais que, como John Locke, militaram na Europa pelo fim da servidão feudal, defendiam, nas colônias americanas, a manutenção do escravismo. Daí que os não brancos – e notadamente os negros – nunca tenham sido efetivamente incluídos no elenco de destinatários das declarações de direitos produzidas sob a égide do Estado Liberal. Se o objetivo último dos direitos individuais – cimentados, no século XIX, em grandes projetos de codificação, como o *Code Napoléon* – era zelar pela dignidade da pessoa humana (a qual teria sido reiteradamente aviltada durante o Absolutismo), os não brancos representariam uma espécie sub-humana, aquém de qualquer garantia ou liberdade.[278]

À diferença dos direitos de "primeira geração" (negativos, de não intervenção do Estado), os direitos de "segunda geração" (sociais) implicam a *prestação de serviços públicos*. Com base neles, indivíduos e coletividades podem reivindicar que o poder público *execute ações*, de forma a assegurar bens jurídicos considerados essenciais à dignidade da pessoa humana. Já na segunda metade do século XIX, movimentos de trabalhadores (inspirados seja no pensamento socialista e anarquista, seja na Doutrina Social da Igreja) começaram a se manifestar para que o Estado tivesse um papel mais ativo na organização da vida em comum. A igualdade formal visada pelo liberalismo contrastava com as profundas desigualdades materiais vivenciadas pela população no dia a dia. Por um lado, o Estado Liberal garantia a todos a autonomia privada e a liberdade contratual; por outro, a

---

277 Ver JAMES, C. L. R. *Os jacobinos negros*: Toussaint L'Ouverture e a Revolução de São Domingos. Trad. Afonso Teixeira Filho. São Paulo: Boitempo Editorial, 2007.

278 Cf. MBEMBE, Achille. *Crítica da razão negra*. Trad. Sebastião Nascimento. São Paulo: n-1 edições, 2018.

CAPÍTULO VII – O DEBATE SOBRE JUSTIÇA RACIAL NAS...

miséria e a fome *obrigava* os mais pobres a se sujeitarem a relações empregatícias espoliativas, com jornadas de trabalho extenuantes, salários irrisórios etc. A autonomia e a autorrealização pessoal – metas da doutrina liberal – eram obstadas, precisamente, pelo liberalismo, que, deixando a população à mercê de um mercado sem peias, fazia vistas grossas para as opressões às quais as grandes empresas submetiam os grupos vulneráveis. Para reverter semelhante quadro, os sindicatos e os partidos operários começaram, ainda no Oitocentos, a pleitear direitos que "reequilibrassem" a relação entre o trabalho e o capital, os empregados e os patrões. Essas reivindicações deram azo ao surgimento dos direitos sociais.

A Constituição Mexicana de 1917, bem como a Constituição de Weimar de 1919, são consideradas os mais emblemáticos instrumentos normativos da "segunda geração" de direitos fundamentais.[279] No Brasil, a Constituição de 1934, juntamente com a Consolidação das Leis do Trabalho de 1943, marcam a implementação, no país, do Estado Social. Em referidos textos legais, Saúde, Educação e Trabalho transformam-se – de sorte a atender às demandas populares – em *deveres* do poder público, podendo ser *reivindicados* pelos cidadãos. Previdência social, escolas e hospitais públicos, bem como normas que dispõem sobre salário-mínimo, atividades perigosas e insalubres, licença-maternidade, exploração do trabalho infantil – todos esses elementos, por meio dos quais o Estado passa a incidir *diretamente* sobre os rumos da sociedade civil, começam a despontar a partir das lutas operárias. Os indivíduos tornam-se, em certo sentido, "clientes" do Estado, o qual assume a responsabilidade de assegurar a todos um "mínimo existencial" que garanta a qualidade de vida da população.

É notória, no entanto, a diferença de acesso de brancos e negros aos serviços públicos instituídos pelos direitos de segunda geração.

---

[279] COMPARATO, Fábio Konder. *A Afirmação histórica dos direitos humanos*. São Paulo: Saraiva, 2008.

ADILSON MOREIRA, PHILIPPE DE ALMEIDA & WALLACE CORBO

Lançados, com o fim da escravidão, a regiões periféricas – aglomerados e favelas, por exemplo –, pretos e pardos seguem sendo privados de saneamento básico, água potável, segurança alimentar e nutricional etc. No plano geográfico, essa diferença no gozo de direitos chega a representar um verdadeiro racismo ambiental, confirmado pela ausência de condições de acesso a água potável, ar puro e terra fértil para essas populações. Em sentido mais amplo, e conservando o limiar entre a casa-grande e a senzala, o poder público institui uma barreira entre o "asfalto" e o "morro", de uma lado, as áreas nas quais serão instalados os postos de saúde, as creches e os ginásios, e de outro, as áreas que serão deixadas à própria sorte.[280] A saúde e a educação públicas de bairros marginalizados (majoritariamente habitados por afrodescendentes) são de qualidade significativamente inferior àquelas promovidas em bairros das classes média e alta. Assim, são inúmeras as barreiras – inclusive *geográficas* – para que negros possam beneficiar-se de prestações estatais. Um exemplo, reiteradamente debatido por Derrick Bell, diz respeito ao acesso à educação básica. Nos EUA, desde o caso *Brown v. Board of Education*, escolas segregadas foram proibidas. Todavia, crianças negras continuam enfrentando inúmeras dificuldades para se matricularem em escolas bem avaliadas (geralmente situadas em regiões nobres); acabam aglomerando-se, pois, em instituições precárias que recebem pouco investimento público. Bell chega a falar, mesmo, em um processo de "ressegregação" do ensino norte-americano, baseado não mais nas *Leis Jim Crow*, mas em decisões administrativas que alocam os recursos estatais exclusivamente para zonas privilegiadas, ignorando de forma deliberada os bairros nos quais afrodescendentes residem.[281] O caso brasileiro não é diferente – senão pela ausência de uma política expressa de segregação racial. Por aqui, a expansão do ensino público para atender às populações negras não incorporadas na educação formal até os anos 1990 foi sucedida de efetivo

---

280 DAVIS, Mike. *Planeta Favela*. São Paulo: Boitempo, 2006.

281 Ver BELL, Derrick. *Silent Covenants*: Brown v. Board of Education and the unfulfilled hopes for Racial Reform. Oxford: Oxford University Press, 2004.

CAPÍTULO VII – O DEBATE SOBRE JUSTIÇA RACIAL NAS...

sucateamento dessa estrutura de educação, de tal maneira que mesmo os avanços (por exemplo, a erradicação do analfabetismo) foram acompanhados de novas (e, de certo modo, velhas) desigualdades.

No plano do direito ao trabalho, não houve, com a Abolição da Escravatura, nenhum esforço público de qualificação profissional e de inserção dos negros no mercado de trabalho. Assim, se, nos países centrais, a transição do mercantilismo para o capitalismo industrial fez-se acompanhar por uma passagem do *servo da gleba* para o *trabalhador assalariado*, nos países periféricos, os libertos foram lançados às margens do sistema. Como Franz Fanon bem sabia, não ocorreu uma *proletarização*, mas uma *subproletarização* dos afrodescendentes, associados não a relações de emprego formalizadas, mas a trabalhos informais (e, por vezes, degradantes).[282] Daí que – mormente no Brasil, país no qual a maioria da população exerce atividades informais – os negros não tenham se beneficiado das normas sociais que tutelam o contrato de trabalho. Faxineiras, caseiros, ambulantes, boias-frias, seringueiros, entregadores de aplicativos: os afro-brasileiros constituem a maioria dos trabalhadores desregulamentados do país, despidos de qualquer proteção institucional. Até a promulgação da Emenda Constitucional n. 72, apenas em 2013, as empregadas domésticas (figura frequente nas casas de classe média alta brasileiras, em nostalgia do regime escravocrata) não tinham direitos trabalhistas – uma exclusão que se dava, até então, por previsão constitucional expressa. A resistência dos brancos à implementação desses direitos – que coincide, inclusive, com a eclosão da própria crise da democracia Brasileira, também em 2013 – exemplifica o caráter racista e seletivo do processo de inserção do Estado Social no Brasil. A rede de seguridade social criada pela CLT, muitas vezes, não alcança a população negra, impedida de estabelecer vínculos empregatícios

---

[282] Ver FANON, Frantz. *Os Condenados da terra*. Trad. Enilce Albergaria Rocha e Lucy Magalhães. Rio de Janeiro: Civilização Brasileira S.A., 1968.

regulares e condenada ao (para fazer uso da categoria marxiana) *lumpemproletariado*, "rebotalho de todas as classes".

A pandemia da COVID-19 trouxe novas nuances a essa desigualdade, no campo da saúde. Sendo certo que a branquitude também traça uma linha que distingue quem tem acesso às condições para a vida e quem não tem, surpreendeu alguns observadores – aqueles que não estavam efetivamente observando o racismo – o fato de que havia uma expressiva e desproporcional desigualdade entre pessoas negras e brancas não só em número de mortos, como também de vacinados. Os negros morreram mais e foram menos vacinados, muito em razão de critérios de priorização de vacinas que favoreciam, indiretamente, pessoas brancas – desde os critérios envolvendo o diploma de ensino superior (para profissionais de saúde), perpassando a exclusão, nessas prioridades, de grupos expostos ao contágio (faxineiras em hospitais, auxiliares gerais nesses ambientes, motoristas do transporte público, entre outros). E, claro, com o reduzido acesso aos empregos formais e, em especial, às posições que permitam o privilégio do *home office,* pessoas negras se viram obrigadas a irem às ruas, expondo-se ao vírus, na ausência de prestações positivas do Estado (como um auxílio emergencial suficiente). Nesses cenários de crise, como aponta Naomi Klein, o mercado e o Estado se aproveitam dos contextos de desespero (crises sanitárias, políticas, econômicas...) para fazer avançar ainda mais as agendas de flexibilização (precarização) de direitos dos trabalhadores.[283] No caso dos grupos raciais subordinados – que nunca tiveram integral reconhecimento de direitos trabalhistas –, esse movimento opera-se de modo ainda mais violento.

Daí decorre que, tanto pela narrativa histórica iniciada no século XVIII quanto pela perspectiva que foca nos inequívocos desastres da Grande Guerra sentidos no Norte global, o discurso

---

[283] Ver KLEIN, Naomi. *A Doutrina do choque*: a ascensão do capitalismo de desastre. Trad. Vania Cury. Rio de Janeiro: Nova Fronteira, 2008.

CAPÍTULO VII – O DEBATE SOBRE JUSTIÇA RACIAL NAS...

envolvendo os direitos fundamentais persiste no apagamento das experiências de mulheres, negros, transexuais, bissexuais e homossexuais, ao propor uma marcha em direção a um progresso e evolução que nunca chegam para esses grupos. Para sermos sinceros, não é que a literatura não veja a necessidade de avançar direitos para essas populações. Pelo contrário, professores de diversos matizes teóricos e livros, os quais vão desde manuais sucintos a tratados profundos, falam na distância entre as promessas normativas e a realidade social – por vezes, pontuam, de maneira genérica, como os direitos previstos na Constituição não são ainda fruídos integralmente por todos –, sugerindo, no entanto, uma caminhada constante no sentido dessa universalização, pela própria força da história. O problema desse discurso está em que, por um lado, direitos não nascem em árvores.[284] Eles são frutos de lutas políticas, sociais e jurídicas travadas por diversos agentes concretos – grupos sociais que, percebendo a violação contínua de seus direitos, se organizaram e lutaram pelo reconhecimento jurídico de suas reivindicações. Não há, portanto, como na tradição de Savigny, uma evolução "natural" dos direitos. A história do pensamento jurídico não é uma marcha triunfal dos direitos de liberdade, igualdade e fraternidade, em direção a uma civilização livre de preconceitos e exclusões – ao menos não para diversos grupos sujeitos à discriminação e subalternização social.

Mais do que isso, pensar que a falha no sistema normativo dos direitos fundamentais diz respeito apenas a uma falta de efetividade genérica dessas normas impede-nos de visualizar a grave falha epistemológica em que os constitucionalistas acabam incorrendo. É que se o sujeito de direito continua sendo o arquétipo do homem branco cisgênero heterossexual burguês e cristão, então, as posições

---

[284] A expressão é de Flávio Galdino, referindo-se a uma discussão distinta da que aqui travamos e que diz respeito ao custo dos direitos. Cf. GALDINO, Flávio. *Introdução à teoria dos custos dos direitos*: direitos não nascem em árvores. Rio de Janeiro: Lumen Juris, 2005.

jurídicas que buscamos tutelar por meio dos direitos fundamentais continuam sendo aquelas reivindicadas por esse sujeito.

Sendo assim, longe de nosso problema ser apenas uma falta de efetividade dos direitos fundamentais, é no próprio desenho normativo – por exemplo, o conteúdo do direito – e institucional – ou seja, os mecanismos de efetivação do direito – que repousa parcela nada desprezível do problema de nossa hermenêutica constitucional.

Para entendermos esse problema sob a perspectiva do desenho normativo dos direitos, tomemos como exemplo o direito à inviolabilidade do domicílio, estabelecido no artigo 5º, inciso XI da Constituição de 1988. Qualquer manual poderá ensinar que o direito à inviolabilidade do domicílio protege a casa como reduto inviolável do indivíduo – uma manifestação específica do direito à privacidade e da ideia de limitação da atuação do Estado que não pode, sem ordem judicial, ingressar nesse espaço físico da intimidade. Mesmo quando autorizado a fazê-lo, reza a doutrina, o Estado encontra limites temporais – só podendo nele ingressar entre o nascer e o pôr do sol – e limites de ação – só pode ali ingressar para realizar os atos autorizados pela Constituição ou pela ordem judicial. Essa é a realidade de nossos manuais, a qual, como tantas outras, não encontra reflexo no mundo real.

Vale, então, refletir sobre os motivos pelos quais a raça opera como um tipo de diferenciação de *status* que determina ações jurídicas arbitrárias. De fato, em diversos estados brasileiros, como no Rio de Janeiro, é comum o direito à inviolabilidade do domicílio se converter em letra morta a partir de raciocínios de excepcionalidade aplicados, invariavelmente, às casas de pessoas negras e faveladas. Isso é exemplificado pelos chamados "mandados coletivos". Pela regra constitucional, se o Estado pretender ingressar na casa de uma pessoa para realizar uma diligência ou proceder a uma prisão, o mandado de autorização deverá conter, de maneira individualizada, o endereço em que se está autorizado a ingressar. Nas favelas, isso não ocorre. Em geral, com fundamento em uma

CAPÍTULO VII – O DEBATE SOBRE JUSTIÇA RACIAL NAS...

suposta impossibilidade de individualizar as residências naquelas regiões, ou lastreados em uma percepção estereotipada de que seria fácil fugir de uma casa para outra nas favelas (por que não em um condomínio na Barra da Tijuca?), juízes e juízas expediram e seguem expedindo mandados coletivos que delimitam um amplo perímetro urbano no qual a ação do Estado está autorizada como um cheque em branco.[285] Um cheque em branco contra pretos. Como se casa de preto não fosse casa, para fins constitucionais.

Como nossos manuais e nossos professores não olham para os direitos fundamentais com as lentes da justiça racial, sequer têm conhecimento das tão gritantes insuficiências normativas (ou deliberadamente as ignoram), como no caso do direito à inviolabilidade do domicílio. É certo que corrigir essa extrema injustiça não exige apenas a mudança dogmática, no sentido de se redesenhar o direito à inviolabilidade do domicílio para posicionar, no seu núcleo, o afastamento expresso de considerações racistas como essas. Afinal, por vezes, mesmo os direitos escritos da maneira mais literal e evidente possível são ignorados rotineiramente por juízes e tribunais. Mas se o Direito possui um discurso próprio, de natureza normativa, é preciso, sim, trabalhar em sala de aula e em nossos estudos essas perspectivas, de modo a habilitar a comunidade jurídica a lidar adequadamente (e pelo Direito) com tais situações. Assim, no campo normativo, o nosso convite consiste em trazer, para as reflexões dos operadores do Direito, em cada análise específica e geral acerca dos direitos fundamentais, a já mencionada pergunta do excluído – indagando-se: esse direito é usufruído por pessoas negras dessa forma? Se não é, em que sentido isso acontece? E se é assim, de que forma esse direito deve ser repensado, em termos de exceções admissíveis e inadmissíveis, de permissivos concebíveis e inconcebíveis, de modo a construir-se uma dogmática dos direitos fundamentais efetivamente antirracista?

---

[285] Confira-se, a esse respeito, a discussão travada no âmbito da Arguição de Descumprimento de Preceito Fundamental n. 635, em trâmite perante o Supremo Tribunal Federal.

Agora, voltemo-nos para a análise das falhas de desenho institucional que impedem a fruição de direitos fundamentais por grupos vulneráveis em razão de raça – mas também em razão de gênero, sexualidade e outros. Como um jovem negro pobre pode assegurar o respeito aos seus direitos fundamentais?

Há, aqui, duas respostas possíveis e não excludentes. A primeira se dá no campo do respeito e atendimento de ofício aos direitos fundamentais. Estamos falando, nesse caso, das políticas públicas. Direitos fundamentais – tanto os de primeira quanto os de segunda geração – dependem de políticas públicas para que sejam efetivamente exercidos pela população. Apesar do foco que os cursos de Direito costumam ter no Poder Judiciário, precisamos reconhecer que juízes e juízas exercem uma função apenas subsidiária no esquema constitucional de garantia de direitos – não há como se imaginar que, para cada prestação de saúde, educação, lazer, trabalho, fosse necessário ajuizar uma ação. Olhar para as políticas públicas, sua formação e execução, torna-se assim parte integrante de qualquer análise sobre a efetividade desses direitos. E aí surge a pergunta: como a população negra participa e interfere nessas políticas públicas? No Brasil, que não internalizou radicalmente as ideias de democracia e república, é preciso reconhecer que a população negra, mesmo quando é vista como destinatária de políticas públicas, é raramente chamada a integrar o Estado como autora dessas políticas. Por vezes, o controle social dessas políticas é igualmente enfraquecido, seja porque a sociedade civil foi reiterada e sistematicamente enfraquecida nessa sua capacidade, seja porque o Estado brasileiro ainda é organizado de forma a resistir a qualquer medida de *accountability*. É preciso, então, no campo do Direito Constitucional (e também do Direito Administrativo), pensar os mecanismos de participação das populações negras na elaboração e na consecução das políticas públicas voltadas a assegurar direitos fundamentais específicos e gerais.

No campo da negação dos direitos fundamentais, é preciso pensar os mecanismos institucionais pelos quais o Estado assegura

CAPÍTULO VII – O DEBATE SOBRE JUSTIÇA RACIAL NAS...

às populações negras o instrumento necessário a restabelecer os direitos violados. A ausência de políticas públicas ou a violação de direitos abre, para os sujeitos e as coletividades afetadas, a possibilidade de buscar junto ao Poder Judiciário a superação de tais violações. Mas de que forma tais grupos podem efetivamente ter acesso ao Poder Judiciário? Uma resposta possível é, claro, as defensorias públicas. Mas não é fato que elas estejam organizadas de maneira suficiente em todos os estados e municípios da federação. E, mesmo quando estão, o simples fato de haver uma defensoria pública organizada não significa que sua estrutura seja capaz de dar conta, de maneira satisfatória, das múltiplas demandas desses grupos marginalizados. Pensar, então, acesso a direitos significa pensar as próprias instituições em que esses direitos devem ser restabelecidos, analisando suas estruturas e limitações com o intuito de, assim, aprimorá-las.

Essas reflexões se voltaram, como se viu, para apenas alguns dos tópicos relevantes do Direito Constitucional. E, em cada um deles, apenas nos voltamos para alguns exemplos que mostram como é frutífera a incorporação das lentes da justiça racial para conceber toda a disciplina do constitucionalismo contemporâneo. Caberá a você, que nos lê, não apenas aprofundar tais discussões, levando-as à sala de aula, como também pensar as tantas outras que se revelam urgentes em nossos debates.

7.2 Direito Penal e justiça racial

O Direito Penal é uma disciplina jurídica que tem relevância significativa para elaborarmos uma reflexão sobre a justiça racial a partir dos eixos de análise mencionados na introdução deste capítulo, especialmente por meio da questão da criação de sujeitos sociais e do problema da diferenciação de *status*. Muitos autores apontam a proteção de bens jurídicos como um de seus propósitos fundamentais, uma vez que a organização social depende da observação de regras destinadas à regulação da convivência entre os membros de uma comunidade política. A pluralidade de opiniões, de *status* social, de grupos humanos, de princípios morais sempre pode gerar conflitos entre pessoas e grupos, motivo pelo qual sanções sociais são necessárias para que a convivência social seja possível. Normas penais operam, então, como um controle social formal das relações humanas por intermédio do aparelho estatal, o que ocorre por meio de regras que expressam os padrões morais e políticos dominantes em uma determinada sociedade. Atuando como um sistema de controle social por meio de normas jurídicas, o Direito Penal cumpre, portanto, um papel importante na organização das sociedades modernas, uma vez que estabelece parâmetros para a ação de indivíduos e instituições, de forma que os direitos de todos sejam observados.[286]

Como todas as outras, as normas desse campo jurídico fazem parte de um sistema maior, o qual deve funcionar de acordo com a lógica do Estado de Direito, conceito que designa uma forma de organização estatal democrática baseada em um sistema político calcado em regras jurídicas que expressam a vontade popular. Normas penais adquirem legitimidade na medida em que estão em acordo com os princípios desse tipo de organização estatal que pressupõe o tratamento simétrico entre todos os membros da comunidade política. Dessa forma, a ideia de igualdade de procedimento possui grande relevância na aplicação de normas penais porque garante que indivíduos poderão ter a liberdade restringida se forem considerados culpados por infringirem alguma norma jurídica. Diversos princípios constitucionais regulam esse campo do Direito, dando a ele a legitimidade necessária para aplicar sanções dentro de parâmetros muito estritos. Esse bem jurídico fundamental da cultura democrática precisa ser protegido, porque sua desconsideração implica a violação de um dos objetivos centrais do regime democrático – o reconhecimento da dignidade da

---

[286] Cf. ZAFFARONI, Eugênio. *O Nascimento da criminologia crítica*. São Paulo: Tirant Lo Blanch, 2020.

CAPÍTULO VII – O DEBATE SOBRE JUSTIÇA RACIAL NAS...

autonomia de todos os seres humanos –, o que requer a observação constante da possibilidade de que todas e todos possam florescer sem intervenções estatais indevidas.

Os marcos teóricos anteriormente analisados mostram que essa leitura dos vários princípios do Direito Penal esconde uma realidade social extremamente complexa. As sociedades liberais estão construídas a partir do princípio do Estado de Direito e expressam comprometimento com ideais democráticos, mas isso não significa que não estejam livres de relações hierárquicas de poder. Na verdade, todas elas são marcadas por meios de exclusão que promovem disparidades em todos os aspectos da vida social, inclusive na administração da justiça criminal. Muitas delas têm utilizado normas penais de forma estratégica com o objetivo específico de manter meios de controle e a subordinação de grupos raciais subalternizados. Essa estratégia articula o discurso da neutralidade racial com princípios liberais para justificar prisões arbitrárias dos membros desses grupos, ao passo que membros do grupo racial dominante raramente são submetidos ao controle estatal. Em resumo, o Direito Penal tem sido um mecanismo historicamente utilizado por pessoas brancas para preservar o *status* social subalterno de negros e pobres, sendo que elas sempre procuram negar essas intenções. Tentativas de modificação de normas penais podem atender aos interesses presentes em determinados momentos históricos. Isso pode ter um impacto desproporcional na vida de membros de grupos raciais subalternizados, realidade que permanecerá invisibilizada porque não atinge pessoas brancas.[287]

O debate recente sobre o princípio da presunção da inocência pode ser tomado como exemplo do que acabamos de mencionar. Podemos identificar duas posições na discussão sobre a prisão após condenação em segunda instância. Os que defendem essa medida

---

[287] Para uma análise da utilização de normas penais como mecanismo de subordinação racial, ver ALEXANDER, Michelle. *A Nova segrega*ção: racismo e encarceramento em massa. São Paulo: Boitempo, 2018.

argumentam que ela seria uma forma adequada de se combater o que eles classificam como uma cultura da impunidade. Subjacente a essa posição, está a premissa segundo a qual regras jurídicas influenciam diretamente a ação dos indivíduos, impedindo ou desestimulando comportamentos criminosos. A consciência de que alguém só poderá ser condenado após o esgotamento das instâncias recursais seria, para eles, um estímulo à delinquência. A possibilidade de prisão após condenação em segunda instância permitiria uma punição mais imediata, situação que preveniria esse tipo de problema e legitimaria nosso sistema judiciário, uma instituição que, segundo muitos, indiretamente, estimula a criminalidade em função da sua morosidade. Em suma, para os defensores dessa perspectiva, a ideia de que a presunção da inocência deve ser observada até o esgotamento de todas as instâncias recursais é algo que contribui para a fragilização da moralidade pública.

Os que são contrários a essa modificação afirmam que a prisão após condenação em segunda instância viola a Constituição Federal. Para eles, o Judiciário deve observar a presunção da inocência até o trânsito em julgado em última instância. Esse preceito, afirmam esses indivíduos, deve ser visto como um elemento condensador do princípio do devido processo legal, motivo pelo qual ele não pode ser restringido, porque permite a correção de eventuais erros processuais que podem ocorrer durante o julgamento de um caso. Restringir a liberdade de alguém seria algo que só deveria ocorrer depois da revisão das decisões por instâncias superiores, o que poderia sanar possíveis problemas em um processo judicial. Esse princípio está pautado na ideia de liberdade como um valor central da ordem democrática, razão pela qual todos devem ser presumidos inocentes. Mais do que isso, ele reconhece ainda que há uma grande desproporção entre o poder estatal e o espaço de ação individual, o que exige do Estado a comprovação legítima e inequívoca da culpabilidade do acusado.

As discussões anteriores nos mostram que a defesa da presunção da inocência deve ir além da menção à previsão inequívoca presente

CAPÍTULO VII – O DEBATE SOBRE JUSTIÇA RACIAL NAS...

no texto constitucional. É preciso também analisar esse princípio a partir de alguns conceitos importantes da Teoria Crítica Racial e da Teoria Decolonial. A aplicação dos pressupostos dessas teorias a essa questão sugere que não devemos conceber o processo penal como um sistema de procedimentos cuja racionalidade permite uma análise adequada de todas as dimensões de um caso. Além disso, veremos que os procedimentos regulados por ele não contêm todos os elementos necessários para a proteção da liberdade individual, nem que a consciência da ilicitude deterá a vasta maioria das pessoas de cometer crimes. Como tem sido amplamente demonstrado por especialistas do campo da criminologia, a aplicação ou a efetividade de normas jurídicas depende das forças institucionais e políticas pelas quais elas estão envoltas. Não podemos separar o Direito das relações de poder que determinam sua interpretação e aplicação. Mudanças legislativas só são efetivas se precedidas ou seguidas de mudanças na moralidade pública e na cultura das instituições. A prisão após condenação em segunda instância afetaria apenas aqueles cujo *status* social os torna clientes preferenciais do Direito Penal. O sistema jurídico não opera de acordo com uma racionalidade inerente às normas penais, mas, sim, a partir da vontade das pessoas que as interpretam e aplicam. Estas não atuam a partir das noções de neutralidade e objetividade, mas, muitas vezes, como atores ideológicos que interpretam e aplicam o Direito a partir de seus próprios interesses políticos e daqueles que representam. Esse processo não pode ser pensado fora das relações hierárquicas de poder nas quais estão inseridos os vários personagens envolvidos em um processo.[288]

É preciso, primeiramente, fundamentar a hipótese apresentada no parágrafo anterior. A escola do *Legal Realism* surgiu como uma

---

[288] Um estudo sobre o papel de estereótipos e preconceitos no comportamento de agentes públicos e privados pode ser encontrado em KRIEGER, Linda Hamilton. "The content of four categories: a cognitive bias approach to discrimination and equal employment opportunity". *Stanford Law Review*, vol. 47, n° 5, 1994, pp. 1161-1257; KANG, Jerry. "Trojan horses of race". *Harvard Law Review*, vol. 118, n° 5, 2004, pp. 1489-1567.

reação ao positivismo clássico, uma forma de pensamento jurídico baseada na noção de que juízes são sujeitos que interpretam o Direito de forma neutra e objetiva. Os realistas, por sua vez, não estavam interessados em abstrações lógicas derivadas de normas e precedentes, mas na forma como as cortes realmente decidem, o que pode ter como fundamento leis ou fatos escolhidos por juízes interessados em dar uma ou outra direção a questões de ramificações culturais e políticas complexas. Seus autores afirmavam que juízes atuam como atores políticos e escolhem os elementos mais adequados para justificar suas decisões. Isso ocorre porque eles sempre utilizam parâmetros que estão fora do Direito para decidir conflitos jurídicos. Por exemplo, o interesse em manter o sistema de privilégios raciais em todas as dimensões da vida social fez com que o sistema judiciário americano interpretasse o princípio da igualdade de forma a permitir a preservação da segregação racial. A defesa da prioridade dos interesses do capital em relação a direitos sociais também levou essa mesma instância a eliminar restrições da jornada de trabalho no início do século passado.

A tese de que argumentos políticos formam, muitas vezes, a base para decisões judiciais foi incorporada pelos autores do movimento *Law and Society*. Muitos dos intelectuais que desenvolveram essa escola filosófica argumentavam que Direito e sociedade formam um sistema no qual normas jurídicas influenciam a moralidade social, enquanto esta determina a produção, operação e aplicação das normas jurídicas. Por esse motivo, o Direito pode ser um elemento que racionaliza o poder e também um meio de exercício desse poder.

Em tempos mais recentes, intelectuais ligados ao *Critical Legal Studies Movement* e à *Critical Race Theory* escreveram vários artigos em que demonstram como juristas falam as partir dos lugares que ocupam dentro das estruturas de poder nas quais estão situados. Além disso, juízes são capazes de manipular o sistema jurídico para que este possa legitimar seus projetos ideológicos ou dos grupos que eles representam. Os tribunais são, nesse caso, uma instância

CAPÍTULO VII – O DEBATE SOBRE JUSTIÇA RACIAL NAS...

à qual grupos sociais recorrem para universalizar seus interesses. Determinar os sentidos e a aplicação de normas legais significa poder direcionar o debate público sobre os mais diversos tópicos. Podemos dizer que todas essas escolas endossam uma tese em comum: há uma imensa diferença entre o Direito presente nos diplomas legais e aquele efetivamente praticado por seus operadores.[289]

As teses defendidas por essas escolas de pensamento apresentam elementos para observarmos como o princípio da presunção da inocência adquire significados bem distintos dentro de discursos sociais e práticas institucionais. Ao lado da concepção teórica apresentada acima, há outra que desempenha um papel extremamente importante na aplicação das normas penais. Não se discute, nesse segundo tipo de presunção da inocência, a proteção da liberdade do acusado. *O que está em jogo é a necessidade de aplicação de uma sanção penal ao seu comportamento tendo em vista seu pertencimento a grupos dominantes, uma vez que o status social privilegiado implica a sua inocência.* Esse *status* determinará a percepção da sua culpabilidade, da relevância do crime cometido, como também o valor social da vítima. Como autores da Teoria Crítica Racial apontam, esse tipo de presunção da inocência também é produto da possibilidade que esses indivíduos têm de utilizar o seu *status* privilegiado para influenciar o sistema judiciário. Ele também expressa as percepções que operadores do Direito têm dos membros dos grupos majoritários e da forma como a própria sociedade interpretará atos criminosos a partir das diferenças de

---

[289] BOHLER-MULLER, Narnia. "Western liberal legalism and its discontents: a perspective from South Africa". *Socio-Legal Review*, vol. 3, n° 1, 2007, pp. 1-25; BOYLE, James. "Is subjectivity possible? The post-modern subject in legal theory". *University of Colorado Law Review*, vol. 62, n° 2, 1991, pp. 489-524; CULP JR., Jerome McCristal. "Autobiography and legal scholarship and teaching: finding the me in the legal academy". *Virginia Law Review*, vol. 77, n° 3, 1991, pp. 539-559; CULP JR., Jerome McCristal. "Toward a black legal scholarship: race and original understandings". *Duke Law Journal*, vol. 1991, n° 1, 1991, pp. 39-105.

status entre os grupos. Em resumo, o *status* privilegiado de um indivíduo indica a ausência de sua culpabilidade.

Uma análise de decisões judiciais sobre injúria racial nas quais a ofensa racial ocorre na forma de racismo recreativo demonstra a operação do processo de que estamos falando. Muitos homens brancos e muitas mulheres brancas que cometem esse crime estão convictos, *antes do início do processo,* de que seus atos criminosos não terão quaisquer consequências jurídicas. Assim, ridicularizam a intenção das vítimas de buscar a condenação judicial deles. Estão presentes, nos autos analisados, afirmações dos tipos a seguir. "Olhe para mim, eu sou branco". "Pode chamar a polícia, crioulo. Você acha que vai acontecer alguma coisa comigo? Eu sou médico". "Não adianta chamar a polícia porque meu tio é juiz! Ele vai e me solta na mesma hora, preto otário". Esses criminosos estão cientes de que possuem um *status* social privilegiado e vivem em uma sociedade que estimula o racismo; estão cientes de que esse *status* os beneficia em todas as situações, e isso também ocorrerá quando cometerem crimes contra pessoas negras; eles sabem que pessoas brancas e instituições por elas controladas sempre se articulam para inocentar brancos acusados de racismo, e isso permitirá que se mantenham imunes a sanções penais, além de continuarem gozando de uma imagem social positiva.[290]

Como esses indivíduos se defendem nesses processos judiciais? Boa parte de seus argumentos gira em torno da premissa da suposta superioridade moral das pessoas brancas. Vários indivíduos acusados de racismo e injúria recorrem à narrativa da democracia racial como prova da irrelevância do racismo entre nós. A maioria deles menciona supostos amigos ou parentes negros, o que seria evidência de que a acusação de racismo ou injúria não pode ser verídica. Afinal, eles mantêm relações sociais com pessoas negras,

---

[290] Uma breve análise desse tema pode ser encontrada em MOREIRA, Adilson José. *Racismo recreativo*. São Paulo: Jandaíra, 2018.

CAPÍTULO VII – O DEBATE SOBRE JUSTIÇA RACIAL NAS...

sendo que alguns até permitem que negros cortem seus cabelos. Esse tipo de argumento está especialmente presente quando a injúria assume a forma de humor racista. Os acusados tentam escamotear o fato de que contam piadas racistas para obterem gratificação psicológica e também para degradar negros a partir do argumento de que o humor sempre tem um caráter benigno. Os autores desses crimes tentam convencer juízes brancos de que a condenação de uma pessoa branca por racismo compromete a reputação de todo o grupo, o que deveria ser evitado. Esperam ainda que os juízes brancos desenvolvam uma empatia racial por eles e considerem a demanda por respeito da vítima como algo sem relevância moral ou jurídica. *Enfim, eles acreditam que ser branco opera como uma forma de presunção da inocência; esperam que seu status racial privilegiado os imunize de qualquer tipo de sanção jurídica.*

Embora pessoas brancas sejam efetivamente condenadas por injúria e racismo, a expectativa de muitas delas é frequentemente confirmada pela atuação do Judiciário. Muitos membros dessa instituição, integralmente controlada por homens brancos heterossexuais de classe alta, categorizam homicídios e tentativas de homicídio motivadas por ódio racial como lesão corporal, bem como desclassificam crimes de racismo para injúria racial e de injúria racial para injúria simples. Outros se recusam a reconhecer o uso do humor racista como um caso de injúria racial porque ele não pode ser visto como expressão de ódio. Além disso, alguns deles nos disseram pessoalmente que condenar pessoas brancas por crimes de injúria e racismo pode impedir a ascensão profissional, exemplo de como membros do grupo racial dominante podem subordinar o sistema judiciário aos seus interesses.

A presunção da inocência branca não opera apenas em processos judiciais sobre racismo e injúria. Ela é um pressuposto central da forma como muitos policiais, promotores e juízes atuam. Pessoas brancas são quase sempre consideradas como usuárias quando presas por posse de drogas; não são vítimas de prisões arbitrárias com a mesma frequência que negros são; não são mortas por balas perdidas; e não são acusadas de envolvimento com o tráfico simplesmente por morarem em áreas periféricas das nossas cidades. Aliás, como amplamente noticiado, morar em áreas nobres significa que elas sempre serão abordadas de forma respeitosa. Outras recebem tratamento preferencial por não parecerem com o estereótipo do bandido, imagem culturalmente associada a negros. A presunção da inocência branca, fundamentada na ideia da superioridade moral inata dos membros do grupo racial dominante, permite ainda que pessoas brancas com passagem pelo sistema penitenciário ganhem salários mais altos do que pessoas negras que nunca tiveram qualquer envolvimento com a justiça penal.[291]

Há um terceiro tipo de presunção da inocência que opera de maneira bem particular. Ele também supostamente existe para regular a ação das instituições estatais, mas, na verdade, serve apenas para prestar legitimidade a ações discriminatórias. *Portanto, não estamos falando da presunção da inocência do acusado, mas, sim, da presunção da inocência de agentes estatais.* Esse terceiro tipo tem uma natureza meramente retórica; ele procura apenas justificar ações estatais que encontram legitimidade no desprezo racial generalizado presente na sociedade brasileira. Esse terceiro tipo do princípio sob análise opera efetivamente como uma presunção da culpabilidade, o que exprime a ideia de que membros de minorias raciais têm propensão natural para o crime, motivo pelo qual eles devem estar sob o controle constante do sistema judiciário. Esse terceiro tipo de presunção da inocência também está baseado na diferença de *status* que grupos possuem dentro de uma dada sociedade, mas atua contra os que estão em uma situação de subordinação social.

As manifestações de presunção da inocência de agentes públicos e de culpabilidade de minorias raciais são muitas e cotidianas

---

[291] Cf. STRIFEZZI, Beatriz Porto. "Julgando a partir de estereótipos: arbitrariedades contra minorias raciais em decisões judiciais". *In*: MOREIRA, Adilson José. *Direito Antidiscriminatório e Direito penal*: uma história trágica em nove atos. Belo Horizonte: DiPlácido, 2021, pp. 135-179.

CAPÍTULO VII – O DEBATE SOBRE JUSTIÇA RACIAL NAS...

no Brasil, onde estereótipos raciais são estrategicamente criados e reproduzidos pelos membros do grupo racial dominante para referendar a ideia da periculosidade do homem negro. Eles legitimam, então, a vigilância e a violência contra minorias raciais em todas as esferas da vida social, seja no espaço público, seja no espaço privado. Assim, enquanto a presunção da inocência branca permite que membros do grupo racial dominante possam responder processos em liberdade mesmo após serem surpreendidos com dezenas de quilos de maconha em seus veículos, mulheres negras com alguns gramas da mesma droga são condenadas a vários anos de prisão porque, segundo membros do nosso Judiciário, elas "precisam aprender uma lição". Pessoas negras são as principais vítimas de prisões arbitrárias e de assassinatos por policiais. Muitas pessoas brancas e muitas instituições controladas por elas, mobilizadas pelo desprezo racial característico da nossa sociedade, afirmam que essas manifestações de racismo institucional são legítimas. Para garantir a presunção da inocência dos agentes estatais envolvidos, atos bárbaros dessa natureza são classificados como erros operacionais. Há mais. A presunção da culpabilidade faz com que muitas mulheres brancas vejam todos os homens negros como uma ameaça às suas vidas, razão pela qual atravessam para o outro lado da rua quando se deparam com um membro desse grupo caminhando pela mesma calçada. A ideia da degradação moral natural de negros também dificulta o acesso a empregos, o que os empurra para a marginalização e leva muitos deles para a criminalidade. Entretanto, o fato óbvio de que a criminalidade é socialmente produzida permanece encoberto. Em resumo, muitas pessoas brancas e instituições controladas por pessoas brancas criam e reproduzem estereótipos racistas e passam a acreditar que eles existem como algo independente da atuação delas. Isso permite que neguem qualquer tipo de responsabilidade sobre a situação de desigualdade estrutural que temos no Brasil.

Essas reflexões nos levam a defender a seguinte tese: não haveria absolutamente nenhuma mudança social se a prisão após condenação em segunda instância fosse possível em nosso país. Esse debate decorre da grande visibilidade das discussões sobre crimes de corrupção nos meios de comunicação. Aqueles que recorrem à corrupção para alcançar objetivos individuais ou setoriais não deixariam de cometer esses crimes porque estão convictos de que seu *status* racial e seu *status* de classe os imunizam de qualquer tipo de sanção penal. Da mesma forma que ocorre nos casos de injúria e racismo, esses indivíduos podem mobilizar o seu poder para influenciar o desenlace de processos judiciais. Eles podem submeter o sistema jurídico aos seus interesses, como casos recentes de *lawfare* demonstram muito claramente. Como afirmam vários especialistas em criminologia, a reprovação social de um crime depende do contexto histórico e de quem o comete. Nossa sociedade tem e sempre teve uma imensa tolerância com a corrupção, principalmente quando ela privilegia membros dos grupos sociais dominantes. Atos de corrupção são vistos como algo grave apenas quando seus autores se tornam inimigos políticos dos membros dos grupos sociais dominantes que ocupam posições de poder em um determinado momento.[292]

A defesa da prisão após condenação em segunda instância pode ser vista como uma tentativa de instrumentalização do sistema jurídico para fins políticos. Além de poder atingir pessoas brancas de *status* social privilegiado que foram eleitas como inimigas políticas, uma mudança dessa natureza apenas ampliaria o número de pessoas negras e de pessoas pobres em nossas prisões. A cultura da impunidade não pode ser atribuída às nossas normas penais. Elas são apenas comandos sociais. Muitos as culpabilizam como se fossem atores sociais com vontade própria, como se fossem agentes que determinam a realidade. Nossa cultura da impunidade está relacionada, na verdade, com a ausência de uma cultura pública democrática e republicana entre nós.

---

[292] Cf. MARTINS, Cristiano Zanin; MARTINS, Valeska; VALIM, Rafael. *Lawfare*: uma introdução. São Paulo: Contracorrente, 2019; SOUZA NETO, Cláudio Pereira. *Democracia em crise no Brasil*: valores constitucionais, antagonismo político e dinâmica institucional. São Paulo: Contracorrente, 2020.

7.3 Direito Societário e justiça racial

Se a discussão sobre o tema da justiça racial a partir das questões da subjetividade, da discriminação e da diferenciação de *status* se mostrava bastante adequada para a articulação dos tópicos das disciplinas mencionadas nas seções anteriores deste trabalho, a questão do caráter emancipatório do Direito se apresenta como um bom exemplo de como podemos pensar essa discussão no campo do Direito Societário. O debate sobre as formas a partir das quais este pode promover a justiça social deve começar com a referência à um elemento central da Teoria Crítica Racial: os meios pelos quais normas genéricas encobrem processos responsáveis pela reprodução da desigualdade entre grupos raciais. Muitos afirmariam que as regras referentes à regulação da atividade empresarial não possuem qualquer tipo de relação com questões de justiça racial, uma vez que dizem respeito apenas às formas de regulação da atividade empresarial. Por serem um conjunto de preceitos referentes ao Direito privado, elas não estão relacionadas com questões relativas a problemas de justiça social. Essa posição se mostra altamente problemática porque, segundo os autores desse movimento intelectual que escrevem sobre o tema, a atuação das empresas tem relevância central para a discussão sobre justiça social, uma vez que a atividade empresarial incide sobre uma realidade marcada por divisões raciais. Por esse motivo, temas centrais do Direito Societário, como a governança corporativa e as práticas de *compliance*, precisam incluir necessariamente debates referentes ao contexto social e histórico no qual companhias atuam, de forma que elas também possam engajar em práticas sociais capazes de promover maior nível de justiça social. Desenvolveremos, nesta parte do trabalho, uma reflexão sobre o ensino do Direito Societário a partir das seguintes perguntas centrais: qual é o papel das empresas no processo de inclusão de grupos raciais subalternizados? Que função podem desempenhar na construção de uma sociedade que harmoniza o interesse na produção da riqueza com a responsabilidade social?

O Direito Societário congrega uma série de regras relacionadas com a regulação da atividade empresarial, uma disciplina de grande importância para o presente debate, uma vez que também trata de temas referentes à inserção de grupos raciais no mercado. É importante analisar os preceitos constitucionais que informam a atividade empresarial, porque eles submetem a atividade econômica a princípios de justiça social. De acordo com nosso ordenamento jurídico, as pessoas estão livres para se engajarem em atividades dessa natureza, mas a atuação delas nessa área deve ocorrer de acordo com o princípio da justiça social. A livre iniciativa deve ser pautada pela ordem objetiva dos direitos fundamentais, além de outro preceito importante, a função social da propriedade. Esse conjunto de parâmetros deve ser um ponto de partida para que docentes ensinem o tema da governança corporativa a partir de uma perspectiva capaz de articular diversos aspectos e tópicos de grande relevância para a discussão sobre inclusão racial. Devemos observar que, durante muito tempo, a ideia de inclusão esteve amplamente relacionada com a possibilidade de inserção de indivíduos no mercado de trabalho, motivo pelo qual teorias de desenvolvimento priorizaram o progresso econômico como passo relevante para a criação de oportunidades a todas as pessoas. Essa perspectiva se mostrou cada vez mais problemática na medida em que sistemas de dominação operam para impedir que membros dos diferentes grupos sociais tenham acesso igualitário a oportunidades. Além disso, essa pressuposição de que o mercado opera de maneira impessoal e de que políticas generalistas podem produzir a integração social ignora o papel do caráter institucional e estrutural do racismo em diversas sociedades liberais.[293]

O conceito de governança corporativa nasce e se desenvolve dentro de um contexto histórico no qual as consequências éticas e políticas do impacto da atividade empresarial se tornam tema de

---

[293] Cf. MOREIRA, Adilson José. *Tratado de Direito Antidiscriminatório*. São Paulo: Contracorrente, 2020, pp. 455-481.

CAPÍTULO VII – O DEBATE SOBRE JUSTIÇA RACIAL NAS...

discussão de debates jurídicos e políticos. A ausência de regulação interna adequada das empresas sobre o impacto de suas atividades na comunidade da qual fazem parte e a reprodução interna de práticas sociais contrárias a elementos básicos da moralidade pública e de princípios jurídicos motivaram o surgimento de uma série de normas jurídicas destinadas ao controle externo das práticas de gerenciamento. Surgiu, principalmente ao longo das últimas cinco décadas, reflexões sobre as maneiras pelas quais grandes corporações poderiam contribuir para melhorias sociais, o que estabelece a preocupação com a responsabilidade social por parte das empresas. Esse processo foi acelerado pelo surgimento, em algumas jurisdições, de legislação que permite a consideração dos interesses de agentes externos nas práticas de gerenciamento das companhias. Assim, essa realidade fez despontar uma preocupação com práticas internas destinadas à promoção da conformidade da atividade empresarial com exigências relacionadas ao funcionamento e à continuidade da operação das empresas, tendo em vista o fato de que elas operam dentro de uma realidade social mais ampla.[294] O crescente monitoramento do desempenho das empresas por agentes externos interessados no valor financeiro de seus investimentos e a percepção da governança como uma alternativa mais eficiente de geração de benefícios sociais do que o governo são também fatores responsáveis pelo avanço da governança corporativa. Por esse motivo, a governança corporativa é agora vista como um objeto de interesse de debate público por vários atores sociais, uma vez que opera como uma instância semelhante às instituições governamentais: uma estrutura adequada por fornecer os elementos necessários para uma gestão apropriada, a qual, por sua vez, poderá afetar de forma positiva processos internos e externos.[295]

---

[294] SILVEIRA, Alexandre Di Miceli da. *Governança corporativa no Brasil e no mundo*. Rio de Janeiro: Elsevier, 2010, pp. 3-6.

[295] PARGENDLER, Mariana. "The corporate governance obsession". *The Journal of Corporation Law*, vol. 42, nº 2, 2016, pp. 369-378; LICHT, Amir. "The maximands of corporate governance: a theory of values and

Podemos definir a governança corporativa a partir de certos pontos relevantes. Primeiramente, ela designa a maneira como o poder de comando dever ser exercido dentro de uma empresa, o que inclui sua estrutura administrativa e também as normas jurídicas que estruturam o exercício desse poder. A governança corporativa designa ainda as normas reguladoras dos interesses e as relações entre as instâncias que controlam a organização. Estamos falando dos sistemas aplicados no gerenciamento das empresas, o que implica as práticas utilizadas para a regulação da atividade e das relações entre as diferentes instâncias de poder presentes dentro de uma companhia. A governança corporativa define os princípios que direcionam a atividade dela, princípios decorrentes do aparato jurídico, da natureza da atividade empresarial, dos elementos que sustentam a responsabilidade das empresas. Além disso, esse conceito também designa o processo de deliberação no qual são implementados objetivos, o monitoramento das atividades, a análise de riscos de operações e a avaliação da atuação da empresa por seus administradores. Logo, esse conceito diz respeito à forma como os processos a partir dos quais a administração de uma companhia utiliza os recursos econômicos e humanos para atingir a maximização das suas atividades, de forma que ela esteja em conformidade com as expectativas dos seus investidores e também das pessoas impactadas por suas atividades.[296]

Um avanço significativo, e particularmente interessante, no campo da governança corporativa, para as discussões sobre esse tema e sobre a justiça racial, pode ser visto nas várias deliberações dos interesses dos grupos afetados pela atividade empresarial. O papel dos *stakeholders*, termo que designa as pessoas afetadas

---

cognitive style". *Delaware Journal of Corporate Law*, vol. 29, n° 3, 2004, pp. 686-715.

[296] PLESSIS, Jean Jacques du; HARGOVAN, Anil; BAGARIC, Mirko. *Principles of contemporary corporate governance*. Oxford: Oxford University Press, 2011, pp. 3-8; IBGC. *Compliance à luz da governança corporativa*. São Paulo: Instituto Brasileiro de Governança Corporativa, 2017.

CAPÍTULO VII – O DEBATE SOBRE JUSTIÇA RACIAL NAS...

pela gestão empresarial, tem grande relevância para uma análise da forma como o ensino do Direito Societário pode ser utilizado com o propósito de despertar os alunos para a relevância do papel das empresas na construção da justiça racial. Estamos falando daqueles indivíduos e órgãos que contribuem de alguma forma para a criação da riqueza e para a operação da empresa, sendo, portanto, beneficiados ou afetados de forma negativa pela atividade em questão. Essas partes interessadas são agentes internos e externos à corporação. De um lado, temos diretores, administradores, empregados; de outro, consumidores, competidores, agentes estatais, além de outros grupos de interesse, como a comunidade na qual a empresa está localizada. Todas essas partes são influenciadas ou influenciam a gestão empresarial, o que pressupõe impacto na operação desta. Se a doutrina tradicional sempre menciona o papel de acionistas, administradores e credores, desenvolvimentos teóricos recentes nos convidam a examinar o papel de empregados. É certo que as empresas são obviamente importantes para eles, porque garantem acesso à compensação financeira no presente e, no futuro, para muitos. Mas os empregados também trazem benefícios significativos para elas, uma vez que permitem o alcance das suas diversas finalidades. O tratamento que recebem dentro das empresas também determina a maneira como se relacionam com elas; as empresas são obrigadas a agir em conformidade com a legislação trabalhista, com a legislação previdenciária e com a legislação penal. Desse modo, devem tratar todas as pessoas de modo equitativo e impedir que sejam discriminadas por razões que não estejam relacionadas com a capacidade de cada empregado em realizar suas tarefas.[297]

A consideração da comunidade na qual a companhia opera também como parte interessada na atividade empresarial nos

---

[297] GARRIGA, Elisabet; MELÉ, Domènec. "Corporate social responsibility theories: mapping the territory". *Journal of Business Ethics*, vol. 53, n° 1-2, 2004, pp. 51-71.

leva à consideração sobre a responsabilidade social da empresa, consideração importante para o eixo de análise sobre o papel do Direito na promoção da inclusão racial. Não podemos deixar de considerar o fato de que os empregados de uma empresa fazem parte da sociedade, e isso significa que eles possuem uma relação recíproca com ela, mas também com a sociedade, pois a empresa é uma das instituições sociais nas quais os indivíduos atuam para atingir seus objetivos pessoais. A comunidade na qual empresas estão situadas tem interesse em suas atividades porque elas fazem parte dos programas de desenvolvimento local e nacional; a abertura política para a atuação das empresas parte de incentivos voltados a determinadas atividades. Não podemos esquecer ainda que elas, assim como várias outras atividades humanas, são instituições que têm responsabilidade sobre o impacto social na realidade na qual estão situadas. É por esse motivo que a atividade empresarial está hoje amplamente relacionada com a noção de sustentabilidade: a criação de riquezas deve observar os cuidados necessários para a preservação do ambiente da vida. Outro ponto relevante para nossa discussão é o papel que companhias podem ter na inclusão de grupos tradicionalmente marginalizados. Enquanto muitas teorias de governança corporativa procuram maximizar o lucro, outras concepções mais recentes estão relacionadas com questões de justiça social, inclusive na promoção de programas de diversidade para que membros de grupos raciais subalternizados possam ter melhores condições de vida.[298]

Os debates sobre a responsabilidade social das empresas como tema central da governança corporativa constituem um ponto de partida essencial para pensarmos a forma mais apropriada de ensino do Direito Societário no presente projeto de educação jurídica antirracista. Se, durante muito tempo, a teoria da maximização da riqueza determinou a discussão sobre os propósitos da governança

---

[298] MOREIRA, Adilson José. *Tratado de Direito Antidiscriminatório*. São Paulo: Contracorrente, 2020, pp. 694-698.

CAPÍTULO VII – O DEBATE SOBRE JUSTIÇA RACIAL NAS...

corporativa, nos últimos anos, outras perspectivas adquiriram grande proeminência. O empenho na harmonização dos interesses de todas as partes envolvidas na atividade empresarial fez com que perspectivas jurídicas ou econômicas venham sendo, ao longo do tempo, substituídas por aquelas interessadas na responsabilidade social das empresas, tema anteriormente abordado. Para muito teóricos que trabalham com essa perspectiva, os administradores devem implementar meios para harmonizar os interesses de agentes internos e externos, uma vez que a continuidade da empresa não depende apenas dos investidores. Tendo em vista essa perspectiva, o diálogo entre administradores e sociólogos tem sido responsável pelo aparecimento de uma teoria de governança corporativa que procura compreender a atividade empresarial dentro do entorno social no qual a empresa opera. Esse fato requer que administrado-res sejam sensíveis às demandas de diferentes grupos, o que pode contribuir para o alcance de um objetivo central: a longevidade da própria empresa. O gerenciamento ativo desses processos permite a criação de medidas que convirjam com os interesses das diversas partes envolvidas na atividade empresarial. Dessa forma, a maxi-mização de todos esses interesses seria uma forma de se produzir maior riqueza para a empresa porque fomenta o comprometimento das partes para com a organização. Essa direção da atividade empresarial designaria uma postura normativa interessada na consideração dos valores morais e políticos que devem regulá-la.[299]

Seguindo pressupostos similares, a teoria constitucional es-tabelece parâmetros relevantes para a análise da correlação entre Direito Societário e justiça racial. Essa perspectiva compreende as corporações a partir da teoria constitucional tradicional, motivo pelo qual elas são vistas como um tipo de comunidade fundada a partir de um documento que estabelece objetivos substantivos, entre eles o tema da justiça social. O documento regulador de uma

---

[299] SILVEIRA, Alexandre Di Miceli da. *Governança corporativa no Brasil e no mundo*. Rio de Janeiro: Elsevier, 2010, pp. 66-68.

corporação fornece parâmetros coletivos para que os indivíduos tomem decisões mediante critérios racionais que governam esse documento. A Constituição opera como um parâmetro a partir do qual cada indivíduo tomará decisões que regulam os processos de gerenciamento empresarial. O documento fundador de uma companhia opera, por sua vez, como uma referência para que os indivíduos tomem decisões a partir de preferências anteriormente estabelecidas por meio de normas que determinam o funcionamento da estrutura e os procedimentos adotados por uma organização. Leitores e leitoras atentas perceberam que estamos, aqui, diante de uma posição característica do constitucionalismo liberal: criar parâmetros e limites para que os indivíduos possam tomar decisões que não afetem o direito das outras partes. Dessa forma, o constitucionalismo corporativo decorre, então, de uma perspectiva diretamente relacionada com a noção de Estado de Direito: as decisões tomadas dentro de uma organização política precisam ser legalmente justificadas para que possam atender os preceitos legais estabelecidos. Uma Constituição cria, portanto, os parâmetros centrais do processo de governança corporativa; ela define a identidade da instituição e também estabelece as normas que regerão as relações entre os diferentes membros de uma organização.[300]

Acreditamos que essa perspectiva seja uma referência muito importante para ensinarmos o Direito Societário porque nos permite analisar corporações como se fossem instituições políticas. Tal posição exige que consideremos temas referentes ao constitucionalismo, mas a partir de uma perspectiva específica. A compreensão da governança corporativa como um contrato político nos moldes de uma Constituição compreende o Direito Societário como Direito Constitucional, pois cria a corporação, estabelece regras de funcionamento, define direitos e obrigações e aponta órgãos responsáveis por decisões e administração. Vemos,

---

[300] KING, Mervyn. *The corporate citizen*: governance for all entities. Joanesburgo: Penguim Books, 2006.

298

CAPÍTULO VII – O DEBATE SOBRE JUSTIÇA RACIAL NAS...

então, que o conceito de constitucionalismo corporativo engloba os arranjos institucionais a partir dos quais as ações individuais são expressas e as decisões coletivas são elaboradas de forma a atingir objetivos substantivos adotados pela companhia. Não se pode esquecer de que essas normas devem estar em consonância com as normas jurídicas mais amplas que regulam as responsabilidades de indivíduos e corporações. Um ponto muito importante deve ser enfatizado: corporações são instituições que operam por meio de normas do Direito privado, mas construídas e interpretadas pelo Direito público. O conceito de constitucionalismo incorpora aspectos importantes da teoria geral do constitucionalismo, como a noção de que as instituições sociais existem para fomentar interesses públicos. Por esse motivo, instituições públicas devem criar princípios para regular o poder social e político das corporações de forma que interesses coletivos possam ser atingidos de forma mais eficaz também por essas instituições.[301]

Outros aspectos importantes devem ser mencionados em função da relação direta entre a teoria constitucionalista da governança corporativa e o princípio da função social da propriedade. Para os que defendem essa perspectiva, a limitação da liberdade individual não é um problema jurídico porque a autonomia privada deve estar em plena harmonia com os interesses da sociedade como um todo. Desse modo, corporações podem operar como agentes de intermediação entre os cidadãos e o governo na medida em que também atuam como meios de integração social dos indivíduos. Corporações podem tomar decisões capazes de afetar de forma significativa toda a sociedade, razão pela qual não devem ser vistas como entidades inteiramente privadas; suas decisões frequentemente têm impacto na vida da comunidade política, motivo pelo qual seu poder precisa ser analisado também a partir da ideia de que são entidades que desempenham funções de interesse público, tais como a proteção

---

[301] MOREIRA, Adilson José. *Tratado de Direito Antidiscriminatório*. São Paulo: Contracorrente, 2020, pp. 670-674.

ambiental e a inclusão social. Por essa razão, as instituições estatais têm a faculdade de determinar como corporações devem exercer esse poder, pois precisam regular a grande concentração de atribuições nas mãos dos atores privados que controlam grandes corporações.[302]

De grande interesse para a discussão das relações entre Direito Societário e justiça racial é o avanço da relevância do *compliance* nas tomadas de decisão das empresas. A exigência da conformidade da gestão empresarial com inúmeras expectativas sociais, jurídicas e políticas decorre do reconhecimento das várias funções das empresas na vida social, aspecto anteriormente explorado. Vimos que a posição segundo a qual a governança corporativa tinha como objetivo principal a contínua produção de riqueza tem dado lugar a outro posicionamento: a tomada de decisão deve considerar uma série de questões, as quais vão desde a conformidade com o Direito Penal Econômico a problemas relacionados com a adoção de medidas destinadas a promover a sustentabilidade, passando pela observação de práticas antidiscriminatórias no interior das empresas. Por esses motivos, o monitoramento cada vez mais estrito da atividade empresarial por atores públicos e privados fez com que a adoção de um sistema interno de *compliance* se tornasse um dos elementos centrais da discussão sobre a governança corporativa. Observamos hodiernamente que a sociedade exige das empresas a construção de uma cultura institucional atenta a diversas questões morais e políticas referentes à operação e aos impactos de suas atividades nos diversos âmbitos da sociedade e também na vida de diferentes segmentos sociais. Dessa forma, a exigência de que a atividade empresarial esteja em conformidade com normas que regulam diferentes aspectos de sua gestão decorre de transformações importantes sobre a compreensão do papel das empresas na sociedade, um tema ainda pouco explorado por aqueles que lecionam temas relacionados com o Direito Societário.

---

[302] Cf. STUCKE, Maurice. "In search of effective ethics and compliance programs". *The Journal of Corporate Law*, vol. 39, nº 4, 2014, pp. 770-840.

CAPÍTULO VII – O DEBATE SOBRE JUSTIÇA RACIAL NAS...

Precisamos, então, definir o termo *compliance* de forma precisa. Acreditamos que ele pode ser entendido a partir de alguns parâmetros importantes. Primeiro, ele designa um conjunto de medidas de governança corporativa que cumprem uma série de propósitos, sendo que todas elas são formas de condução do processo decisório com vistas à promoção de uma cultura interna pautada em padrões éticos delineados por instâncias internas e externas. Segundo, esses padrões morais e políticos operam como uma proteção contra desvios de conduta, contra decisões imprudentes que podem gerar custos adicionais significativos para a empresa ou danos para a sociedade como um todo. Terceiro, a adoção de um programa de conformidade com diversos aspectos da legislação implica um interesse na condução de medidas adequadas de governança para prevenir atos que podem assumir a forma de condutas ativas ou omissivas consideradas ilegais. A adoção de um sistema de *compliance* procura construir uma cultura institucional baseada em medidas e procedimentos que estão de acordo com as expectativas legais e sociais sobre a atividade empresarial.[303]

Seguindo o gradual declínio entre esfera pública e esfera privada, o interesse na criação e observação de programas de conformidade legal decorre de diretivas do poder público que respondem à necessidade de discussão sobre o papel das empresas na vida social. Sabemos que muitas jurisdições enfrentam consequências consideráveis de práticas empresariais ilegais, práticas que procuram aumentar a lucratividade a qualquer custo, o que frequentemente gera impactos negativos na sociedade. Muitas medidas restritivas foram adotadas por autoridades públicas com o objetivo de promover maior transparência da atividade empresarial. Isso decorre do fato de que corporações devem comprovar empenho na adoção de medidas de conformidade com a legislação porque suas atividades precisam estar em consonância com vários

---

[303] IBGC. *Compliance à luz da governança corporativa*. São Paulo: Instituto Brasileiro de Governança Corporativa, 2017, pp. 9-11.

outros valores necessários para a vida social. Temos, assim, que programas dessa natureza são o produto de ações de instituições governamentais que influenciam as companhias por meio da exigência de estruturas destinadas a satisfazer princípios da legislação referente à atividade empresarial. Para que elas sejam atendidas de forma adequada, companhias devem criar departamentos internos responsáveis pela observação da conformidade das práticas institucionais com normas legais de vários campos. O avanço da noção de *compliance* se tornou um elemento chave da governança corporativa ao longo do tempo, sendo que não podemos pensar a última sem as implicações da primeira, uma vez que elas possuem uma relação estrutural porque estabelecem parâmetros centrais para a atividade empresarial.[304]

A construção de uma organização íntegra requer a coerência entre princípios e ações que expressam a responsabilidade corporativa; esse conceito, por sua vez, precisa observar questões que não se resumem à adoção de medidas de combate à corrupção. Na verdade, *compliance* está também relacionada com outras questões sociais, entre elas os interesses das diversas partes externas afetadas pela atividade empresarial. A centralidade da ideia de *compliance* na cultura corporativa significa a necessidade da criação de interação ética com as diversas partes interessadas na atividade empresarial, o que inclui clientes, credores, fornecedores, trabalhadores e moradores. O que se pretende, portanto, é a criação de um processo deliberativo que informa as operações internas das organizações além de suas interações com diversas partes. Os códigos de conduta adotados devem conter regras e diretrizes para que a companhia possa evitar ações que causam danos aos vários indivíduos implicados em seu processo de operação. Se a ideia de *compliance* visa proteger o patrimônio das empresas contra atos ilícitos de administradores, também procura

---

[304] GRIFITH, Sean. "Corporate governance in an era of compliance". *William & Mary Law Review*, vol. 57, nº 6, 2016, pp. 2077-2081.

CAPÍTULO VII – O DEBATE SOBRE JUSTIÇA RACIAL NAS...

construir e preservar uma identidade cultural específica, o que pode gerar valor para elas.[305]

As considerações elaboradas nas partes anteriores nos remetem para um tema de grande importância da presente análise sobre Direito Societário e justiça racial: estamos falando aqui de iniciativas adotadas pelas organizações corporativas para regular suas atividades, iniciativas por meio das quais elas consideraram os possíveis impactos causados por suas operações nas diferentes partes afetadas. Precisamos considerar as implicações da conduta interna e externa da empresa na vida social, uma vez que suas ações podem ter impactos consideráveis por cumprirem um papel relevante nas diversas esferas da dinâmica das sociedades nas quais operam. Dessa forma, a tradicional preocupação em elevar os lucros ao máximo deve ser superada para incluir questões de justiça social, o que pode contribuir de forma direta e indireta para a criação de riquezas e longevidade dos negócios, além de fomentar a inclusão de grupos raciais subalternizados. Observamos, assim, que a preocupação com a responsabilidade social da empresa tem a mesma origem dos debates sobre a própria noção de governança corporativa e a necessidade de adoção de regimes de *compliance*: o impacto negativo que ações ilícitas ou irresponsáveis de empresas podem ter na sociedade. As medidas voltadas para a consideração do papel social das companhias nos processos sociais encontram legitimidade no preceito segundo o qual a gestão empresarial deve também considerar o entorno social em que as empresas atuam; elas produzem riqueza por meio de relações estruturais com o meio social, motivo pelo qual também devem contribuir para a melhoria das condições nele presentes.[306]

---

[305] MOREIRA, Adilson José. *Tratado de Direito Antidiscriminatório*. São Paulo: Contracorrente, 2020, pp. 687-694.

[306] Ver, nesse sentido: WADE, Cheryl. "Corporate compliance that advances racial diversity and justice and why business deregulation does not matter". *Loyola University Chicago Law Review*, vol. 49, nº 2, 2020, pp. 611-636.

7.4 Direito Processual e justiça racial

Dentre as disciplinas da grade curricular dos cursos de Direito, as que se mostram mais atravessadas por tecnicismos e formalismos são, em geral, aquelas dedicadas a discutir Direito Processual. "Processo Civil", "Processo Penal" e "Processo do Trabalho" são matérias frequentemente apresentadas, aos alunos, como apolíticas e supraideológicas,[307] um aglutinado de dados acerca de prazos e procedimentos a serem assumidos por juízes, promotores e advogados no âmbito de uma "ação". O domínio desses conteúdos, "objetivos", diferenciaria o *jurista* do *leigo* – o "operador do Direito" seria aquele que domina as técnicas processuais características da atividade forense, as quais a diferenciam de outras práticas sociais. Esse verniz de tecnicidade e de cientificidade, que muitos professores de Direito Processual procuram incutir a suas respectivas disciplinas, serve, no mais das vezes, para ocultar os jogos de interesse e as relações de poder que, sob o "senso comum teórico dos juristas" (para valermo-nos da gramática do filósofo argentino Luis Alberto Warat), definem o funcionamento do Poder Judiciário.[308] Encarar a atividade forense (a feitura de uma sentença por um magistrado, por exemplo) como o resultado de um labor "técnico", despido de qualquer consideração moral ou política, é um modo de esconder as reais dimensões ideológicas que, em uma sociedade como a nossa (capitalista e neoliberal), o Direito apresenta. É preciso promover a reflexão sobre justiça racial não apenas em campos como o Direito Constitucional e o Direito Penal, mas, também, no Direito Processual, *repolitizando* a disciplina. Falar em processo judicial, hoje, pressupõe fazer uma (ainda recorrendo

---

[307] PEREIRA, Jane Reis G. "O Judiciário como impulsionador dos direitos fundamentais: entre fraquezas e possibilidades". *Revista da Faculdade de Direito da UERJ*, Rio de Janeiro, vol. 0, n° 29, 2016.

[308] Cf. WARAT, Luis Alberto. "Saber crítico e senso comum teórico dos juristas". *Revista Sequência*: estudos jurídicos e políticos, Florianópolis, vol. 3, n° 5, 1982, pp. 48-57.

CAPÍTULO VII – O DEBATE SOBRE JUSTIÇA RACIAL NAS...

a ideias de Warat) "semiologia do poder",[309] de sorte a indicar o papel que o Judiciário – bem como, em certo sentido, o Ministério Público e a advocacia – exerce na manutenção da sociedade de mercado, com suas desigualdades, injustiças e explorações. Não é possível pensar os prazos e os procedimentos adotados na esfera do Direito Processual ignorando esse pano de fundo. O tecnicismo presente nas disciplinas processuais encobre uma série de arranjos por meio dos quais práticas discriminatórias são instituídas e repetidas, o que permite a reprodução de diferenciações de *status* entre grupos raciais. Aqui, estamos diante de processos responsáveis pela construção da ideia de membros de grupos raciais subalternizados como sujeitos sociais de *status* inferior.

O Direito – ao menos em tese – substitui a vingança privada pela justiça pública: conflitos de interesses entre indivíduos, doravante, não resultam em rixas ou linchamentos (que podem arrastar a comunidade para uma espiral de violência), mas em um conjunto de ritos voltados à pacificação, à estabilização das expectativas e à restauração da ordem.[310] Um indivíduo que se crê prejudicado por ato ilícito de outrem não se encontra autorizado a praticar justiçamento (a "justiça feita pelas próprias mãos"): deve, para obter reparação face às infrações cometidas, se submeter a uma série de procedimentos, série presidida por um "terceiro imparcial" e voltada à aferição das alegações e à avaliação dos eventuais danos.

Na *Oréstia*, clássica trilogia de peças dramatúrgicas escritas pelo tragediógrafo Ésquilo no século V a. C., a passagem da vingança à justiça, por intermédio do Direito, é retratada com

---

[309] Ver WARAT, Luis Alberto. "À procura de uma semiologia do poder". *Revista Sequência*: estudos jurídicos e políticos, Florianópolis, n° 3, 1981, pp. 79-83.

[310] Ver CARNELUTTI, Francesco. *Como nasce o Direito*. Trad. Hiltomar Martins Oliveira. Belo Horizonte: Líder Cultura Jurídica, 2001. Recomendamos, também, a leitura de CALAMANDREI, Piero. *Eles, os juízes, vistos por nós, os advogados*. Trad. Ary dos Santos. Lisboa: Livraria Clássica Editora, 1971.

brilhantismo: por exigência da deusa Ártemis, o rei Agamemnon vê-se forçado a sacrificar sua filha Ifigênia; em resposta, a rainha Clitemnestra, mãe de Ifigênia e esposa de Agamemnon, o mata, em conluio com seu amante, Egisto. Compelido por Apolo, Orestes, filho de Agamemnon e Clitemnestra, dá cabo dos assassinos de seu pai. Devido ao matricídio, Orestes começa a ser perseguido pelas Erínias (Fúrias), personificações da vingança privada. Vindo em seu auxílio, a deusa Atenas funda um tribunal (o primeiro do mundo helênico), que assume o compromisso de, ouvindo as partes interessadas, julgar o caso de Orestes de forma objetiva e distanciada, livre de paixões, rancores e violências. Atenas preestabelece várias regras para nortear a atuação dos juízes e dos envolvidos, garantindo, assim, "paridade de armas" entre as Erínias, as acusadoras, e Orestes, o acusado.[311] No Ocidente contemporâneo, ditos "rituais" – que balizam os atos das partes, na produção de informações, e do juiz, na tarefa de "dizer o direito" – constituem o que chamamos de "processo judicial".

Em um esforço para blindar os cidadãos contra as arbitrariedades atribuídas ao Estado absolutista no Antigo Regime, o constitucionalismo moderno fez do conceito de "devido processo legal" um de seus pilares, assegurando a todos o direito a um "julgamento justo". Os *direitos processuais* (também conhecidos, em terminologia desusada, como "direitos adjetivos", em contraposição aos direitos materiais, que seriam "substantivos") configuram-se em uma rede de garantias – contraditório, ampla defesa, igualdade de tratamento, proibição de provas ilícitas etc. – reconhecidas às partes, de modo a proporcionar, no embate entre pretensões que marcam a lide, uma avaliação imparcial. Vale dizer que muitas

---

[311] Cf. ÉSQUILO. *Oréstia*. Trad. de J. A. A. Torrano. São Paulo: Iluminuras, 2005. Sobre as implicações éticas da *Oréstia*, ver NUSSBAUM, Martha. *A fragilidade da bondade*. Trad. Ana Aguiar Cotrim. São. Paulo: Martins Fontes, 2008. Sobre as implicações jurídicas da Oréstia, ver OST, François. *Contar a lei*: as fontes do imaginário jurídico. Trad. Paulo Neves. São Leopoldo: Unisinos, 2007.

CAPÍTULO VII – O DEBATE SOBRE JUSTIÇA RACIAL NAS...

dessas garantias encontram-se albergadas pela Constituição Federal de 1988 (e que outras mais foram positivadas em legislação infraconstitucional). As cerimônias e as formalidades estruturantes do processo judicial coíbem abusos por parte do poder público e ainda evitam que assimetrias – de poder e recursos – entre particulares em litígio terminem por "contaminar" a decisão judicial, impedindo a correta aplicação da norma ao caso.[312]

Todavia, em uma cultura racista, as garantias processuais (à semelhança de outros direitos fundamentais) não alcançam, da mesma maneira, brancos e não brancos. Direitos usualmente reconhecidos a pessoas brancas, no âmbito do processo (como o da isonomia e da fundamentação das decisões), são, por vezes, negados a pessoas negras e indígenas. Um elemento que ajuda a entender essa realidade é o fato de que, conforme dados levantados pelo Conselho Nacional de Justiça (CNJ) em 2018, apenas 18,1% dos magistrados brasileiros são negros (1,6% pretos e 16,5% pardos).[313] Proporções similares também podem ser encontradas no Ministério Público, o que indica a profunda desigualdade racial que atravessa as estruturas do Judiciário nacional. Parcela considerável dos operadores do Direito é composta por homens brancos heterossexuais cisgênero sem deficiência, os quais não possuem letramento racial e são avessos ao debate acerca das relações étnicas. Daí que posturas francamente racistas sejam comuns. Em 2016, a juíza da 5ª Vara Criminal de Campinas absolveu réu acusado de latrocínio, ao argumento de que ele não possuiria "o estereótipo padrão de bandido", tendo "pele, olhos e cabelos claros". Na mesma toada, em 2020, um grupo de trinta e quatro juízes assinou manifesto contra curso *on-line* intitulado *Racismo e suas percepções na pandemia*, que tinha patrocínio da

---

[312] Cf. CINTRA, Antônio Carlos de Araújo; DINAMARCO, Candido Rangel; GRINOVER, Ada Pellegrini. *Teoria geral do processo*. São Paulo: Malheiros, 2001.

[313] Cf. CNJ. *Censo do Poder Judiciário*. Disponível em: https://www.cnj.jus.br/pesquisas-judiciarias/censo-do-poder-judiciario/. Acessado em: 08.11.2021.

Associação dos Magistrados do Estado de Pernambuco (AMEPE) – o argumento era de que o projeto representaria uma "infiltração ideológica" nas pautas da associação, cujo objetivo é zelar pelas "aviltadas prerrogativas" da magistratura. A indeterminação, a generalidade e a neutralidade do discurso jurídico, assim, são instrumentalizadas para acobertar a permanência da segregação racial, e as instituições associadas ao exercício da atividade jurisdicional seguem sendo indiferentes às questões étnicas.

O racismo condiciona todas as fases do processo, interferindo até mesmo nas possibilidades de peticionar em juízo. A Nova República, instaurada pela Constituição Cidadã de 1988, fez do "acesso à justiça" uma de suas bandeiras, pugnando, entre outras coisas, para fortalecer a Defensoria Pública.[314] Não obstante, os setores sociais mais marginalizados continuam enfrentando inúmeras barreiras para conseguir assistência jurídica apropriada. Nas camadas mais pobres de nossa população (compostas, majoritariamente, por pessoas negras), a difusão de informações sobre direitos é parca e esporádica, de sorte que muitos indivíduos sequer reconhecem situações (de violência doméstica, exploração no ambiente de trabalho, assédio moral e sexual etc.) que poderiam ser *judicializadas*. A ausência de um projeto público de educação jurídica popular constitui-se em uma das principais barreiras ao acesso à justiça, pois impede que parcelas da sociedade identifiquem *quando* estão diante de um contexto de violação flagrante de direitos. Não é de se estranhar, pois, que muitos grupos vulnerabilizados, ainda hoje, manifestem absoluto desconhecimento acerca de garantias e liberdades básicas e reverberem discursos contra os "direitos humanos" etc.

Ademais, regiões carentes, tanto nos centros urbanos quanto na zona rural, muitas vezes não possuem instituições (públicas

---

314 Sobre o problema do acesso à justiça no Estado Democrático de Direito, recomendamos a leitura do clássico CAPPELLETTI, Mauro; GARTH, Bryan. *Acesso à Justiça*. Trad. Ellen Gracie Northfleet. Porto Alegre: Fabris Editora, 1988.

CAPÍTULO VII – O DEBATE SOBRE JUSTIÇA RACIAL NAS...

ou privadas) que ofereçam assistência judiciária gratuita aos hipossuficientes. E, em uma população como a nossa, cujo rendimento médio é significativamente baixo, os honorários de um advogado particular podem se revelar muito elevados. A questão financeira mostra-se, desse modo, um enorme obstáculo para que negros e indígenas consigam entrar em juízo e ver seus direitos tutelados. Estratégias alternativas de resolução de conflitos – como mediação e arbitragem –, as quais não passam, necessariamente, pela justiça formal, podem ser, igualmente, onerosas e de difícil acesso para os mais pobres.

Outro elemento a ser considerado: boa parte das bancas advocatícias nacionais é composta exclusivamente por brancos, e a proporção de advogados não brancos é pequena na Defensoria Pública e em instituições que prestam assistência jurídica popular. Muitos desses operadores não possuem consciência racial, apresentando, assim, pouca sensibilidade para compreender demandas (notadamente quando diretamente relacionadas a questões discriminatórias) advindas de negros e indígenas. Um advogado pode, por exemplo, desestimular um homem negro que fora obrigado por seus empregadores a cortar os *dreadlocks* a apresentar denúncia de racismo (ou pleitear danos morais), por entender que semelhante violência não constitui atentado a direitos. A ausência de representatividade, na advocacia, configura-se em um empecilho para que não brancos proponham ações judiciais, pois, muitas vezes, faz com que suas necessidades sejam incompreendidas e invisibilizadas. São inúmeros os relatos de advogados negros no Brasil que, juntamente com seus clientes, sofreram, em cortes e tribunais, ataques racistas (sendo confundidos com "traficantes", por exemplo), prova de como a supremacia branca estrutura o Poder Judiciário.

Não são raros os episódios de racismo sofrido por partes, durante audiências judiciais. Isso pode – fomentando constrangimentos – incutir, em pessoas negras, a percepção de que espaços ligados à atividade jurisdicional são hostis e pouco acolhedores.

Microagressões, advindas seja de juízes e advogados, seja de servidores administrativos, podem contribuir para a sensação de que o acesso à justiça não é, de fato, franqueado a todos.[315] Em um processo no qual uma das partes é negra e a outra é branca, a reprodução, pelo Judiciário, das assimetrias raciais (por meio, por exemplo, de comentários sarcásticos sobre a aparência do afrodescendente) termina por violar o princípio da paridade de armas, impedindo o tratamento igualitário aos interessados.

O ideário racista incide ainda sobre a produção de provas em juízo, promovendo disparidades de *status* entre brancos e negros nesse espaço. Um dos maiores desdobramentos do racismo epistêmico no Direito é a tendência de muitos juristas a desvalorizarem os depoimentos e os testemunhos de pessoas não brancas. A palavra de negros e indígenas, nos tribunais brasileiros, recebe menos credibilidade que a de pessoas brancas. Mulheres pretas vítimas de crime sexual, por exemplo, são, recorrentemente, "desacreditadas". Esse fenômeno leva àquilo que a filósofa Miranda Fricker designou como "marginalização hermenêutica": as opiniões, as crenças e as perspectivas de grupos racialmente vulnerabilizados são desconsideradas (em virtude do mito, generalizado, de que seriam intelectual ou moralmente inferiores, "ignorantes" ou "mentirosos" por natureza), cenário que reforça a "injustiça epistêmica" no Poder Judiciário.[316] Logo, a formação da convicção judicial se mostra comprometida, devido à discriminação racial.[317]

---

315 Ver DAVIS, Peggy C. "Law as microaggression". *Yale Law Journal*, vol. 98, nº 8, jun. 1989, pp. 1559-1577.

316 Cf. FRICKER, Miranda; HORNSBY, Jennifer (Coord.). *Feminism in philosophy*. Cambridge: University Press, 2000. Ver, ainda: MATIDA, Janaina; HERDY, Rachel. "As inferências probatórias: compromissos epistêmicos, normativos e interpretativos". *In*: CUNHA, José R. (Coord.). *Epistemologias críticas do Direito*. Rio de Janeiro: Lumen Juris, 2016.

317 Ver HERDY, Rachel. Dependencia epistémica, antiindividualismo y autoridade en el Derecho. *Isonomía*: Revista de Teoría y Filosofía del Derecho, Ciudad de México, nº 40, abr. 2014, pp. 119-146.

CAPÍTULO VII – O DEBATE SOBRE JUSTIÇA RACIAL NAS...

Pelas razões expostas, não é difícil entender, por exemplo, o motivo de tantos negros no Brasil serem condenados e presos por crimes que não cometeram. Vistos como "infratores em potencial", negros não têm garantidos, plenamente, seus direitos processuais, enfrentando obstáculos para se defender de acusações em juízo. Levantamentos feitos, entre 2020 e 2021, pelo Colégio Nacional de Defensores Públicos-Gerais (Condege) e pela Defensoria Pública do Rio de Janeiro apontam que mais de 80% dos indivíduos presos injustamente por reconhecimento fotográfico são negros.[318] Projetos como a campanha *Justiça para inocentes*, promovida pela Comissão de Direitos Humanos e Assistência Judiciária da OAB/RJ, tentam sensibilizar a comunidade para o impacto que o racismo estrutural e a seletividade penal têm sobre a forma como pretos e pardos são tratados pelo Judiciário.

O impacto do racismo sobre a atividade jurisdicional – que se evidencia quando analisamos a denegação de acesso à justiça a pessoas não brancas, a seletividade penal, a discriminação epistêmica etc. – garante, aos indivíduos brancos, *status* privilegiado no campo do Direito Processual. Rejeitando ao negro a condição de sujeito de direito em sentido pleno, o Poder Judiciário (marcadamente comprometido com a superioridade branca) reforça condições sociais de subalternidade. Além disso, as desvantagens sistêmicas que negros enfrentam no âmbito do processo judicial repercutem em desvantagens noutras esferas da vida (culturais, socioeconômicas, políticas etc.). Impedidos de postular, de forma isonômica, suas demandas junto ao Poder Judiciário, negros são reiteradamente lançados a situações de injustiça, sem a esperança ou a promessa de reparação. Sob o manto da igualdade formal, o Direito Processual reforça práticas discriminatórias e aprofunda a desigualdade material. Assim, um

---

[318] Sobre o reconhecimento fotográfico, ver MATIDA, Janaina; CECCONELLO, William Weber. "Reconhecimento fotográfico e presunção de inocência". *Revista Brasileira de Direito Processual Penal*, Porto Alegre, vol. 7, nº 1, jan./abr. 2021, pp. 409-440. Disponível em: http://www.ibraspp.com.br/revista/index.php/RBDPP/article/view/506/335. Acessado em: 20.07.2021.

esforço de letramento racial crítico, nas disciplinas de Processo, pode descortinar possibilidades emancipatórias para o mundo jurídico, formando operadores do Direito sensíveis ao desafio de garantir o acesso à justiça para brancos e negros.

Em sala de aula, abordagens tecnicistas do Direito Processual impedem que alunas e alunos atentem para as dinâmicas discriminatórias que fundamentam a atividade forense. Há um abismo entre o "Direito Processual dos livros" e o "Direito Processual da ação", entre os dispositivos previstos na Constituição e nos códigos e as práticas concretas que definem o cotidiano dos fóruns e dos tribunais. Apenas uma metodologia de ensino-aprendizagem transdisciplinar, que dialogue com áreas como a Sociologia e a Filosofia, será capaz de abarcar as duas dimensões – a do texto normativo e a das vivências materiais –, permitindo que os estudantes observem as injustiças raciais replicadas, sob o manto da legalidade formal, dia após dia por operadores do Direito. Munindo-se de dados sobre a rotina do Poder Judiciário, bem como sobre as dificuldades de acesso à justiça enfrentadas pelos setores mais vulnerabilizados, o professor de Direito Processual pode auxiliar na formação de novas gerações de juristas racializados e comprometidos com a afirmação da cidadania e dos direitos humanos.

7.5 Direito do Trabalho e justiça racial

O campo do Direito do Trabalho é, sem dúvidas, um daqueles em que a discussão sobre justiça racial permite as mais profundas e transformadoras reflexões. Sem ingressarmos nas pertinentes críticas às bases racialmente injustas do modelo capitalista propriamente dito, o fato é que o mundo do trabalho pode oportunizar aos cidadãos em geral uma porta de acesso à cidadania. O trabalho, em especial o trabalho formal, estabelece vínculos não apenas entre empregado e empregador, como também entre o trabalhador e a sociedade, entre o trabalhador e outros trabalhadores e entre o trabalhador e o Estado. Os vínculos que essa seara do Direito

CAPÍTULO VII – O DEBATE SOBRE JUSTIÇA RACIAL NAS...

estabelece entre trabalhador e Estado, por sua vez, ultrapassam a seara puramente trabalhista, atingindo também aspectos previdenciários, tributários e sociais diversos.

O trabalho também é, em geral, condição para a obtenção da remuneração que pode viabilizar acesso ao mínimo existencial.[319] Quando fixada em valores justos, tal remuneração permite até mesmo a acumulação de riquezas, necessária para se ultrapassar o estado de subordinação integral. Também é o trabalho que, muitas vezes, pode contribuir para a formação ou para a ruptura de estereótipos, de preconceitos e mesmo de hierarquias raciais em uma sociedade. Afinal, quando falamos em representação nos meios de comunicação, estamos falando de acesso ao trabalho – em agências de publicidade, canais de televisão, obras cinematográficas etc. Quando falamos em representatividade em posições de poder, também falamos em trabalho – como no acesso em posições não subalternizadas no âmbito corporativo.

Significa, então, que o trabalho é um dos instrumentos que pode ser utilizado em um projeto de construção e desconstrução de estruturas raciais hierarquizadas em nossa sociedade. Por isso, atentar para o Direito do Trabalho se torna essencial. São as regras jurídicas trabalhistas (ou sua ausência) que estabelecem as condições e modos de acesso ao mundo do trabalho. São essas regras que, conforme estejam desenhadas, podem viabilizar ou inviabilizar os potenciais transformadores apresentados pelo trabalho.

Disso decorre que a doutrina, há muito, vem reconhecendo o Direito do Trabalho como um espaço de especial incidência dos direitos fundamentais de modo a regular e limitar as relações privadas.[320] E

---

[319] Sobre o conceito de mínimo existencial, confira-se BARCELLOS, Ana Paula de. *A Eficácia jurídica dos princípios constitucionais*: o princípio da dignidade da pessoa humana. 3ª ed. Rio de Janeiro: Renovar, 2011.

[320] SARMENTO, Daniel. *Direitos fundamentais e relações privadas*. 2ª ed. Rio de Janeiro: Lumen Juris, 2006.

o direito à igualdade e a vedação à discriminação – nisto incluída a vedação à discriminação racial – não são exceções disso.

Não surpreende, portanto, que uma leitura racializada do Direito do Trabalho tenha dado origem, ainda nos anos 1960, ao que hoje se denomina teoria da discriminação indireta – na modalidade específica da teoria da discriminação por impacto desproporcional.[321] No caso *Griggs v. Duke Power Co.*, a Suprema Corte dos Estados Unidos foi chamada a analisar se configurava prática racialmente discriminatória a exigência feita por empregador de que os trabalhadores concluíssem o ensino médio ou fossem aprovados em testes de inteligência como condição para a contratação ou transferência para determinados postos de trabalho. Para a Suprema Corte americana, a exigência não guardava qualquer relação lógica com as funções eventualmente desenvolvidas pelos empregados e servia exclusivamente para assegurar que apenas trabalhadores brancos ocupassem as vagas abertas, com exclusão dos negros.

A teoria da discriminação indireta se desenvolveu substancialmente desde *Griggs*,[322] e, em larga medida, seu desenvolvimento se deu precisamente de forma a conter práticas cujos efeitos consistiam excluir ou prejudicar pessoas negras no âmbito trabalhista.[323] Esse é um tipo de leitura que exemplifica como se deve exigir que o intérprete vá além de uma análise abstrata do Direito e questione acerca de seus impactos específicos sobre indivíduos racializados como forma de responder aos efeitos cotidianos do racismo e combatê-los.

---

321 ESTADOS UNIDOS, Suprema Corte, *Griggs v. Duke Power Co.*, 401 U.S. 424 (1971).

322 Uma análise detida dessa evolução é encontrada em CORBO, Wallace. *Discriminação indireta*: conceito, fundamentos e uma proposta de enfrentamento à luz da Constituição de 1988. Rio de Janeiro: Lumen Iuris, 2017.

323 Isso não significa que o desenvolvimento da teoria, nos EUA, tenha sido sempre no sentido de uma evolução protetiva de pessoas negras. No caso *Wards Cove Packing Co. v. Antonio*, julgado em 1989, a Suprema Corte chegou à conclusão oposta a Griggs, ao tratar de uma política de empregador que prejudicava trabalhadores negros em benefício de trabalhadores brancos.

CAPÍTULO VII – O DEBATE SOBRE JUSTIÇA RACIAL NAS...

Na contramão de um ordenamento jurídico mais protetivo das relações trabalhistas e de uma leitura racializada dessas relações, as recentes reformas empreendidas no ordenamento jurídico brasileiro buscaram flexibilizar as normas de Direito do Trabalho, privilegiando a presumida autonomia entre empregadores e empregados – entre outros princípios abstratos – de forma a conter uma suposta hiperjudicialização das relações trabalhistas.[324] Ocorre que, se parece razoável, para alguns, o discurso de que a legislação trabalhista configura uma amarra ao desenvolvimento, a análise da realidade racial brasileira permite compreender como a flexibilização de regras trabalhistas ou do regime juslaboral tende a impactar, negativa, direta e desproporcionalmente, pessoas negras.

Em primeiro lugar, é necessário novamente abandonar a lógica abstrata e adotar uma perspectiva racializada do Direito do Trabalho e das relações por ele constituídas. Com isso, se torna possível constatar que não existe qualquer igualdade real e estrutural entre empregadores e trabalhadores. Em um país marcado pelo racismo como sistema, trabalhadores são destituídos de poder negocial, não apenas em razão de classe, mas também de raça. Quando olhamos em especial para os cargos que pessoas negras ocupam no mercado de trabalho – em regra, os de menor remuneração e baixa hierarquia –, resta ainda mais evidente a necessidade de um Direito do Trabalho que incida diretamente sobre essas relações, com o intuito de impedir abusos tradicionais por aqui.

Como já visto, a exclusão de pessoas negras no mercado de trabalho formal, bem remuneradas e em cargos de direção é fruto de múltiplas formas de discriminação, por vezes pouco evidentes em seus procedimentos operacionais, apesar de visíveis em seus resultados. Trata-se de práticas levadas a efeito por diversos agentes privados e públicos os quais, direta ou indiretamente, se valem de

---

[324] CASAGRANDE, Cássio. "Brasil, 'campeão de ações trabalhistas'". *Jota*. Disponível em: https://www.jota.info/opiniao-e-analise/artigos/brasil-campeao-de-acoes-trabalhistas-25062017. Acessado em: 08.11.2021.

critérios raciais ou de filtros raciais que operam para inviabilizar as oportunidades e os direitos no mercado de trabalho para população negra. Exigir proficiência em inglês, para cargos em que a língua estrangeira sequer é utilizada ou quando poderia ser aprendida ao longo dos primeiros semestres no exercício da função, ou exigir experiência no exterior e cursos de pós-graduação, cujos conhecimentos podem ser pouco úteis para diversas funções e demandam investimento de tempo e recursos negados à população negra, são apenas alguns exemplos desses mecanismos discriminatórios.

E a questão de que tratamos aqui não é apenas a irrazoabilidade ou o desacerto dessas exigências, mas, sim, a de que, ao fazê-las, empregadores incorrem em práticas juridicamente discriminatórias. Assim, a depender da espécie de prática de que se trata, consequências jurídicas distintas podem advir. Por exemplo, uma prática expressamente discriminatória, por evidente uso de critério de classificação proibido pela Constituição, será considerada nula – impondo-se ainda eventual indenização a indivíduos ou coletividades prejudicadas. Por outro lado, uma exigência que seja aparentemente neutra, mas que produza impactos desproporcionais deve ser afastada ou mitigada a depender da sua pertinência com as funções desenvolvidas pela sociedade empregadora. Por fim, mesmo uma exigência neutra e necessária, em um contexto de exclusão de pessoas negras (de racismo), deverá ser coordenada, de acordo com a capacidade econômica do empregador, com ações afirmativas e políticas privadas de inclusão que, ainda assim, promovam a justiça racial.[325]

Em segundo lugar, a precarização do trabalho por meio das novas plataformas digitais – como aplicativos de entrega – que fogem ao regime trabalhista acaba por afetar primordialmente pessoas negras. São estas que povoam os aplicativos na condição

---

[325] CORBO, Wallace. *Discriminação indireta*: conceito, fundamentos e uma proposta de enfrentamento à luz da Constituição de 1988. Rio de Janeiro: Lumen Iuris, 2017.

CAPÍTULO VII – O DEBATE SOBRE JUSTIÇA RACIAL NAS...

juridicamente inexistente de "colaboradores", sem que lhes sejam assegurados direitos efetivos.[326] A pretexto de "inovar" – termo sempre associado a aspectos positivos –, essas tecnologias promovem crescentemente um retorno ao passado, quando direitos trabalhistas eram privilégios de poucos.[327] É certo que, no debate atual, múltiplas visões se contrapõem quanto à adequação ou não dos contratos mantidos entre motoristas e entregadores de aplicativo à figura do contrato de trabalho. Essas visões não podem, no entanto, deixar de lado o fato de que, como quer que sejam denominadas tais relações, elas são marcadas por uma hierarquia de fato entre as plataformas – detentoras do algoritmo e do poder para definir remuneração e distribuição de trabalho – e os profissionais – crescentemente pessoas negras, sem outros vínculos empregatícios formais e dependentes de tais meios para a sua subsistência.[328] Dessa forma, seja para reconhecer direitos específicos a esses trabalhadores, seja para impor às plataformas – algumas já estabelecidas após quase uma década no mercado – o atendimento ao regime trabalhista geral, a leitura racializada dessas relações impõe a proteção dessas camadas vulnerabilizadas e predominantemente negras da população que exercem uma atividade remunerada.

Falamos de aparentes novidades, mas o Direito do Trabalho também é lugar de injustiças raciais históricas. Assim, em terceiro lugar, a análise racializada do Direito do Trabalho impõe reconhecer que, a despeito do valoroso discurso protetivo de trabalhadores e

---

[326] ALIANÇA BIKE. *Pesquisa de perfil dos entregadores de aplicativos.* Disponível em: https://aliancabike.org.br/wp-content/uploads/2020/04/relatorio_s2.pdf. Acessado em: 08.11.2021.

[327] BABOIN, José Carlos de Carvalho. "Trabalhadores sob demanda: o caso Uber". *Revista do Tribunal Superior do Trabalho*, São Paulo, vol. 83, nº 1, jan./mar. 2017, p. 336.

[328] CARELLI, Rodrigo de Lacerda de. "O Caso Uber e o controle por programação: de carona para o século XIX". *In*: LEME, Ana Carolina Reis Paes; RODRIGUES, Bruno Alves (Coord.). *Tecnologias Disruptivas e a Exploração do Trabalho Humano*. São Paulo: LTr, 2017.

seus direitos, a disciplina historicamente deixou a desejar no que se refere à proteção de pessoas racializadas. Um exemplo salta aos olhos, já no recorte constitucional de 1988: a demora na tutela trabalhista de direitos de empregadas domésticas. Trata-se de tema abordado também quando analisamos a relação entre justiça racial e Direito Constitucional, mas que deve ser repisado aqui. O artigo 7º, parágrafo único da Constituição de 1988, em sua redação originária, negava às empregadas domésticas diversos direitos assegurados aos trabalhadores em geral: a garantia e proteção do salário mínimo; a jornada de trabalho limitada a oito horas diárias e quarenta e quatro semanais; a remuneração adicional do chamado serviço extraordinário; a redução dos riscos inerentes ao trabalho; o reconhecimento de convenções e acordos coletivos de trabalho; a proibição de discriminação no trabalho, bem como a discriminação salarial e para fins de admissão; a proibição do trabalho noturno, perigoso e insalubre a menores de dezoito anos; ou a proibição de qualquer trabalho a menores de dezesseis. São múltiplas as repercussões dessa exclusão tomada de forma deliberada pelo poder constituinte de 1988. Ela implicou, afinal, a perpetuação de um modelo de quase escravidão que se impõe às trabalhadoras do lar no Brasil – predominantemente mulheres negras e periféricas. Além disso, o trabalho infantil foi regra no espaço doméstico ao longo de ao menos vinte e cinco anos de nossa vida constitucional-trabalhista. Crianças negras retidas nas casas de suas "patroas" a título de "aprenderem uma profissão", com jornadas muito além de oito horas diárias e por salários ínfimos (ou trabalhando em troca de alimentação e moradia); crianças submetidas a tarefas juridicamente tidas por perigosas – tal qual dependurar-se em uma janela de edifício, com risco de queda, para fins de limpar o vidro; tudo isso excluído do espaço de proteção do Direito Trabalhista e normalizado pela cultura que entendeu ser esse o lugar de mulheres e meninas negras.

É certo que a Emenda Constitucional n. 72 de 2013 alterou esse quadro jurídico ao estender o gozo de uma série mais

CAPÍTULO VII – O DEBATE SOBRE JUSTIÇA RACIAL NAS...

ampliada de direitos a essas profissionais – pode-se dizer até que com repercussões no cenário político nacional. Mas a permanência do regime de características escravocratas se mantém: o trabalho doméstico é ainda informalizado, desenvolve-se em um espaço de difícil fiscalização e ainda se encontra em estado incipiente de organização coletiva que permita, às trabalhadoras domésticas, maior poder político e de barganha no espaço público. São questões que precisam ser enfrentadas, afinal, caso se pretenda um Direito Trabalhista comprometido com a luta antirracista.

Para além disso, é preciso observar como o Direito do Trabalho pode ser indevidamente abordado a partir de premissas contrárias à proteção do trabalhador, fazendo minar os mecanismos de promoção de direitos e produzindo, assim, impactos desproporcionais sobre a população negra. Exemplo disso é a questão atinente ao trabalho escravo no Brasil. Como se sabe, apesar da abolição formal da escravidão, formas contemporâneas de trabalho escravo se perpetuam para além da extrema precarização de que já tratamos. Como foi reconhecido pela Corte Interamericana de Direitos Humanos no caso "Trabalhadores da Fazenda Brasil Verde v. Brasil", homens pobres e negros nascidos nas regiões Norte e Nordeste são as principais vítimas do trabalho escravo no país, sendo "recrutados" nos seus estados de origem com promessa de salários atrativos. Uma vez chegando ao novo local de trabalho, são submetidos a jornadas exaustivas ou condições degradantes de trabalho, enquanto seus "empregadores" se valem de diversos artifícios para impedir que saiam daquela situação.

É difícil crer que, hoje, alguma pessoa poderia razoavelmente se opor à luta contra o trabalho escravo. Compreender o conceito de "trabalho escravo", no entanto, também exige uma leitura atenta à realidade concreta a que se sujeitam tais trabalhadores. Afinal, uma série de interesses se contrapõem à proteção destes – interesses que buscam, por meios jurídicos tidos por racionais e abstratos, esvaziar o conceito de "trabalho escravo" até que nada mais reste para caracterizá-lo. Foi o que ocorreu com a edição da Portaria

n. 1.129/2017, a qual, entre muitos fatores, buscava restringir o conceito de "jornada exaustiva" e de "condição degradante", característicos do trabalho escravo contemporâneo, para afastar uma série de repercussões jurídicas que se impunham a entes privados e pessoas naturais condenadas pela prática de reduzir indivíduos à condição análoga à escravidão. Da mesma forma, a referida portaria criava obstáculos à fiscalização e à repressão do trabalho escravo, inclusive esvaziando um dos principais mecanismos de controle social dessa prática: a publicação de uma "lista suja" de empregadores que haviam se valido dessa forma odiosa de trabalho. Desde 2017, muitos desdobramentos sobrevieram à discussão – inclusive com a ascensão ao Poder Executivo do discurso (personificado na figura do presidente da República) de que o combate ao trabalho escravo seria exagerado, assim como também o seriam as sanções impostas a empregadores que se valem dessa modalidade de trabalho. Mais recentemente, o Poder Executivo federal limitou o acesso aos relatórios de fiscalização do trabalho análogo à escravidão, efetivamente dificultando qualquer controle social do que ocorre nos diversos espaços do país.

Falar de Direito do Trabalho é também – e necessariamente – tocar nessas discussões. Quais instrumentos são necessários para assegurar a pessoas negras os direitos abstratamente estabelecidos em favor de todos os trabalhadores? Como se utilizar do Direito do Trabalho como ferramenta para a ruptura de simbolismos relacionados com a subordinação social – a exemplo das ações afirmativas no setor privado? Como pensar os conceitos jurídicos justrabalhistas para que sejam adequados não apenas a um trabalhador formal de alto escalão em uma empresa, mas também e especialmente a trabalhadores precarizados – predominantemente negros –, cujo acesso a direitos também pode permitir a ascensão social e a ruptura do racismo como sistema? São essas as questões que o Direito do Trabalho precisa responder.

CAPÍTULO VII – O DEBATE SOBRE JUSTIÇA RACIAL NAS...

7.6 Direito Administrativo e justiça racial

O ensino tradicional do Direito Administrativo é também um exemplo de como uma leitura de normas jurídicas desconectada da reflexão sobre a justiça impede que estudantes possam ter uma compreensão adequada do papel que instituições estatais devem desempenhar na promoção de maiores níveis de inclusão racial. Esse ramo do Direito tem sido definido como um conjunto de normas jurídicas que estabelecem parâmetros para a ação de órgãos, agentes e atividades públicas, atores cuja função em comum é a de realizar os fins estatais estabelecidos pela nossa ordem constitucional. Isso significa que essa disciplina jurídica institui os parâmetros regentes das diversas instituições e dos diversos atores, direta ou indiretamente, ligados à Administração Pública.

Quase todos os manuais desse campo de estudo publicados em nosso país realizam longas análises sobre os diversos princípios que regulam essa dimensão da organização estatal. Sabemos qual é a lógica jurídica por trás deles, mas temos pouca compreensão de como podem realizar um interesse estatal especialmente relevante para a nossa reflexão: a promoção dos direitos fundamentais. Por esse motivo, os docentes engajados em uma pedagogia transformadora devem se perguntar: de que forma devo examinar os princípios dessa disciplina para que alunos e alunas possam ter uma compreensão do papel deles na promoção da justiça racial na sociedade brasileira?

Atualmente, pesquisadores diversos têm demonstrado que o Direito Administrativo apresenta um mito fundacional: o de que sua criação estaria relacionada à contenção do arbítrio estatal.[329] Em realidade, como vem se demonstrando, a construção de um

---

[329] Essa é a tese apresentada por Gustavo Binenbojm e desenvolvida em BINENBOJM, Gustavo. *Poder de polícia, ordenação, regulação*: transformações político-jurídicas, econômicas e institucionais do Direito Administrativo ordenador. Belo Horizonte: Editora Fórum, 2016.

arcabouço normativo que rege a relação entre cidadãos e o Estado teve, especialmente na tradição francesa à qual nos vinculamos, uma premissa diversa: a de manutenção de um tratamento privilegiado para o poder público, por vezes em detrimento dos direitos fundamentais. A constatação desse mito fundacional do Direito Administrativo, apontada por Gustavo Binenbojm, nos permite avançar para refletir sobre como esse mito (ainda presente no discurso predominante dessa disciplina) aprofunda as desigualdades, também e especialmente, no plano da injustiça racial.

No plano dogmático, o conceito central a esse Direito Administrativo tradicional, avesso ao debate sobre justiça racial, consiste na própria ideia de supremacia do interesse público sobre o privado. Quem busque ler os manuais mais tradicionais sobre o tema encontrará esse "princípio" permeando todas as análises de discussões.[330] Na formulação abstrata, tal princípio assegura que o bem-estar da comunidade ou da sociedade prevalece diante das reivindicações individuais. A ideia de contraste entre o bem-estar geral e o bem-estar individual, em uma formulação quase utilitarista, pode soar por vezes intuitiva e muito apropriada como parâmetro de atuação para a Administração Pública. Afinal, na consecução de interesses públicos por meio de políticas gerais, não pode o gestor privilegiar interesses privados, os quais devem sucumbir em uma análise de custo x benefício. Essa argumentação esconde, como vem sendo demonstrado pela literatura jurídica,[331] dois problemas centrais.

O primeiro deles está associado à tendência autoritária da ideia de supremacia do interesse público sobre o privado. Essa origem

---

330 Por todos, confira-se MELLO, Celso Antonio Bandeira de. *Curso de Direito Administrativo*. 35ª ed. São Paulo: Malheiros, 2021.

331 A título exemplificativo, confira-se: BINENBOJM, Gustavo. "Da supremacia do interesse público ao dever de proporcionalidade: um novo paradigma para o Direito administrativo". *Revista de Direito Administrativo*, vol. 3, nº 8, 2005, p. 30.

CAPÍTULO VII – O DEBATE SOBRE JUSTIÇA RACIAL NAS...

do princípio da supremacia tem sido identificada, por exemplo, em lições como as de Hely Lopes Meirelles[332] – administrativista ainda hoje cultuado e que aderiu, sem maiores problemas teóricos, a um Direito Administrativo abalizador da ditadura civil-militar, condicionando o exercício das liberdades individuais ao conceito de ordem pública, conforme definido pelo poder ditatorial. Nessa linha de raciocínio, o poder de polícia exercido pela Administração Pública é legitimado pela mera alusão ao interesse público, definido pela lógica da autoridade, e não pela lógica dos direitos.

Disso decorre o segundo problema que a supremacia do interesse público nos traz. Mais uma vez fazendo alusão às discussões recentes no campo dessa disciplina, tem-se reconhecido que a ideia de conflitos entre interesses esconde, em um Estado Democrático de Direito, a existência de interesses puros e simples e interesses qualificados. Interesses puros e simples são aqueles que figuram no campo das vontades (individuais ou institucionais, de agentes públicos ou privados) e que são condicionados pela estrutura jurídica vigente. No campo público, tais interesses puros e simples podem ser pensados no campo da discricionariedade – trata-se de indiferentes jurídicos que permitem ao agente público atuar de uma ou outra forma, sempre nos limites do autorizado pelo ordenamento jurídico (princípio da legalidade ou da juridicidade). No campo privado, tais interesses puros e simples encontram limitações também na estrutura jurídica, ou seja, se me é interessante praticar um ato ilícito, não o poderei fazer – em uma lógica inversa, autorizando-se tudo o que não é proscrito pela lei (liberdade geral ou princípio da legalidade). Os interesses puros e simples podem, de fato, estar submetidos a determinados interesses públicos que com eles contrastem, notadamente porque tais interesses públicos são manifestados por meio de atos normativos. Ou seja, com o

---

[332] MEIRELLES, Hely Lopes. "O poder de polícia, o desenvolvimento e a segurança nacional". *Revista de Direito Administrativo*, vol. 125, jul./set. 1976, pp. 1-14.

surgimento de uma lei, um decreto ou uma portaria que concretize um interesse público como parte da estrutura normativa da sociedade, os demais interesses deverão se amoldar a ele, o qual alterou a estrutura normativa vigente.

Ocorre que, ao lado de interesses puros e simples, há o que chamamos de interesses qualificados. Estes, por sua vez, são aqueles não sujeitos à estrutura jurídica vigente – eles são a própria estrutura jurídica vigente. Trata-se, aqui, dos direitos e, em especial, dos direitos fundamentais. Direitos fundamentais integram o núcleo do interesse público em uma democracia, atuando não apenas como princípios de interpretação de todos os atos normativos, como também configurando direitos subjetivos individuais, coletivos ou difusos. Nesse sentido, falar em supremacia do interesse público sobre o privado é uma absoluta impropriedade, mormente quando os interesses privados de que se trata consistem em interesses qualificados, direitos fundamentais, direitos humanos ou outros previstos em normas hierarquicamente superiores àquela que com eles pretende contrastar (por exemplo, um direito previsto em lei *versus* um interesse público consubstanciado em decreto).[333]

Até aqui, estamos reafirmando teses que vêm sendo desenvolvidas por docentes em diversos centros de pesquisa, seguindo a proposta de inverter a lógica da supremacia do interesse público por uma lógica de supremacia dos direitos fundamentais. E onde entra a justiça racial nisso? Ora, a justiça racial, como já vimos, está intimamente relacionada com o estabelecimento de condições normativas e institucionais para que os grupos raciais subalternizados gozem desses exatos direitos (e outros), sobre os quais afirmamos serem dotados de supremacia em uma sociedade. Em um contexto de estudo do Direito Administrativo que não atente à estrutura racista da sociedade, falar em "supremacia do interesse público

---

[333] A ideia é desenvolvida também por Marçal Justen Filho em JUSTEN FILHO, Marçal. *Curso de Direito Administrativo*. 13ª ed. São Paulo: Revista dos Tribunais, 2018.

CAPÍTULO VII – O DEBATE SOBRE JUSTIÇA RACIAL NAS...

sobre o privado" pode, muitas vezes, disfarçar a perpetuação de políticas e preferências que prejudicam grupos raciais subalternizados (detentores de "meros interesses privados") em detrimento de finalidades ditas "públicas", as quais correspondem, na verdade, às preferências de grupos em posição de dominação.

Por outro lado, não é de todo impróprio pensar que o Direito Administrativo deve estar direcionado ao interesse público. O que não se pode é deixar de qualificar o que esse interesse público deve significar. Em primeiro lugar, para ser relevante, esse interesse público deve estar intimamente conectado com a ideia de direitos fundamentais – sejam eles individuais, sociais ou políticos. Apenas nesse sentido ele ocupa função central na argumentação que estamos desenvolvendo sobre o papel antidiscriminatório dos princípios da Administração Pública. Apenas dessa forma a primazia do interesse público pode efetivamente traduzir a prioridade do bem-estar da comunidade sobre interesses privados. Essa comunidade não deve ser pensada como um conjunto indiferenciado de pessoas, mas um conjunto de grupos que possuem diferentes formas de inserção e, portanto, precisam de políticas públicas específicas para o alcance da integração social – coordenando-se, assim, direitos de liberdade, direitos sociais e direitos políticos de acordo com os fins do Estado definidos pelo próprio sistema constitucional. Os conceitos de justiça e solidariedade social determinam que a ação estatal deve alcançar a garantia das melhores condições de vida para os membros da comunidade política como um todo.[334]

O conceito de interesse público implica a defesa do bem comum e também a existência de um referencial ético a partir do qual agentes estatais devem guiar suas ações. Tendo em vista os elementos normativos que estruturam nosso sistema constitucional, tais como a promoção da inclusão social, podemos adotar o entendimento de

---

[334] CARVALHO, Raquel Melo Urbano de. *Curso de Direito Administrativo*. São Paulo: JusPodivm, 2008, pp. 61-63.

que políticas públicas destinadas a afirmar a cidadania de minorias estão em consonância com esse preceito. Não podemos perder de vista a diferenciação entre a dimensão subjetiva e a objetiva dos direitos fundamentais: enquanto a primeira afirma a universalidade dos direitos, a segunda descreve os valores adotados pela comunidade política que funcionam como princípios axiológicos do nosso sistema jurídico. A promoção dessa categoria de direitos aparece, então, como um comprometimento constitucional ao impor, ao Estado, os objetivos que são elementos centrais da ordem jurídica. A prática da diversidade possibilita a afirmação do aspecto objetivo dos direitos fundamentais ao promover a integração de minorias raciais, um interesse público de primordial importância. Garantir acesso a postos de trabalho a grupos sociais marginalizados possibilita, então, a melhoria de condições de vida de um grupo que compõe metade da população brasileira.

Dois exemplos representam muito bem a relação íntima que a justiça racial tem com o Direito Administrativo a partir dessa abordagem.

Primeiramente, pensemos nas desapropriações realizadas no Brasil em geral e que se acentuaram, por exemplo, nos anos antecedentes aos megaeventos esportivos (como a Copa do Mundo de 2014 e as Olimpíadas de 2016). O Decreto-Lei n. 3.365/1941 é o ato normativo que dispõe sobre as desapropriações por utilidade pública – por meio da qual o particular é privado de sua propriedade sobre um bem para que nele se realize alguma finalidade prevista no decreto-lei. Uma desapropriação pode ser necessária, por exemplo, para a construção de uma ferrovia, de um prédio público, de alguma obra necessária à comunidade, mas que é obstada por uma propriedade privada. A lógica por trás do instituto da desapropriação seria respeitar a propriedade privada mediante indenização ao proprietário que perde seu bem e assegurar, em contrapartida, o poder-dever da Administração Pública de avançar suas políticas públicas.

CAPÍTULO VII – O DEBATE SOBRE JUSTIÇA RACIAL NAS...

Ocorre que alguns problemas surgem nessa discussão, a começar pelo seguinte fato: a edição do decreto-lei que rege o instituto se deu no auge da ditadura do Estado Novo – pelo que já se poderia esperar uma norma eminentemente autoritária –, sendo que parte relevante dos dispositivos alterados ou incluídos ali antecede, ainda assim, a Constituição de 1988. Ou seja, pode se ter uma desconfiança razoável quanto aos princípios que regeram a elaboração das normas contidas naquele texto (possivelmente um princípio de supremacia do interesse público muito mais autoritário do que democrático). A injustiça racial, como costuma ser, surge, então, nas entrelinhas do decreto-lei – em mais um evidente exemplo de discriminação indireta racial.

Isso fica exemplificado pelo próprio procedimento de desapropriação. Por regra, a desapropriação exige da Administração Pública que notifique o proprietário do imóvel para oferecer uma justa indenização pela perda da propriedade. A isto podem se seguir negociações entre particulares e poder público ou mesmo a judicialização da questão. O que fica de fora, via de regra, são os direitos daqueles que não são formalmente proprietários dos bens. E quem são eles? São, muitas vezes, pessoas negras e pobres, moradoras de periferias e de favelas, cujas casas são compradas e vendidas por mecanismos informais – havendo uma completa desassociação entre o proprietário registral e o verdadeiro proprietário do bem. Ocorre que, ao argumento de que se deve assegurar a supremacia do interesse público, da consecução de finalidades públicas, é comum que a Administração Pública se demita da função de identificar quem são os verdadeiros proprietários (ditos possuidores ou posseiros) dos bens sujeitos à desapropriação. Dessa forma, esses possuidores nem são notificados para receberem a justa indenização, nem têm assegurado o direito ao devido processo administrativo ou devido processo legal – em que poderiam discutir o valor da indenização, por exemplo. Não só isso, como o decreto-lei não permite ao proprietário/possuidor discutir os motivos que levam a Administração Pública a optar pela desapropriação, não é incomum que, por meio de uma simples "canetada", com base na suposta supremacia do interesse público, o poder público seja capaz de desapropriar bens com a finalidade (em geral implícita) de favorecer a especulação imobiliária, de desconstituir comunidades (e os laços ali formados), de negar, enfim, vigência não apenas ao direito de propriedade, como também ao direito à moradia em sentido mais amplo.

O caso das desapropriações, lido a partir dessa perspectiva, nos permite verificar como um princípio da supremacia do interesse público sobre o privado opera como ferramenta importante do racismo em suas múltiplas manifestações. Afinal, a parcela da população desproporcionalmente afetada pelos problemas apontados nos parágrafos anteriores é precisamente a população negra e periférica. No campo normativo, então, a supremacia do interesse público sobre o privado estabelece tais impactos desproporcionais, sujeitando essa população ao arbítrio estatal e sequer reconhecendo-as plenamente na mais básica condição de donas de suas próprias casas. No campo das políticas públicas, o princípio nega a participação efetiva de indivíduos e comunidades sujeitas a tal impacto desproporcional na formulação de alternativas às desapropriações, notadamente quando estas produzem efeitos sociais gravosos. Em um plano estrutural, perpetua-se, portanto, a exclusão e subalternização dessa população, cujos direitos fundamentais são tratados como se fossem meros interesses secundários despidos da necessária proteção jurídica.

Outro exemplo em que a supremacia do interesse público sobre o privado revela sua conexão com a injustiça racial diz respeito à formulação de políticas como as de segurança pública no Brasil. Por políticas públicas, nos referimos à organização dos recursos do Estado – desde a atuação de agentes e a formulação de desenhos normativos até a destinação de recursos – com o objetivo de atingir o interesse dito público.[335] No caso das políticas de segurança

---

335 BARCELLOS, Ana Paula de. "Neoconstitucionalismo, direitos fundamentais e controle das políticas públicas". *Revista Diálogo Jurídico*, nº 15, jan./mar. 2007, pp. 1-31.

CAPÍTULO VII – O DEBATE SOBRE JUSTIÇA RACIAL NAS...

pública, estamos olhando para a atuação, protocolos e modos de funcionamento das polícias, de seu controle e coordenação pelos poderes executivos estaduais.

Por serem parte da administração direta, as polícias estão submetidas aos princípios que regulam as ações de agentes públicos, motivo pelo qual a discriminação institucional voltada para pessoas negras se mostra como uma violação de diversos princípios reguladores dos atos desses agentes estatais. Observamos que a arbitrariedade policial está baseada em uma série de fatos que não guardam correspondência com os princípios regentes da Administração Pública. A violência policial pode ser definida como expressão do racismo institucional, uma vez que é praticada por agentes estatais e está voltada para pessoas negras e periféricas; o racismo cultural também nos ajuda a compreender esse problema, pois a arbitrariedade policial está amplamente fundamentada nas imagens de controle que informam a prática do perfilhamento racial. Esse problema que aflige especialmente pessoas negras também decorre do caráter estrutural da discriminação: estamos diante de um problema produzido pela negligência estatal na promoção de finalidades básicas do nosso sistema político, como a luta contra a marginalização e discriminação. Pessoas negras homossexuais e transexuais são vítimas constantes da violência policial, problema que se soma às agressões vindas da população civil contra esses indivíduos. Temos ainda, nesses casos, a questão da regulação das identidades que podem ter expressão no espaço público, dilema que se torna ainda maior quando a questão racial se junta com a da sexualidade, tornando membros desse grupo especialmente vulneráveis.[336]

Em função dos temas acima abordados, a análise do problema da letalidade policial exige considerações sobre alguns tópicos importantes, entre eles os princípios que devem reger ações de agentes

---

[336] Para uma análise do problema da segurança pública e da letalidade policial ver FLAUZINA, Ana Luiza Pinheiro. *Corpo negro caído no chão*: o sistema penal e o projeto genocida do Estado brasileiro. São Paulo: Brado, 2019.

públicos. Nosso texto constitucional elenca uma série de princípios que devem governar as ações daqueles indivíduos e instituições com funções públicas. Entretanto, temos pouca compreensão de um aspecto muito relevante deles: a forma como operam como normas antidiscriminatórias, pois eles regulam a ação estatal de forma que esta não provoque situações de desvantagem para grupos sociais. Entre as diferentes normas antidiscriminatórias, estão aquelas que instituem os preceitos regentes da ação das instituições públicas, sendo que todas elas operam de acordo com um princípio básico do sistema democrático, isto é, a noção de que todas as pessoas possuem um *status* jurídico comum e por isso devem ser tratadas da mesma maneira por agentes públicos. Os princípios que regem a Administração Pública podem ser, então, classificados como normas antidiscriminatórias porque todos eles regulam diferentes aspectos da ação estatal cuja finalidade é a de promover a cidadania. É importante lembrar que, dentro do atual paradigma constitucional, o Estado deve operar como um agente de transformação estatal, razão pela qual a Administração Pública deve estar voltada para a concretização do programa de transformação social presente em nossa Constituição Federal. Esses princípios não existem como meras formas de regulação do aparato burocrático; eles possuem uma finalidade substantiva que é a promoção da dignidade de todos os cidadãos e de todas as cidadãs.[337]

Quase todos os docentes que lecionam essa disciplina começam a análise da Administração Pública com considerações sobre o princípio da legalidade. É uma opção justificada, principalmente quando observamos suas relações estruturais com a noção de Estado de Direito. Esse princípio estabelece uma lógica específica para o funcionamento das instituições estatais: a operação delas deve estar pautada pelo que determinam as normas legais. Por

---

[337] Uma análise dessa perspectiva pode ser encontrada em JUSTEN FILHO, Marçal. *Curso de Direito Administrativo*. Curitiba: Editora Revista dos Tribunais, 2013.

CAPÍTULO VII – O DEBATE SOBRE JUSTIÇA RACIAL NAS...

esse motivo, a ação de agentes públicos deve estar inteiramente fundamentada em ditames legais, condição para que um regime democrático possa ser constituído e mantido. O princípio da legalidade submete agentes estatais a um arcabouço legal, conjunto de normas que expressa a vontade política de uma nação organizada de acordo com ideais democráticos. Assim, esse preceito empresta legitimidade para agentes estatais desempenharem suas funções; eles não podem atuar a partir de interesses privados ou a partir de parâmetros sem consonância com as regras que regulam a vida democrática. Podemos entender esse preceito constitucional como algo que procura conter quaisquer tipos de personalismos de representantes do poder público, algo incompatível com um regime político no qual todos esperam, do poder estatal, uma operação que parta das normas jurídicas estabelecidas. Dessa forma, falar sobre o princípio da legalidade significa falar sobre a obrigação dos agentes estatais em operar de acordo com normas que estabelecem critérios objetivos de ação. Ele não deve ser interpretado isoladamente, mas também a partir de outros preceitos que expressam princípios estruturantes do nosso sistema jurídico, condição para que os agentes possam atuar de maneira legítima. Dessa forma, podemos dizer que o princípio da legalidade tem uma função antidiscriminatória porque estabelece critérios de racionalidade para a ação de agentes estatais, critérios que expressam o consenso coletivo sobre como o poder político deve ser regulado.[338]

É importante enfatizar este aspecto: podemos afirmar que o princípio da legalidade possui uma natureza claramente antidiscriminatória porque estabelece critérios legais para a ação de agentes e instituições estatais, excluindo, assim, a possibilidade de atos arbitrários, o que engloba todas as ações que não podem ser legalmente justificadas. Os

---

[338] Para uma análise tradicional desse princípio, ver MELLO, Celso Antônio Bandeira de; ALEIXO, Délcio Balestero; BURLE FILHO, José Emmanuel. *Direito Administrativo brasileiro*. 41ª ed. São Paulo: Malheiros, 2013, pp. 101-103.

atos de agentes e instituições estatais devem seguir a exigência legal de tratamento simétrico entre todos os indivíduos, o que proscreve atos que podem ser caracterizados como um tipo de discriminação institucional. O princípio da legalidade permite a racionalização do poder estatal porque submete todos os agentes públicos a preceitos que representam o consenso coletivo sobre como os mais diferentes aspectos da sociedade devem ser regulados. As análises anteriores nos convidam a entender a violência policial como um afastamento de um elemento central da ordem jurídica porque sua natureza arbitrária expressa o interesse de seguimentos do grupo racial hegemônico em utilizar o aparato estatal para impor a marginalização a minorias raciais. Respeitar o princípio da legalidade significa, entre outras coisas, impor limites à animosidade de grupos em relação a outros, um dos elementos responsáveis pelo surgimento do que tem sido chamado de controle de constitucionalidade das normas jurídicas.[339]

Esse ponto nos remete a outro princípio que deve guiar ações de agentes estatais: a igualdade. Esse conceito pressupõe a igualdade de *status* moral, de *status* jurídico e de *status* político entre as pessoas, tipos de reconhecimento necessários para que elas sejam vistas como atores sociais competentes, um pressuposto da noção de dignidade. Por ser outro elemento central do Estado Democrático de Direito, ele possui duas características relevantes. Primeiro, na sua acepção formal, ele funciona como um critério de tratamento entre as pessoas, exigindo que indivíduos igualmente situados sejam tratados da mesma forma. Segundo, na sua dimensão material, ele opera como um preceito que tem um caráter teleológico, porque estabelece um objetivo para agentes e instituições estatais: criar uma sociedade mais inclusiva por meio do acesso a direitos e garantias que possam permitir às pessoas as mesmas oportunidades materiais. Por esse motivo, o princípio da igualdade estabelece parâmetros de operacionalidade e também objetivos a serem alcançados por meio de políticas que expressam o

---

[339] Uma análise crítica desse princípio pode ser encontrada em SHAPIRO, Scott. *Legality*. Cambridge: Harvard University Press, 2014.

CAPÍTULO VII – O DEBATE SOBRE JUSTIÇA RACIAL NAS...

compromisso legal com a criação de uma sociedade justa. Do mesmo modo que o princípio da legalidade, o princípio da igualdade institui preceitos concretos para a ação de todos os agentes da Administração Pública, motivo pelo qual apontamos seu papel de central importância na construção de práticas antidiscriminatórias.[340]

Dizer que a igualdade opera como um parâmetro de racionalidade não significa dizer que ela tem uma natureza meramente procedimental, único sentido que muitos juristas insistem em dar a esse preceito. Significa dizer que ele estabelece propósitos substantivos para a Administração Pública: seus agentes não apenas devem tratar todas as pessoas pela aplicação dos mesmos procedimentos, mas também a ação estatal é implicada para que certos objetivos sejam alcançados. Por esse motivo, políticas de segurança pública devem procurar estabelecer critérios de ação compatíveis com os princípios da legalidade e da igualdade, mas devem também criar os meios para que os indivíduos não estejam permanentemente vulneráveis ao problema da violência policial, o que afeta fundamentalmente pessoas negras e periféricas. Assim, ao lado de políticas públicas destinadas à implementação de procedimentos justos, estão também aquelas necessárias para a promoção da inclusão social de grupos raciais subalternizados, como ações afirmativas. A Administração Pública não existe apenas para regular a burocracia estatal, mas existe principalmente para promover a realização do programa de transformação social presente em nosso texto constitucional, motivo pelo qual suas funções não podem ser analisadas apenas como um conjunto de procedimentos estatais, mas fundamentalmente como um conjunto de agentes e instituições que existem para realizar os objetivos políticos estabelecidos em nosso sistema constitucional.[341]

---

[340] MELLO, Celso Antônio Bandeira de; ALEIXO, Délcio Balestero; BURLE FILHO, José Emmanuel. *Direito Administrativo brasileiro*. 41ª ed. São Paulo: Malheiros, 2013, pp. 21-37; MOREIRA, Adilson José. *Tratado de Direito Antidiscriminatório*. São Paulo: Contracorrente, 2020, pp. 138-144.

[341] Ver, nesse sentido: KLARE, Karl. "Legal culture and transformative constitutionalism". *South African Journal of Human Rights*, vol. 14, nº 1, 1998,

Ligado ao princípio da igualdade, está outro preceito central da nossa ordem constitucional: a dignidade humana. Se, de um lado, ele está relacionado com uma série de premissas decorrentes da noção de autonomia individual, de outro, encontra sua possibilidade de realização na forma como instituições estatais regulam suas ações. A ideia de dignidade humana decorre de uma representação antropológica dos seres humanos como entes racionais e autônomos que podem operar de acordo com normas abstratas que expressam a racionalidade da comunidade política. Mas ela também está vinculada à necessidade de as pessoas serem reconhecidas como atores sociais competentes, o que práticas discriminatórias impedem, pois expressam a ideia de que membros de certos grupos não merecem ser tratados de forma igualitária. Poder atribuir sentidos e também propósitos às suas ações é o principal meio encontrado pelos seres humanos para que possam ser vistos como seres autônomos. O tratamento discriminatório por parte de agentes públicos implica, então, a ideia de que aqueles não têm essa capacidade, motivo pelo qual não devem ter acesso aos mesmos direitos, não podem ter acesso à plena cidadania. Esse é o motivo principal pelo qual a violação do princípio da igualdade também implica um desrespeito ao princípio da dignidade, uma vez que pressupõe ideias de inferioridade que legitimam tratamentos arbitrários. Tratar uma pessoa de maneira digna significa reconhecê-la como um ator social competente, como alguém capaz de operar dentro da esfera pública da mesma forma que todos os demais sem enfrentar qualquer tipo de discriminação. Nesse sentido, a prática da violência policial representa uma violação grave porque impossibilita a realização dos projetos de vida dos indivíduos e constitui um impedimento ao ideal de desenvolvimento integral dos seres humanos.[342]

---

pp. 146-188.

[342] SARLET, Ingo. *Dignidade da pessoa humana e direitos fundamentais na Constituição de 1988*. Porto Alegre: Livraria dos Advogados, 2014; MOREIRA, Adilson José. *Tratado de Direito Antidiscriminatório*. São Paulo: Contracorrente, 2020, pp. 40-46.

CAPÍTULO VII – O DEBATE SOBRE JUSTIÇA RACIAL NAS...

O princípio da finalidade deve ser interpretado de acordo com as premissas que regem os preceitos anteriormente analisados. As normas jurídicas contêm uma finalidade, elas pretendem regular um determinado aspecto da realidade a partir de preceitos legalmente previstos. A finalidade das normas jurídicas, no atual paradigma constitucional, deve observar os parâmetros jurídicos e políticos que regulam o regime democrático, notoriamente a construção de uma sociedade mais justa por meio da efetivação de uma democracia participativa e substantiva. Nossas leis regulam uma grande pluralidade de aspectos da vida social, uma característica de uma sociedade democrática. Se cada norma jurídica tem o propósito de governar um aspecto específico da realidade, o conjunto delas procura realizar os objetivos do nosso sistema político elencados no texto constitucional. Normas jurídicas expressam propósitos que devem ser observados por todos, porque são elementos centrais de sua constituição. Elas também instituem propósitos e limites para a ação daqueles agentes estatais responsáveis pela sua realização, motivo pelo qual esse princípio precisa ser analisado a partir da ideia de igualdade. Desvios da finalidade das normas jurídicas são ilegais porque não estão de acordo com a forma a partir da qual o poder estatal deveria operar em uma sociedade democrática. A finalidade da lei institui o seu critério adequado de aplicação, uma vez que ela contém um dado objetivo legitimador da ação de agentes estatais. Novamente, estamos diante de um princípio que tem uma importante função antidiscriminatória, pois impõe critérios para a ação estatal, apontando a inadequação de atos que não estejam de acordo com o estabelecido pelo sistema jurídico. Ao lado do princípio da legalidade e da igualdade, ele institui critérios para a ação de agentes estatais, o que possui relevância significativa para a lógica do regime democrático porque cria parâmetros de ações esperados por todas as pessoas.[343]

---

[343] MELLO, Celso Antônio Bandeira de; ALEIXO, Délcio Balestero; BURLE FILHO, José Emmanuel. *Direito Administrativo brasileiro*. 41ª ed. São Paulo: Malheiros, 2013, pp. 10-111.

Como observa Marçal Justen Filho, a atividade da Administração Pública está diretamente relacionada com a realização dos direitos fundamentais, o que acontece quando as instituições estatais asseguram as condições para a realização de necessidades da coletividade. A garantia dos direitos fundamentais depende, portanto, das direções que as instituições públicas e privadas seguem na perseguição dos objetivos firmados no texto constitucional, por exemplo, o alcance da justiça social. Os princípios da Administração Pública surgem, dessa forma, como uma série de diretrizes que devem ser obedecidas para a promoção da dignidade humana por meio dos direitos fundamentais.[344] Essa perspectiva reflete a influência dos parâmetros do atual paradigma constitucional nas funcionalidades das instituições estatais. Sendo uma doutrina que atribui ao Estado o papel de agente de transformação social, ela estabelece novas diretrizes para a Administração Pública; entre elas, está o alcance da justiça social por meio da integração de grupos raciais subalternizados, uma vez que a erradicação da marginalização é um objetivo central da nossa ordem jurídica. Nesse sentido, podemos classificar a moralidade pública como um preceito importante para a nossa reflexão, uma vez que ela decorre dos princípios jurídicos que conformam nossa cultura política. A satisfação dos direitos fundamentais constitui uma dimensão objetiva do princípio da moralidade pública porque ela também está ligada à dimensão procedimental e substantiva da igualdade, outro exemplo da perspectiva antidiscriminatória a partir da qual devemos compreender o Direito Administrativo. Mais do que um pressuposto de validade dos atos da administração, a moralidade pública está ligada aos preceitos constitucionais que estabelecem os objetivos da nossa ordem jurídica. Ela sofre, então, a influência da redefinição do Estado como uma instância que deve fomentar a emancipação. A moralidade pública serve como um critério de racionalidade dos atos dos

---

[344] JUSTEN FILHO, Marçal. *Curso de Direito Administrativo*. Curitiba: Editora Revista dos Tribunais, 2013, pp. 91-94.

CAPÍTULO VII – O DEBATE SOBRE JUSTIÇA RACIAL NAS...

agentes administrativos e também como um conjunto de valores jurídicos e políticos constitucionalmente estabelecidos.[345]

Observamos, portanto, que a Administração Pública ocupa um papel central na promoção da justiça racial na medida em que seus princípios reguladores estabelecem direções que devem ser seguidas por agentes e instituições públicas na busca pela efetividade dos direitos fundamentais. O problema da violência policial pode ser classificado como um claro desvio de vários princípios do Direito Administrativo, porque impõe tratamento discriminatório a pessoas negras e periféricas, fato incompatível com o caráter antidiscriminatório dos preceitos que regem essa disciplina jurídica. Docentes que a lecionam não podem se esquivar de enfatizar o caráter procedimental e também o caráter emancipatório dos preceitos acima analisados. Não podemos deixar de observar que instituições estatais desempenham um papel central na busca pela justiça racial, motivo pelo qual elas precisam pautar suas ações na moralidade característica do atual paradigma constitucional, paradigma este que está comprometido com a adoção de medidas destinadas a lutar contra práticas responsáveis pela subordinação de diversos grupos minoritários e vulneráveis.

---

[345] ARRUDA NETO, Pedro Thomé de. "Reforma do Estado e evolução dos modelos de gestão pública no Brasil: a democracia deliberativa como fundamento de uma nova administração pública constitucional". *Revista de Direito Administrativo*, vol. 253, 2010, pp. 133-158.

CONCLUSÃO

Este livro procurou estabelecer parâmetros para uma educação jurídica capaz de promover a discussão da justiça racial em nossas instituições de ensino jurídico. Esse empreendimento se mostra necessário porque grande parte das injustiças raciais presentes em nossa sociedade está relacionada com o tipo de formação profissional oferecida a operadores do Direito. Esses indivíduos ocupam posições de grande importância no Poder Judiciário, no Poder Executivo e no Poder Legislativo, decidindo o destino de centenas de milhares de pessoas. Nossa educação jurídica faz com que muitos deles interpretem e apliquem o Direito sem considerações sobre a realidade social na qual ele incide, o que ocorre porque não receberam uma educação jurídica que lhes permitisse desenvolver esse tipo de habilidade. As consequências desse processo são significativas; o formalismo jurídico combinado com a estratificação racial permite que normas jurídicas, frequentemente, reproduzam as mais diversas formas de hierarquias que impactam de maneiras negativas vários grupos sociais, especialmente grupos raciais subalternizados. Essa situação se mostra distante de um dos pressupostos centrais do atual paradigma constitucional: a ideia de que as instituições estatais devem atuar como agentes de transformação social. Assim, apresentamos nesta obra a proposta de uma pedagogia politicamente engajada. Ela procura articular alguns elementos centrais da moralidade democrática e perspectivas pedagógicas emancipatórias, para possibilitar a construção de uma consciência crítica por parte daqueles que estão nas instituições de ensino jurídico e que, depois, ocuparão posições de imensa importância em nossa sociedade. Esses indivíduos precisam estar preparados para promover transformações sociais, um horizonte moral e político do nosso ordenamento constitucional.

Acreditamos que muitos docentes terão interesse em ler essa obra; é possível que muitos se organizem e tentem implementar as sugestões presentes neste livro. Eles iniciarão um processo que permitirá o aprimoramento de muitas de nossas propostas; mais do que isso, eles poderão criar novos modelos críticos de ensino que terão como consequência a modificação da forma como o Direito é ensinado e aplicado em nossa sociedade. Estamos apresentando direções para propostas pedagógicas que podem incluir outros referenciais teóricos quando aqueles em uso não se mostram mais adequados; a vivência dos diversos grupos sociais que existem neste país requer diferentes meios para se refletir sobre os modos pelos quais o tema da justiça será pensado nos casos deles. De qualquer forma, procuramos apontar estratégias que podem ser utilizadas para incluir a temática da justiça racial como um tópico transversal do ensino em uma sociedade na qual a opressão racial atinge todas as dimensões da vida.

Assim, este livro apresenta meios a partir dos quais o Direito pode ser ensinado através da reflexão sobre a justiça, parâmetro que se perdeu ao longo do tempo. Talvez isso nunca tenha ocorrido no caso brasileiro, uma nação na qual o Direito tem operado como um instrumento para a elevação e a preservação do *status* social de membros do grupo racial dominante, uma sociedade na qual setores desse segmento utilizam normas jurídicas e arranjos institucionais para perpetuarem formas estruturais de privilégio racial que só podem persistir por meio da manutenção de estruturas de opressão. Entretanto, vivemos em um momento histórico no qual um número cada vez maior de pessoas e instituições torna--se consciente de que a discriminação racial sistemática é um dos

CONCLUSÃO

maiores obstáculos à construção de uma democracia substantiva entre nós. É notório o aumento de atores sociais que se apercebem de que o Direito pode cumprir um papel central nesse processo de transformação social, desde que seus pressupostos sejam modificados para incluir também a satisfação das demandas daqueles em uma situação de desvantagem social sistemática

O projeto de uma educação jurídica antirracista surge em um momento no qual o pluralismo racial provoca modificações significativas na cultura das instituições de ensino superior. Nada poderia ser mais positivo, uma vez que isso implica um número cada vez maior de pessoas negras e indígenas ingressantes nessas instituições, agentes que podem contribuir de forma significativa para a produção de conhecimento direcionado para a transformação da realidade social. Nunca se produziu tanto conhecimento sobre as diferentes formas por meio das quais a discriminação afeta a vida de grupos raciais subalternizados, nunca tivemos também tantas oportunidades para procurar soluções a esse problema social, político e jurídico. Cabe às nossas instituições de ensino potencializar a capacidade desses indivíduos para que eles possam promover as mudanças que nossa realidade social exige. Os ingressantes nas faculdades de Direito podem contribuir de forma significativa para a alteração das relações hierárquicas características de nossa sociedade, mas eles só conseguirão atingir esse objetivo se puderem ter acesso a uma educação crítica que lhes permita identificar os problemas responsáveis por essa situação.

Embora esta obra discuta o tema da justiça racial a partir de um ponto de vista jurídico, acreditamos que as diretrizes apresentadas aqui podem ser utilizadas por docentes de outras áreas do conhecimento. O problema da desvantagem racial ocorre em várias esferas da vida, motivo pelo qual ela precisa ser tema de discussão nas mais diferentes áreas. O ensino de campos como o Direito, a Economia, a Medicina, a Sociologia e a História pode ser pautado pelos temas abordados nesta obra, o que permitirá que docentes e alunos desses cursos possam também construir uma consciência crítica, promovendo transformações na forma como profissionais dessas áreas exercem suas atividades. Somos três professores negros que desenvolvemos pesquisas de caráter interdisciplinar, um dos motivos pelos quais estamos cientes da importância da reflexão sobre a justiça racial em nossa sociedade. Ela precisa englobar também debates sobre esse tópico em outras áreas da vida cruciais para a inclusão de grupos raciais subalternizados.

REFERÊNCIAS BIBLIOGRÁFICAS

ACHO, Emmanuel. *Uncomfortable conversations with a black man*. Nova York: Flatiron Books, 2020.

ADDIS, Adeno. "Role models and the politics of recognition". *University of Pennsylvania Law Review*, vol. 144, nº 5, 1996.

AKOTIRENE, Carla. *O que é interseccionalidade?* São Paulo: Letramento, 2018.

ALCOFF, Linda Martín. "Uma epistemologia para a próxima revolução". Trad. Cristina Patriota de Moura. *Sociedade e Estado*, Brasília, vol. 31, nº 1, jan./abr. 2016.

ALEXANDER, Michelle. *A Nova segregação*: racismo e encarceramento em massa. São Paulo: Boitempo, 2018.

ALIANÇA BIKE. *Pesquisa de perfil dos entregadores de aplicativos*. Disponível em: https://aliancabike.org.br/wp-content/uploads/2020/04/relatorio_s2.pdf. Acessado em: 08.11.2021.

ALMEIDA, Philippe Oliveira de. "A Faculdade de Direito como oficina de utopias: um relato de experiência". *Revista da Faculdade de Direito da UFMG*, nº 72, 2018.

_____. "Da insularidade da utopia à insularidade do Estado: o monopólio da violência no Antigo Regime e na Revolução Francesa". *Morus*: Utopia e Renascimento, Campinas, vol. 12, 2017.

ALMEIDA, Philippe Oliveira de; ARAÚJO, Luana Adriano. "DisCrit: os limites da interseccionalidade para pensar sobre a pessoa negra com deficiência". *Revista Brasileira de Políticas Públicas*, Brasília, vol. 10, nº 2, 2020.

ALMEIDA, Philippe Oliveira de; REIS, Gabriel da Silva. "A Constituição lá é pra você? Manicômios, loucura e racismo em Lima Barreto". *In*: BARBOSA-FOHRMANN, Ana Paula; MARTINS, Guilherme Magalhães (Coord.). *Pessoa com deficiência*: estudos interdisciplinares. Indaiatuba: Editora Foco, 2020.

ALMEIDA, Silvio Luiz. *Racismo estrutural*. São Paulo: Jandaíra, 2018.

ALPORT, Gordon. *The nature of prejudice*. Nova York: Basic Books, 1979.

ALTMAN, Dennis. *Homosexual oppression and liberation*. Nova York: New York University Press, 1971.

AMARAL, Augusto Jobim do; NAZÁRIO, Ana Luiza Teixeira. "Cultura e criminalização: um estudo de caso sobre o funk na cidade de Porto Alegre". *Revista Direito da Cidade*, Rio de Janeiro, vol. 9, nº 1, 2017.

ANNAMMA, Subini Ancy. *The pedagogy of pathologization*: dis/abled girls of color in the school-prison Nexus. New York: Routledge, 2018.

ANZALDÚA, Gloria. *Borderlands/La Frontera*: the new Mestiza. San Francisco: Aunt Lute Books, 1987.

ARROYO, Miguel. "A pedagogia multirracial popular e o sistema escolar". *In*: GOMES, Nilma Lino. *Um olhar além das fronteiras*: educação e relações raciais. Belo Horizonte: Autêntica, 2007.

_____. *Outros sujeitos, outras pedagogias*. Petrópolis: Vozes, 2014.

ARRUDA NETO, Pedro Thomé de. "Reforma do Estado e evolução dos modelos de gestão pública no Brasil: a democracia deliberativa como fundamento de uma nova administração pública constitucional". *Revista de Direito Administrativo*, vol. 253, 2010.

ARTHUR, John. *Race, equality, and the burdens of history*. Cambridge: Cambridge University Press, 2007.

AUSTIN, Arthur. "Evaluating storytelling as a type of nontraditional scholarship". *Nebraska Law Review*, vol. 74, 1995.

BABOIN, José Carlos de Carvalho. "Trabalhadores sob demanda: o caso Uber". *Revista do Tribunal Superior do Trabalho*, São Paulo, vol. 83, nº 1, jan./mar. 2017.

REFERÊNCIAS BIBLIOGRÁFICAS

BAILEY, Stanley. *Legacies of race*. Stanford: Stanford University Press, 2009.

BALKIN, Jack M. "The constitution of status". *Yale Law Journal*, vol. 106, n° 6, 1996.

_____. "The Declaration and the promise of a democratic culture". *Wydener Law Symposim Journal*, vol. 4, n° 1, 1999.

BALKIN, Jack M.; SIEGEL, Reva B. "The American civil rights tradition: anticlassification or antisubordination?" *University of Miami Law Review*, vol. 58, n° 1, 2004.

BANTON, Michael. *Discrimination*. Philadelphia: Open University Press, 1994.

_____. *Racial theories*. Cambridge: Cambridge University Press, 1998.

BARCELLOS, Ana Paula de. "Neoconstitucionalismo, direitos fundamentais e controle das políticas públicas". *Revista Diálogo Jurídico*, n° 15, jan./mar. 2007.

_____. *A Eficácia jurídica dos princípios constitucionais*: o princípio da dignidade da pessoa humana. 3ª ed. Rio de Janeiro: Renovar, 2011.

BARROSO, Luís Roberto. "Neoconstitucionalismo e constitucionalização do Direito: o triunfo tardio do Direito Constitucional no Brasil". *Revista de Direito Administrativo*, vol. 240, 2015.

_____. "Neoconstitucionalismo e constitucionalização do Direito". *Revista Quaestio Iuris*, vol. 2, n° 1, 2006.

_____. *O Direito Constitucional e a efetividade de suas normas*: limites e possibilidades da Constituição brasileira. Rio de Janeiro: Renovar, 2009.

BELL, Derrick. "Brown v. Board of Education and the interest convergence dilemma". *Harvard Law Review*, Cambridge, vol. 93, n° 1, 1980.

_____. "The Unintended lessons in Brown v. Board of Education". *NYLS Law Review*, New York, vol. 49, n° 4, jan. 2005.

_____. *Faces at the bottom well*: the permanence of racism. Nova York: BasicBooks, 1992.

_____. *Race, Racism, and American Law*. Nova York: Little, Brown, 1972.

_____. *Silent Covenants*: Brown v. Board of Education and the unfulfilled hopes for Racial Reform. Oxford: Oxford University Press, 2004.

BENEDITO, Alessandra; MENEZES, Daniel F. Nagao. "Políticas públicas de inclusão social: o papel das empresas". Ética e Filosofia Política, vol. 1, 2013.

BENTO, Maria Aparecida da Silva. *Pactos narcísicos no racismo*: branquitude e poder nas organizações empresariais e no poder público. São Paulo: Universidade de São Paulo, 2002. Tese (Doutorado em Psicologia).

BERTOLIN, Patrícia Tuma Martins. *Mulheres na advocacia*. São Paulo: Lumen Iuris, 2017.

BEVERLEY, John. "Theses on subalternity, representation and politics". *Postcolonial Studies*, vol. 1, nº 3, 1998.

BICUDO, Hélio. *Direitos civis no Brasil existem?* São Paulo: Brasiliense, 1982.

BINENBOJM, Gustavo. "Da supremacia do interesse público ao dever de proporcionalidade: um novo paradigma para o Direito administrativo". *Revista de Direito Administrativo*, vol. 3, nº 8, 2005.

_____. "Duzentos anos de jurisdição constitucional: as lições de Marbury v. Madison". *Revista Eletrônica de Direito do Estado*, Salvador, vol. 2, nº 11, 2011.

_____. *Poder de polícia, ordenação, regulação*: transformações político-jurídicas, econômicas e institucionais do Direito Administrativo ordenador. Belo Horizonte: Editora Fórum, 2016.

BLUMER, Hebert. "Race prejudice as a sense of group position". *The Pacific Sociological Review*, vol. 1, nº 1, 1958.

BOBBIO, Norberto. *A Era dos direitos*. Trad. de Carlos Nelson Coutinho. Rio de Janeiro: Elsevier, 2004.

BOHLER-MULLER, Narnia. "Western liberal legalism and its discontents: a perspective from South Africa". *Socio-Legal Review*, vol. 3, nº 1, 2007.

BONILLA-SILVA, Eduardo. "Rethinking racism: toward a structural interpretation". *American Sociological Review*, vol. 62, nº 3, 1997.

_____. *Racismo sem racistas*. São Paulo: Perspectiva, 2019.

BORGES, Juliana. *Encarceramento em massa*. São Paulo: Jandaíra, 2017.

BOSWEEL, John. "Revolutions, universals and sexual categories". *In*: DUBERMAN, Martin. *Hidden from history*: reclaiming the gay and lesbian past. Nova York: New American Library, 1989.

REFERÊNCIAS BIBLIOGRÁFICAS

BOXILL, Robert. *Blacks and social justice*. New York: Rowan & Littlefield, 1992.

BOYKIN, Keith. *One more river to cross*: black and gay in America. Nova York: Anchor Books, 1996.

BOYLE, James. "Is subjectivity possible? The post-modern subject in legal theory". *University of Colorado Law Review*, vol. 62, n° 2, 1991.

BRAGA, Amanda. *História da beleza negra no Brasil*: discursos, corpos, práticas. São Carlos: EdUFSCAR, 2015.

BRASIL. *Constituição da República Federativa do Brasil de 1988*. Brasília: Senado Federal, 2020.

BREST, Paul. "In defense of the antidiscrimination principle". *Harvard Law Review*, vol. 90, n° 1, 1976.

BROOKS, R. "Brown v. Board of Education fifty years later: a Critical Race Theory perspective". *Howard Law Journal*, Washington, vol. 47, n° 3, 2004.

BUENO, Winnie. *Imagens de controle*: um conceito do pensamento de Patricia Hill Collins. Porto Alegre: Zouk Editora, 2020.

CALAMANDREI, Piero. *Eles, os juízes, vistos por nós, os advogados*. Trad. Ary dos Santos. Lisboa: Livraria Clássica Editora, 1971.

CANDAU, Vera Maria. "Multiculturalismo e educação: desafios para a prática pedagógica". *In*: MOREIRA, Antônio Flávio; CANDAU, Vera Maria. *Multiculturalismo*: diferenças culturais e práticas pedagógicas. Petrópolis: Vozes, 2008.

CANOTILHO, José J. Gomes. *Direito Constitucional teoria da Constituição*. 7ª ed. Lisboa: Almedina, 2013.

CAPPELLETTI, Mauro; GARTH, Bryan. *Acesso à Justiça*. Porto Alegre: Fabris, 1988.

CARDOSO, Lourenço; MÜLLER, Tânia M. P. (Coord.). *Branquitude*: estudos sobre a identidade branca no Brasil. Curitiba: Appris, 2017.

CARELLI, Rodrigo de Lacerda de. "O Caso Uber e o controle por programação: de carona para o século XIX". *In*: LEME, Ana Carolina Reis Paes; RODRIGUES, Bruno Alves (Coord.). *Tecnologias Disruptivas e a Exploração do Trabalho Humano*. São Paulo: LTr, 2017.

CARNEIRO, Sueli. "Enegrecer o feminismo: a situação da mulher negra na América Latina a partir de uma perspectiva de gênero". *Racismos contemporâneos*, Rio de Janeiro, vol. 49, 2003.

_____. *A Construção do outro como não-ser como fundamento do ser*. São Paulo: Universidade de São Paulo, 2005. Tese (Doutorado em Direito).

CARNELUTTI, Francesco. *Como nasce o Direito*. Trad. Hiltomar Martins Oliveira. Belo Horizonte: Líder Cultura Jurídica, 2001.

CARVALHO, Daniel. *O juízo dos libertos*: escravidão e campo jurídico no Brasil Imperial (1850-1871). Belo Horizonte: Lafayette, 2020.

CARVALHO, Raquel M. Urbano de. *Curso de Direito Administrativo*. São Paulo: JusPodivm, 2008.

CASAGRANDE, Cássio. "Brasil, 'campeão de ações trabalhistas'". *Jota*. Disponível em: https://www.jota.info/opiniao-e-analise/artigos/brasil-campeao-de-acoes-trabalhistas-25062017. Acessado em: 08.11.2021.

CATÃO, Adrualdo de Lima. *Decisão jurídica e racionalidade*. Maceió: Edufal, 2007.

CÉSAIRE, Aimé. *Discurso sobre o colonialismo*. São Paulo: Venneta, 2020.

CHANG, Robert S. "The Invention of Asian Americans". *UC Irvine Law Review*, Irvine, vol. 3, 2013.

CINTRA, Antônio Carlos de Araújo; DINAMARCO, Candido Rangel; GRINOVER, Ada Pellegrini. *Teoria geral do processo*. São Paulo: Malheiros, 2001.

CLÈVE, Clèmerson Merlin. *Para uma dogmática constitucional emancipatória*. Belo Horizonte: Fórum, 2012.

CNJ. *Censo do Poder Judiciário*. Disponível em: https://www.cnj.jus.br/pesquisas-judiciarias/censo-do-poder-judiciario/. Acessado em: 8.11.2021.

COATES, Ta-Nehisi. *Between the world and me*. Nova York: One World, 2015.

COHEN, Geoffrey. "Providing supportive feedback". *In*: POLLOCK, Mica. *Everyday antiracism*: getting real about race in school. Nova York: Norton & Company, 2008.

COLLINS, Patricia Hill. *Black feminist thought*: knowledge, consciousness, and the politics of empowerment. New York, London: Routledge, 2000.

_____. *Intersectionality as Critical Social Theory*. Nova York: Duke University Press, 2019.

COMANDUCCI, Paolo. "Modelos e interpretación de la Constitución". *In*: CARBONELL, Miguel. *Teoria del Neoconstitucionalismo*: ensayos escogidos. Madrid: Trotta, 2007.

REFERÊNCIAS BIBLIOGRÁFICAS

COMPARATO, Fábio Konder. *A Afirmação histórica dos direitos humanos*. São Paulo: Saraiva, 2008.

CONNELL, Robert W.; MESSERSCHMIDT, James W. "Hegemonic masculinity: rethinking the concept". *Gender and Society*, vol. 19, nº 6, 2005.

CORBO, Wallace. "Fazendo as perguntas certas: os excluídos, o Direito e a promoção de reconhecimento". *Revista Publicum*, vol. 2, nº 5, 2017.

_____. *Discriminação indireta*: conceito, fundamentos e uma proposta de enfrentamento à luz da Constituição de 1988. Rio de Janeiro: Lumen Iuris, 2017.

_____. *Identidade constitucional*: conceito, (trans)formação e crise. Rio de Janeiro: Universidade do Estado do Rio de Janeiro, 2020. Tese (Doutorado em Direito).

CORBO, Wallace; ADAMI, Eduardo; AZEVEDO, Raphaela. *Memorial da Clínica de Direitos Fundamentais da Universidade do Estado do Rio de Janeiro*. Rio de Janeiro: Clínica UERJ Direitos, 2020.

CRENSHAW, Kimberlé. "Mapping the margins: intersectionality, identity politics, and violence against women of color". *Stanford Law Review*, vol. 43, nº 5, 1991.

_____. "Race liberalism and the deradicalization of racial reform". *Harvard Law Review*, vol. 130, nº 6, 2017.

_____. "Twenty years of Critical Race Theory: looking back to move forward". *Connecticut Law Review*, vol. 43, nº 5, 2011.

_____. *On Intersectionality*: essential writings. Nova York: The New Press, 2019.

CROMPTON, Louis. *Homosexuality and civilization*. Cambridge: Harvard University Press, 2003.

CULP JR., Jerome McCristal. "Autobiography and legal scholarship and teaching: finding the me in the legal academy". *Virginia Law Review*, vol. 77, nº 3, 1991.

_____. "Toward a black scholarship: race ande original understandings". *Duke Law Journal*, vol. 1991, nº 1, 1991.

CUNHA, Rafaela Cardoso Bezerra; TEIXEIRA, Ricardo Augusto de Araújo. "Rótulos no samba: crime e etiquetamento na cultura pop carioca do século XX". *REPATS*, Brasília, vol. 4, nº 1, 2017.

DAMASCO, Mariana Santos *et al.* "Feminismo negro: raça, identidade e saúde reprodutiva no Brasil (1975 - 1993)". *Estudos feministas*, Florianópolis, vol. 20, nº 1, jan./abr. 2012.

DANCE, L. Janelle. "Helping students see each other's humanity". *In*: POLLOCK, Mica. *Everyday antiracism*: getting real about race in school. Nova York: Norton & Company, 2008.

DANTAS, Santiago. "A educação jurídica e a crise brasileira". *Revista Forense*, nº 159, 1955.

DAVIS, Angela. *Blues legacies and Black Feminism*. Nova York: Pantheon Books, 1998.

_____. *Estarão as prisões obsoletas?* Trad. Marina Vargas. Rio de Janeiro: Difel, 2018.

_____. *Mulheres, raça e classe*. Trad. Heci Regina Candiani. São Paulo: Boitempo, 2016.

DAVIS, Mike. *Planeta Favela*. Trad. Beatriz Medina. São Paulo: Boitempo, 2006.

DAVIS, Peggy C. "Law as microagression". *Yale Law Journal*, vol. 98, nº 8, 1989.

DELGADO, Richard. "Storytelling for oppositionists and others: a plea for narrative". *Michigan Law Review*, vol. 87, nº 8, 1989.

_____. "The imperial scholar: reflection on a review of civil rights literature". *University of Pensylvannia Law Review*, vol. 132, nº 2, 1984.

_____. *The Rodrigo chronicles*: conversations about America and race. New York: New York University Press, 1995.

DELGADO, Richard; STEFANIC, Jean. *Teoria crítica da raça*. São Paulo: Contracorrente, 2021.

DESMOND, Matthew; EMIRBAYER, Mustafa. *Racial domination, racial progress*: the sociology of race in America. Nova York: McGraw Hill, 2009.

DUNCAN-ANDRADE, Jeff. "Teaching critical analysis of racial oppression". *In*: POLLOCK, Mica. *Everyday antiracism*: getting real about race in school. Nova York: Norton & Company, 2008.

DUSSEL, Enrique. *1492*: O encobrimento do outro (a origem do mito da modernidade). Trad. Jaime A. Ciasen. Petrópolis: Vozes, 1993.

REFERÊNCIAS BIBLIOGRÁFICAS

EBERHARDT, Jennifer. *Biased*: uncovering the hidden prejudice that shapes what we see, think, and do. New York: Penguin Books, 2020.

ELIAS, Karen; JONES, Judith. "Two voices from the front lines: a conversation about race in the classroom". *In*: TUSMITH, Bonnie; REDDY, Maureen. *Race the in the college classroom*. New Brunswick: Rutgers University Press, 2002.

EPSTEIN, Steven. "A queer encounter: sociology and the study of sexuality". *Sociological Theory*, vol. 12, n° 2, jul. 1994.

ESKRIDGE JR., William N. "No promo homo: the sedimentation of antigay discourse and the channeling effect judicial review". *New York University Law Review*, vol. 75, n° 5, 2000.

_____. *Gaylaw*: challenging the apartheid of the closet. Cambridge: Harvard University Press, 2002.

ÉSQUILO. *Oréstia*. Trad. J. A. A. Torrano. São Paulo: Iluminuras, 2005.

EVANS, Elizabeth; LEPINARD, Eléonore (Coord.). *Intersectionality in Feminist and Queer Movements*: confronting privileges. Abingdon: Routledge, 2020.

FADEMAN, Lillian. *The gay rights revolution*. Nova York: Simon & Schuster, 2015.

FANON, Frantz. *Os Condenados da terra*. Trad. Enilce Albergaria Rocha e Lucy Magalhães. Rio de Janeiro: UFJF, 2005.

_____. *Pele negra, máscaras brancas*. Trad. Renato da Silveira. Salvador: EDUFBA, 2008.

FARIA, José Eduardo. "A realidade política e o ensino jurídico". *Revista da Faculdade de Direito da USP*, vol. 82, 1987.

FERES JR.; João; CAMPOS, Luiz Augusto. "O discurso freyreano sobre as cotas raciais: origem, difusão e decadência". *In*: PAIVA, Ângela Randolpho (Coord.). *Ação afirmativa em questão*: Brasil, Estados Unidos, África do Sul e França. Rio de Janeiro: Pallas, 2013.

FIGUEIREDO, Ângela. "Somente um ponto de vista". *Cadernos Pagu*, Campinas, n° 51, 2017.

FISS, Owen. "Groups and the equal protection clause". *Philosophy and Public Affairs*, vol. 5, n° 2, 1976.

FLAUZINA, Ana Luiza Pinheiro. *Corpo negro caído no chão*: o sistema penal e o projeto genocida do Estado brasileiro. Rio de Janeiro: Contraponto, 2008.

FONTE, Byrne. *Homophobia*: a history. Nova York: Picador, 2000.

FORDE-MAZRUI, Kim. "Learning Law Through the Lens of Race". *Journal of Law & Politics*, vol. 21, n° 1, 2005.

FOX, Helen. *When race breaks out*: conversations about race and racism in college classrooms. Nova York: Peter Lang, 2009.

FREDMAN, Sandra. "Redistribution and recognition: reconciling inequalities". *South African Journal of Human Rights*, vol. 23, n° 2, 2007.

FREEMAN, Alan David. "Legitimizing racial discrimination through antidiscrimination law: a critical review of the Supreme Court doctrine". *Minnesota Law Review*, vol. 62, n° 4, 1977.

FREIRE, Paulo. *A Pedagogia do oprimido*. 6ª ed. Rio de Janeiro: Paz e Terra, 2018.

FRICKER, Miranda. *Epistemic injustice*: power and ethics of knowing. Oxford: Oxford University Press, 2007.

FRICKER, Miranda; HORNSBY, Jennifer (Coord.). *Feminism in philosophy*. Cambridge: University Press, 2000.

FRIEDAN, Betty. *A Mística feminina*. Trad. Áurea B. Weissenberg. Petrópolis: Vozes, 1971.

FRIEDMAN, Robert. "Institutional racism: how to discriminate without really trying". *In*: PETTIGREW, Thomas. *Racial discrimination in the Unites States*. Nova York: Harper & Row, 1975.

FRY, Peter *et al. Divisões perigosas*: políticas raciais no Brasil contemporâneo. Rio de Janeiro: Civilização Brasileira, 2007.

GALDINO, Flávio. *Introdução à teoria dos custos dos direitos*: direitos não nascem em árvores. Rio de Janeiro: Lumen Juris, 2005.

GAMBLE, Sarah (Coord.). *The Routledge companion to Feminism and Postfeminism*. New York: Routledge, 2006.

GARGARELLA, Roberto. *La justicia frente al gobierno*: sobre el carácter contramayoritario del poder judicial. Quito: Corte Constitucional del Ecuador para el Período de Transición, 2012.

GARRIGA, Elisabet; MELÉ, Domènec. "Corporate social responsibility theories: mapping the territory". *Journal of Business Ethics*, vol. 53, n° 1-2, 2004.

REFERÊNCIAS BIBLIOGRÁFICAS

GINSBURG, Tom; ELKINS, Zachary; BLOUNT, Justin. "Does the process of Constitution-making matter?" *Annual Review of Law and Social Science*, vol. 5, nº 1, 2009.

GÓES, Luciano. *A "tradução" de Lombroso na obra de Nina Rodrigues*. Rio de Janeiro: Revan, 2016.

GOLDBERG, David Theo. "The social formation of racist discourse". *In*: _____ (Coord.). *Anatomy of racism*. Minneapolis: University of Minnesota Press, 1990.

_____. *The racial state*. Malden: Blackwell, 2001.

GOMES, Joaquim Benedito Barbosa. "A recepção do instituto de ações afirmativas pelo Direito Constitucional brasileiro". *Revista de Informação Legislativa*, vol. 38, nº 151, jul./set. 2001.

GOMES, Nilma Lino. "Diversidade étnico-racial e educação no contexto brasileiro: algumas reflexões". *In*: _____. *Um olhar além das fronteiras*: educação e relações raciais. Belo Horizonte: Autêntica, 2007.

GOMES, Samuel. *Guardei no armário*. Porto Alegre: Pragmaha, 2016.

GONZALEZ, Lélia. "Cultura, etnicidade e trabalho: efeitos linguísticos e políticos da exploração da mulher". *In*: _____. *Primavera para as rosas negras*: Lélia Gonzalez em primeira pessoa. São Paulo: Diáspora Africana, 2018.

_____. "O movimento negro na última década". *In*: GONZALES, Lélia; HASENBALG, Carlos. *Lugar de negro*. Rio de Janeiro: Marco Zero, 1982.

_____. "Racismo e sexismo na cultura brasileira". *Revista Ciências Sociais Hoje*, Anpocs, 1984.

_____. *Por um feminismo afro-latino-americano*. São Paulo: Zahar, 2000.

GOSRKI, Paul. "The unintentional undermining of multicultural education: educators at the equity crossroads". *In*: LANDSMAN, Julie; LEWIS, Chance. *White teachers, diverse classrooms*. Sterling: Stylus, 2006.

GOTANDA, Neil. "A critique of 'Our Constitution is Color-Blind'". *Stanford Law Review*, vol. 44, nº 1, 1991.

_____. "Inventing Asian American". *UC Davis Law Review*, Los Angeles, vol. 45, 2012.

_____. "The 'common sense' of race". *Southern California Law Review*, Los Angeles, vol. 83, 2010.

GRAU, Eros Roberto. *A ordem econômica na Constituição de 1988.* São Paulo: Malheiros, 2018.

GRIFITH, Sean. "Corporate governance in an era of compliance". *William & Mary Law Review*, vol. 57, nº 6, 2016.

GROSSI, Paolo. "A formação do jurista e a exigência de uma reflexão epistemológica inovadora". *In*: _____. *História da propriedade e outros ensaios*. Trad. Luiz Ernani Fritoli e Ricardo Marcelo Fonseca. Rio de Janeiro: Renovar, 2006.

GUIMARÃES, Antonio Sérgio Alfredo. *Classes, raças e democracia.* São Paulo: Editora 34, 2002.

HÄBERLE, Peter. *El Estado constitucional.* Ciudad de México: Universidad Nacional Autónoma de México, 2003.

HANCOCK, Ange-Marie. *Intersectionality*: an intellectual history. New York: Oxford University Press, 2016.

HARRIS, Angela P. "The Jurisprudence of Reconstruction". *California Law Review*, Berkeley, vol. 84, nº 4, 1984.

HARRIS, Cheryl I. "Whiteness as property". *Harvard Law Review*, vol. 106, nº 8, 1993.

HASENBALG, Carlos. *Discriminação e desigualdades raciais no Brasil.* Belo Horizonte: UFMG, 2005.

HAWLEY, Willis D. "Spearheading school-wide reform". *In*: POLLOCK, Mica. *Everyday antiracism*: getting real about race in school. Nova York: Norton & Company, 2008.

HELLMAN, Deborah. *When is discrimination wrong?* Cambridge: Harvard University Press, 2011.

HERDY, Rachel. Dependencia epistémica, antiindividualismo y autoridade en el Derecho. *Isonomía*: Revista de Teoría y Filosofía del Derecho, Ciudad de México, nº 40, abr. 2014.

HESSE, Konrad. "A Força Normativa da Constituição". *In*: _____. *Temas fundamentais do Direito Constitucional.* São Paulo: Saraiva, 2009.

HODGSON, Geoffrey M. "What are institutions?" *Journal of Economic Issues*, vol. 40, nº 1, 2006.

HOETNIK, H. *Slavery and race relations in the Americas.* Nova York: Harper, 1973.

REFERÊNCIAS BIBLIOGRÁFICAS

HOLBROOK, Carolyn. "Low expectations are the worst form of racism". *In*: LANDSMAN, Julie; LEWIS, Chance. *White teachers, diverse classrooms*. Sterling: Stylus, 2006.

HOLLANDA, Heloisa Buarque de (Coord.). *Pensamento feminista hoje*: perspectivas decoloniais. Rio de Janeiro: Bazar do Tempo, 2020.

HOOKS, Bell. *Ensinando a transgredir*: a educação como prática da liberdade. São Paulo: Martins Fontes, 2020.

_____. *Ensinando pensamento crítico*. São Paulo: Elefante, 2020.

_____. *O feminismo é para todo mundo*: políticas arrebatadoras. Trad. Ana Luiza Libânio. Rio de Janeiro: Rosa dos Tempos, 2018.

HORSMAN, Reginald. *Race and manifest destiny*: the origins of American racial Anglo-Saxonism. Cambridge: Harvard University Press, 1981.

HOSHINO, Thiago de Azevedo Pinheiro. *O Direito virado no santo*: enredos de nomos e axé. Curitiba: Universidade Federal do Paraná, 2020. Tese (Doutorado em Direito).

HUNT, Lynn. *A Invenção dos direitos humanos*: uma história. Trad. Rosaura Eichenberg. São Paulo: Companhia das Letras, 2009.

HUTCHINSON, Darren Lenard. "Ignoring the sexualization of race: heteronormativity, critical race theory, and anti-racist politics". *Buffalo Law Review*, vol. 47, n° 1, 1999.

IBGC. *Compliance à luz da governança corporativa*. São Paulo: Instituto Brasileiro de Governança Corporativa, 2017.

IGNATIEV, Noel. *How the Irish became white*. Nova York: Routledge, 1995.

ISHII-JORDAN, Sharon. "Preparing teachers to develop inclusive communities". *In*: LANDSMAN, Julie; LEWIS, Chance. *White teachers, diverse classrooms*. Sterling: Stylus, 2006.

JAMES, C. L. R. *Os jacobinos negros*: Toussaint L'Ouverture e a Revolução de São Domingos. Trad. Afonso Teixeira Filho. São Paulo: Boitempo, 2007.

JUSTEN FILHO, Marçal. *Curso de Direito Administrativo*. Curitiba: Editora Revista dos Tribunais, 2013.

KANG, Jerry. "Trojan horses of race". *Harvard Law Review*, vol. 118, n° 5, 2004.

KARST, Karl. "Foreword: equal citizenship under the Fourteenth Amendment". *Harvard Law Review*, vol. 91, n° 1, 1976.

KATZ, Jonathan Ned. *A invenção da heterossexualidade*. Rio de Janeiro: Ediouro, 1996.

KELMAN, Mark G. "Trashing". *Stanford Law Review*, Palo Alto, vol. 36, n° 1-2, 1984.

KENDI, Ibram X. *How to be an antiracist*. Nova York: One World, 2019.

KENNEDY, Duncan. *Legal education and the reproduction of hierarchy*: a polemic against the system. Nova York: New York University Press, 2004.

KING, Mervyn. *The corporate citizen*: governance for all entities. Joanesburgo: Penguim Books, 2006.

KLARE, Karl. "Legal culture and transformative constitutionalism". *South African Journal of Human Rights*, vol. 146, n° 1, 1998.

KLARMAN, Michael J. *Brown v. Board of Education and the civil rights movement*: abridged edition of from Jim Crow to civil rights – The Supreme Court and the struggle for racial equality. Oxford University Press, 2007.

KLEIN, Naomi. *A Doutrina do choque*: a ascensão do capitalismo de desastre. Trad. Vania Cury. Rio de Janeiro: Nova Fronteira, 2008.

KOLM, Serge-Christophe. *Modern theories of justice*. Cambridge: MIT Press, 1996.

KOPPELMAN, Andrew. *Antidiscrimination law and social equality*. New Haven: Yale University Press, 1996.

KRELL, Andreas J. *Discricionariedade administrativa e conceitos legais indeterminados*. Porto Alegre: Livraria do Advogado Editora, 2018.

KRIEGER, Linda Hamilton. "The content of four categories: a cognitive bias approach to discrimination and equal employment opportunity". *Stanford Law Review*, vol. 47, n° 5, 1994.

LANGA, Pius. "Transformative constitutionalism". *Stellenbosch Law Review*, vol. 17, n° 1, 2006.

LICHT, Amir. "The maximands of corporate governance: a theory of values and cognitive style". *Delaware Journal of Corporate Law*, vol. 29, n° 3, 2004.

LOEWENSTEIN, Karl. *Teoría de la constitución*. Barcelona: Ariel, 2018.

REFERÊNCIAS BIBLIOGRÁFICAS

LOOMBA, Ania. *Colonialism/postcolonialism*. Nova York: Routledge, 1998.

LOPEZ, Ian F. Haney. "The social construction of race: some observations on illusion, fabrication and choice". *Harvard Civil-Rights-Civil Liberties Law Review*, vol. 29, nº 1, 1994.

_____. "The social construction of race". *In*: DELGADO, Richard (Coord.). *Critical Race Theory*: the cutting edge. Philadelphia: Temple University Press, 1995.

LOURY, Glenn. *The anatomy of racial inequality*. Cambridge: Harvard University Press, 2003.

MALIK, Kenan. *The meaning of race*: race, history, and culture in western society. Nova York: New York University Press, 1996.

MARTINS, Cristiano Zanin; MARTINS, Valeska; VALIM, Rafael. *Lawfare*: uma introdução. São Paulo: Contracorrente, 2019.

MASCARO, Alysson Leandro. *Crítica da legalidade e do Direito brasileiro*. São Paulo: Quartier Latin, 2001.

MATA-MACHADO, Edgar de Godoy da. *Contribuição ao personalismo jurídico*. Belo Horizonte: Del Rey, 2000.

MATIDA, Janaina; CECCONELLO, William Weber. "Reconhecimento fotográfico e presunção de inocência". *Revista Brasileira de Direito Processual Penal*, Porto Alegre, vol. 7, nº 1, jan./abr. 2021. Disponível em: http://www.ibraspp.com.br/revista/index.php/RBDPP/article/view/506/335. Acessado em: 20.07.2021.

MATIDA, Janaina; HERDY, Rachel. "As inferências probatórias: compromissos epistêmicos, normativos e interpretativos". *In*: CUNHA, José R. (Coord.). *Epistemologias críticas do Direito*. Rio de Janeiro: Lumen Juris, 2016.

MBEMBE, Achille. *Crítica da razão negra*. Trad. Sebastião Nascimento. São Paulo: n-1 edições, 2018.

McCALL, Leslie. "The complexity of intersectionality". *Signs*: Journal of women in culture and society, vol. 30, nº 3, 2005.

McCRUDDEN, Christopher. "Institutional discrimination". *Oxford Journal of Legal Studies*, vol. 2, nº 3, 1982.

McINTOSH, Mary. "The homosexual role". *Social Problems*, vol. 16, nº 2, 1968.

McINTOSH, Peggy. "White privilege and male privilege". *In*: KIMMEL, Michael; FERBER, Abby (Coord.). *Privilege*. 2ª ed. Philadelphia: Westview Press, 2010.

MEIRELLES, Hely Lopes. "O poder de polícia, o desenvolvimento e a segurança nacional". *Revista de Direito Administrativo*, vol. 125, jul./set. 1976.

MELLO, Celso Antônio Bandeira de. *Curso de Direito Administrativo*. 35ª ed. São Paulo: Malheiros, 2021.

MELLO, Celso Antônio Bandeira de; ALEIXO, Délcio Balestero; BURLE FILHO, José Emmanuel. *Direito Administrativo brasileiro*. 41ª ed. São Paulo: Malheiros, 2013.

MENDES, Conrado Hübner. *Direitos fundamentais, separação de poderes e deliberação*. São Paulo: Universidade de São Paulo, 2008. Tese (Doutorado em Ciência Política).

MEYER, Philip N. "Will you please be quiet, please? Lawyers listening to the call of stories". *Vermont LawReview*, vol. 18, nº 3, 1994.

MIGNOLO, Walter. "On subalterns and other agencies". *Postcolonial Studies*, vol. 8, nº 4, 2005.

MILNER, H. Richard. "But good intentions are not enough: theoretical and philosophical relevance in teaching students of color". *In*: LANDSMAN, Julie; LEWIS, Chance. *White teachers, diverse classrooms*. Sterling: Stylus, 2006.

MOLINA, Natalia *et al.* (Coord.). *Relational formations of race*: theory, method, and practice. Berkeley: University of California Press, 2019.

MOREIRA, Adilson José. "A construção jurídica da heterossexualidade". *Revista de Informação Legislativa*, vol. 47, nº 188, 2010.

_____. "Cidadania racial". *Quaestio Iuris*, vol. 10, nº 2, 2016.

_____. "Discourses of citizenship in American and Brazilian affirmative action cases". *American Journal of Comparative Law*, vol. 62, nº 2, 2016.

_____. "Miscigenando o círculo do poder: ações afirmativas, diversidade racial e sociedade democrática". *Revista da Faculdade de Direito da URPR*, vol. 61, nº 2, 2017.

_____. *Cidadania sexual*: estratégia para ações inclusivas. Belo Horizonte: Arraes, 2017.

_____. *O que é discriminação?* Belo Horizonte: Casa do Direito, 2017.

REFERÊNCIAS BIBLIOGRÁFICAS

_____. *Pensando como um negro*: ensaio de hermenêutica jurídica. São Paulo: Contracorrente, 2019.

_____. *Racismo recreativo*. São Paulo: Jandaíra, 2018.

_____. *Tratado de Direito Antidiscriminatório*. São Paulo: Contracorrente, 2020.

MYERS, David. *Psicologia social*. Porto Alegre: Artmed, 2014.

NASCIMENTO, Gabriel. *Racismo linguístico*: os subterrâneos da linguagem e do racismo. Belo Horizonte: Letramento, 2019.

NERIS, Natália. "Um efeito alquímico: sobre o uso do discurso dos direitos pelas/os negras/os". *Direito e Práxis*, Rio de Janeiro, vol. 9, nº 1, 2018.

NIETO, Sonia. "Nice is not enough: defining caring for students of color". *In*: POLLOCK, Mica. *Everyday antiracism*: getting real about race in school. Nova York: Norton & Company, 2008.

NOGUEIRA, Sidnei. *Intolerância religiosa*. São Paulo: Pólen, 2020.

NUSSBAUM, Martha. *A fragilidade da bondade*. Trad. Ana Aguiar Cotrim. São. Paulo: Martins Fontes, 2008.

_____. *From disgust to humanity*: sexual orientation and constitutional law. Oxford: Oxford University Press, 2010.

OLIVEIRA, Luciano. "Não me fale do Código de Hamurabi! A pesquisa sociojurídica na pós-graduação em Direito". *In*: _____. *Sua excelência o comissário e outros ensaios de Sociologia Jurídica*. Rio de Janeiro: Letra Legal, 2004.

OLIVEIRA, Luiz H. S. "'Escrevivências': rastros biográficos em *Becos da memória*, de Conceição Evaristo". *Terra roxa e outras terras*, vol. 17-b, 2009.

OLUO, Ijeoma. *Então você quer conversar sobre raça*. Rio de Janeiro: Bestseller, 2020.

OMI, Michael; WINANT, Howard. *Racial formation in the United States*: from the 1960s to 1990s. Nova York: Roultledge, 1994.

OST, François. *Contar a lei*: as fontes do imaginário jurídico. Trad. Paulo Neves. São Leopoldo: Unisinos, 2007.

PAIXÃO, Marcelo. "A Santa aliança: estudo sobre o consenso crítico às políticas de promoção da equidade racial no Brasil". *In*: ZONINSTEIN,

Jonas; FERES JUNIOR, João. *Ação afirmativa no ensino superior brasileiro*. Belo Horizonte: UFMG, 2008.

PARGENDLER, Mariana. "The corporate governance obsession". *The Journal of Corporation Law*, vol. 42, n° 2, 2016.

PATTERSON, James T. *Brown v. Board of Education*: a Civil Rights milestone and its troubled legacy. Oxford: Oxford University Press, 2001.

PEDRIOLI, Carlo A. "Under a Critical Race Theory lens: Brown v. Board of Education, a Civil Rights milestone and its troubled legacy". *African-American Law & Policy Report*, Berkeley, vol. VII, 2005.

PEREIRA, Jane Reis G. "O Judiciário como impulsionador dos direitos fundamentais: entre fraquezas e possibilidades". *Revista da Faculdade de Direito da UERJ*, Rio de Janeiro, vol. 0, n° 29, 2016.

_____. "Representação democrática do Judiciário: reflexões preliminares sobre os riscos e dilemas de uma ideia em ascensão". *Revista Juris Poiesis*, vol. 17, 2014.

PHILLIPS, Layli (Coord.). *The womanist reader*. New York: Routledge, 2006.

PIHLAJAMAKI, Heikki. "Under pressure: Law Schools and Legal Education". *Rechtskultur:* European Journal of Legal History, Regensburg, vol. 3, 2014.

PILATTI, Adriano. *A Constituinte de 1987-1988*: progressistas, conservadores, ordem econômica e regras do jogo. 2ª ed. Rio de Janeiro: Lumen Juris, 2016.

PIRES, Thula. *Criminalização do racismo*: entre política de reconhecimento e meio de legitimação do controle social dos não reconhecidos. Rio de Janeiro: Pontifícia Universidade Católica, 2013. Tese (Doutorado em Direito).

PLESSIS, Jean Jacques du; HARGOVAN, Anil; BAGARIC, Mirko. *Principles of contemporary corporate governance*. Oxford: Oxford University Press, 2011.

POST, Robert C.; SIEGEL, Reva B. "Roe Rage: democratic constitutionalism and backlash". *Harvard Civil Rights-Civil Liberties Law Review*, vol. 42, n° 2, 2007.

POWERS, Peter Kerry. "A ghost in the collaborative machine: the white male teacher in the multicultural classroom". *In*: TUSMITH, Bonnie;

REFERÊNCIAS BIBLIOGRÁFICAS

REDDY, Maureen. *Race the in the college classroom*. New Brunwick: Rutgers University Press, 2002.

_____. "A ghost in the collaborative machine: the white male teacher in the multicultural classroom". *In*: TUSMITH, Bonnie; REDDY, Maureen. *Race the in the college classroom*. New Brunwick: Rutgers University Press, 2002.

POZZOLO, Suzana. "Reflexiones sobre la concepción neoconstitucionalista de la Constitución". *In*: CARBONELL, Miguel; JARAMILO, Leonardo Garcia. *El canon neoconstitucional*. Madrid: Trotta, 2010.

PUAR, Jasbir. "Queer times, queer assemblages". *Social Text*, vol. 23, nº 3-4, 2005.

QUEIROZ, Marcos Vinícius Lustosa. *Constitucionalismo brasileiro e o Atlântico Negro*. Rio de Janeiro: Lumen Iuris, 2017.

_____. *Constitucionalismo brasileiro e o Atlântico negro*: a experiência constitucional de 1823 diante da Revolução Haitiana. Brasília: Universidade de Brasília, 2017. Dissertação (Mestrado em Direito).

QUIJANO, Aníbal. "Coloniality of power, eurocentrism, and social classification". *In*: MORANA, Mabel (Coord.). *Coloniality at large*: Latin America and the postcolonial debate. Durban: Duke University Press, 2008.

QUIROGA, Ana Maria. "Religiões e Prisões no Rio de Janeiro: presença e significados". *In*: QUIROGA, Ana Maria *et al.* (Coord.). *Comunicações do ISER*, nº 61, 2005.

RATTS, Alex; RIOS, Flavia. *Lélia Gonzalez*. São Paulo: Selo Negro Edições, 2010.

REDDY, Maureen. "Smashing the rules of racial standing". *In*: TUSMITH, Bonnie; REDDY, Maureen. *Race the in the college classroom*. New Brunswick: Rutgers University Press, 2002.

REIS, João José. *Ganhadores*: a greve negra de 1857 na Bahia. São Paulo: Companhia das Letras, 2019.

_____. *Rebelião escrava no Brasil*: a história do levante dos malês em 1835. São Paulo: Companhia das Letras, 2003.

RIBEIRO, Djamila. *Lugar de fala*. São Paulo: Jandaíra, 2018.

_____. *Pequeno manual antirracista*. São Paulo: Companhia das Letras, 2019.

ROMERO, Mary. *Introducing intersectionality*. Malden: Polity Press, 2017.

SAAD, Layla F. *Eu e a supremacia branca*: como reconhecer seu privilégio, combater o racismo e mudar o mundo. Rio de Janeiro: Rocco, 2020.

SAID, Edward. *Orientalism*. Nova York: Vintage Books, 1994.

SALGADO, Karine. *Filosofia da Dignidade Humana*: a contribuição do Alto Medievo. Belo Horizonte: Mandamentos, 2009.

SANTOS, Boaventura de Sousa. *Pela mão de Alice*: o social e político na pós-modernidade. 4ª ed. São Paulo: Cortez, 1997.

SANTOS, Maria do Carmo Rebouças dos. *Constitucionalismo e justiça epistêmica*: o lugar do movimento constitucionalista haitiano de 1801 a 1805. Rio de Janeiro: Telha, 2021.

SARLET, Ingo. *Dignidade da pessoa humana e direitos fundamentais na Constituição de 1988*. Porto Alegre: Livraria dos Advogados, 2014.

SARMENTO, Daniel. *Dignidade da pessoa humana*: conteúdo, trajetórias e metodologia. 2ª ed. Belo Horizonte: Fórum, 2016.

_____. *Direitos fundamentais e relações privadas*. 2ª ed. Rio de Janeiro: Lumen Juris, 2006.

SARMENTO, Daniel; SOUZA NETO, Cláudio. *Direito Constitucional*: teoria, história e métodos de trabalho. 1ª ed. Belo Horizonte: Fórum, 2012.

SCHMITT, Carl. *Teoría de la Constitución*. Madrid: Alianza, 1992.

SCHUCMAN, Lia Vainer. *Entre o encardido, o branco e o branquíssimo*: branquitude, hierarquia e poder na cidade de São Paulo. São Paulo: Veneta, 2016.

SCHWARCZ, Lilia. *O Espetáculo das raças*. São Paulo: Companhia das Letras,1993.

SEMER, Marcelo. *Sentenciando o tráfico*. São Paulo: Tirant Lo Blach, 2019.

SHAPIRO, Scott. *Legality*. Cambridge: Harvard University Press, 2014.

SHAPIRO, Thomas. *The hidden cost of being African American*. Oxford: Oxford University Press, 2005.

SHEPPARD, Collen. *Inclusive equality*: the relational dimensions of systematic discrimination in Canada. Quebec: McGill-Queen University Press, 2010.

REFERÊNCIAS BIBLIOGRÁFICAS

SIEGEL, Reva. "Discrimination in the eyes of the law: how 'color blindness' discourse disrupts and rationalizes social stratification". *California Law Review*, vol. 77, n° 1, 2000.

SILVA, Caroline Lyrio; PIRES, Thula R. de Oliveira. "Teoria Crítica da Raça como referencial teórico necessário para pensar a relação entre Direito e racismo no Brasil". *Anais do XXVI CONPEDI*, Florianópolis, 2015.

SILVA, Nilza Iraci (Coord.). *Esterilização*: impunidade ou regulamentação? São Paulo: Geledés, 1991.

SILVEIRA, Alexandre Di Miceli da. *Governança corporativa no Brasil e no mundo*. Rio de Janeiro: Elsevier, 2010.

SIMAS, Luiz Antonio; RUFINO, Luiz. *Fogo no mato*: a ciência encantada das macumbas. Rio de Janeiro: Mórula, 2018.

SINGLETON, Glenn E.; HAYS, Cyndie. "Beginning courageous conversations about race". *In*: POLLOCK, Mica. *Everyday antiracism*: getting real about race in school. Nova York: Norton & Company, 2008.

SMITH, Virginia Whatley. "The question of comfort: the impact of race on/in the college classroom". *In*: TUSMITH, Bonnie; REDDY, Maureen. *Race the in the college classroom*. New Brunswick: Rutgers University Press, 2002.

SOLOMOS, John; BACK, Les. *Racism and society*. Nova York: Palgrave, 1996.

SONTAG, Susan. "Sobre a tortura dos outros". *In*: _____. *Ao mesmo tempo*. Trad. Rubens Figueiredo. São Paulo: Companhia das Letras, 2008.

SOUZA NETO, Cláudio Pereira. *Democracia em crise no Brasil*: valores constitucionais, antagonismo político e dinâmica institucional. São Paulo: Contracorrente, 2020.

SPIVAK, Gayatri Chakravorty. *Pode o subalterno falar?* Belo Horizonte: UFMG, 2018.

STRIFEZZI, Beatriz Porto. "Julgando a partir de estereótipos: arbitrariedades contra minorias raciais em decisões judiciais". *In*: MOREIRA, Adilson José. *Direito Antidiscriminatório e Direito penal*: uma história trágica em nove atos. Belo Horizonte: DiPlácido, 2021.

STUCKE, Maurice. "In search of effective ethics and compliance programs". *The Journal of Corporate Law*, vol. 39, n° 4, 2014.

TCHEN, John Kuo Wei; YEATS, Dylan. *Yellow Peril!*: an archive of anti-Asian fear. Nova York: Verso, 2014.

TELLES, Edward. *Racismo à brasileira*: uma nova perspectiva sociológica. Rio de Janeiro: Relume-Dumará, 2003.

THOMAS, Kendall. "Racial justice: moral or political?" *National Black Law Journal*, vol. 17, n° 1, 2002.

THOMPSON, Janna. "Collective responsibility for historic injustices". *Midwest Studies in Philosophy*, n° 30, 2006.

THOMPSON, Neil. *Anti-discriminatory practice*. Nova York: Palgrave, 2014.

TORRE, María Elena; FINE, Michelle. "Engaging youth in participatory inquiry for social justice". *In*: POLLOCK, Mica. *Everyday antiracism*: getting real about race in school. Nova York: Norton & Company, 2008.

VALDES, Francisco. "Breaking Glass: identity, community and epistemology in theory, law and education". *University of California, Davis Law Review*, Davis, vol. 47, 2014.

_____. "Queer Margins, Queer Ethics: a call to account for race and ethnicity in the law, theory, and politics of 'sexual orientation'". *Hastings Law Journal*, San Francisco, vol. 48, ago. 1997.

WADE, Cheryl. "Corporate compliance that advances racial diversity and justice and why business deregulation does not matter". *Loyola University Chicago Law Review*, vol. 49, n° 2, 2020.

WALDRON, Jeremy. "Superseding historic injustice". *Ethics*, vol. 103, n° 1, 1992.

WALKER, Alice. *Womanism*: coming apart. New York: Routledge, 2006.

WARAT, Luis Alberto. "À procura de uma semiologia do poder". *Revista Sequência*: estudos jurídicos e políticos, Florianópolis, n° 3, 1981.

_____. "Saber crítico e senso comum teórico dos juristas". *Revista Sequência*: estudos jurídicos e políticos, Florianópolis, vol. 3, n° 5, 1982.

_____. *A ciência jurídica e seus dois maridos*. Santa Cruz do Sul: EDUNISC, 2000.

REFERÊNCIAS BIBLIOGRÁFICAS

WARNER, Michael (Coord.). *Fear of a queer planet*: queer politics and social theory. Minneapolis: University of Minnesota Press, 1993.

WEST, Robin. "Is progressive constitutionalism possible?" *Wydener Law Symposim Journal*, vol. 4, n° 1, 1999.

_____. "Progressive and conservative constitutionalism". *Michigan Law Review*, vol. 88, n° 4, 1990.

_____. "The meaning of equality and the interpretive turn". *Chicago-Kent Law Review*, vol. 66, n° 2, 1990.

WHITLEY, Bernard; KITE, Mary. *The psychology of prejudice and discrimination*. Belmont: Wadsworth, 2010.

WILLIAMS, Joan C. "Dissolving the sameness/difference debate: a post-modern path beyond essentialism in Feminist and Critical Race Theory". *Duke Law Journal*, vol. 1991, n° 2, abr. 1991.

WILLIAMS, Patricia J. *The Alchemy of race and right*: diary a law professor. Cambridge: Harvard University Press, 1991.

WOLF, Jonathan; DE-SHALIT, Avner. *Disadvantaged*. Oxford: Oxford University Press, 2013.

WOLKMER, Antônio Carlos. *Pluralismo jurídico*: fundamentos de uma nova cultura do Direito. São Paulo: Alfa-Omega, 1997.

XAVIER, Giovana. *Você pode substituir mulheres negras como objeto de estudo por mulheres negras contando sua própria história*. Rio de Janeiro: Malê, 2019.

YOSSO, Tara *et al.* "Critical race theory, racial microaggressions, and campus racial climate for Latino/a undergraduates". *Harvard Education Review*, vol. 79, n° 4, 2009.

YOUNG, Iris Marion. *Justice and the politics of difference*. Princeton: Princeton University Press, 2011.

YUVAL-DAVIS, Nira. "Intersectionality and feminist politics". *European journal of women's studies*, vol. 13, n° 3, 2006.

ZAFFARONI, Eugênio. *O Nascimento da criminologia crítica*. São Paulo: Tirant Lo Blanch, 2020.

NOTAS

NOTAS

A Editora Contracorrente se preocupa com todos os detalhes de suas obras!
Aos curiosos, informamos que este livro foi impresso no mês de maio de
2022, em papel Pólen Natural 80g, pela Gráfica Grafilar.